全国高等会计职业教育系列规划教材

财务管理实务

第二版

主　编　刘海燕　张　萍　李上田
副主编　高育清　周青松　王文毅

WUHAN UNIVERSITY PRESS
武汉大学出版社

图书在版编目(CIP)数据

财务管理实务/刘海燕,张萍,李上田主编.—2版.—武汉:武汉大学出版社,2016.1(2022.1重印)
全国高等会计职业教育系列规划教材
ISBN 978-7-307-17506-8

Ⅰ.财… Ⅱ.①刘… ②张… ③李… Ⅲ.财务管理—高等职业教育—教材 Ⅳ.F275

中国版本图书馆CIP数据核字(2016)第009600号

责任编辑:柴 艺　　责任校对:汪欣怡　　版式设计:马 佳

出版发行:**武汉大学出版社**　(430072 武昌 珞珈山)
(电子邮箱:cbs22@whu.edu.cn 网址:www.wdp.com.cn)
印刷:武汉图物印刷有限公司
开本:787×1092 1/16　印张:18.5　字数:434千字　插页:1
版次:2011年8月第1版　2016年1月第2版
2022年1月第2版第4次印刷
ISBN 978-7-307-17506-8　定价:45.00元

本书参与人员所在院校

刘海燕　襄阳职业技术学院
张　萍　湖北工业职业技术学院
李上田　柳州职业技术学院
高育清　襄阳职业技术学院
周青松　湖北科技职业技术学院
王文毅　襄阳汽车职业技术学院

总 序

我国高等职业教育经过十年的发展，取得了举世瞩目的成就。特别是经过三年的示范建设，我们在校企合作、工学结合、人才培养模式改革、师资队伍建设、课程建设、教材建设等方面取得了一定的成绩，但也存在一些不尽如人意的地方。作为高职战线的一线工作者，我们一直在实践，一直在思考，一直在探索。

高职教育发展到今天，必须进行改革，这是大家的共识，改革的路径怎么选择？就是按照教育部2006年16号文件《关于全面提高高等职业教育教学质量的若干意见》(以下简称教育部16号文件)的精神和高职教育“十二五”发展规划的要求进行。但怎么改？只有靠我们一线从事高职教育的老师去实践，去探索，不能人云亦云，不能断章取义，不能望文生义，不能浅尝辄止，更不能玩花架子。我们要把老师的心思真正用在教学改革上，要把老师的时间、精力真正用在教学改革上。改革不可能一蹴而就，改革是要付出代价的，改革是要有点精神的！

教学改革的依据是什么？我个人认为，我们必须充分考虑以下四个问题：一是高等教育大众化的背景；二是教学对象的实际(现有认知结构)；三是产业结构的调整与发展；四是科学技术的发展，在教育上就是现代教育技术手段的应用。只有将这四个问题研究透了，分析透了，我们的教学改革才能落到实处，才能有成效。

教学改革的目标是什么？提高教学质量！我们一切工作的出发点和落脚点就是提高教学质量，这是永恒的主题！提高教学质量的关键是教师。换句话说，改革的意识、改革的观念、改革的思路必须在一线的教师中真正生根发芽，必须由一线的教师认真地加以实践，只有这样改革才能成功。不依靠一线教师而进行的改革，是形式主义，是空中楼阁。由此看出，对一线教师改革意识、改革观念、改革思路的培养与提高就显得非常重要。教育部16号文件精神不是一两次会议就能够理解透彻的。我们必须在理解文件精神的实质上下苦工夫，在改革的实践上下苦工夫，在改革的系统工程上下苦工夫。因此，我们必须通过课程建设、教材建设以及其他平台，让教师在实践中深刻理解教育部16号文件精神的实质。

教学改革改到深处，改到痛处，是课程改革，是教材改革。我们只有真正研制出特色教材、精品教材，才能为人才培养模式改革与创新提供支撑，才能为教学方法的改革提供支撑，才能为精品课堂提供支撑。

教材建设是专业建设中的一项基本建设，我们必须高度重视。教材是教学指导思想、培养目标、教学要求、教学内容的具体体现。教师通过教材全面、具体地理解教学要求与教学内容，以它为依据进行讲授并组织教学活动。学生以它为依据进行学习，通过教材掌握规定的知识和技能。实践证明，选一本好教材对提高教学质量至关重要。我们现在搞的课程建设与改革或者说精品课程建设，最终还是体现在教材建设上。同时，教材建设也是把精品课程转化为精品课堂的关键环节。

教材是什么？这个问题似乎有点老套！但最近对教材的讨论和争议比较多，有不同的观点！“教材是道具”这是我个人的观点。道具好一些，精一些，演出效果会好一些，这是毋庸置疑的。教师上课依纲据本固然没错，但我认为要是把教材看成是死板的、没有生命力的、单纯为完成教学目标而使用的一种介质就有问题了。著名的教育家叶圣陶老先生曾经说过：“教材无非是个例子。”作为教师是用教材教，而不是教教材。我们一定要注意这个问题。从这个角度讲，教材一定要经典，不是花里胡哨，不是加这个，加那个，搞得五花八门。

高职高专教材建设的现状令我们不是很满意。纵观我国高职教育十年的发展，配套教材可以说是百花齐放，五花八门，既涌现了一批优秀的、有特色的教材，也出现了一批粗制滥造、滥竽充数的教材。具体存在以下问题：

1. 功利性太强，作者队伍参差不齐。最大的功利性表现在纯粹是为了评职称而参加教材的编写。有些作者对教育部16号文件精神和高职教育改革的最新理论成果一知半解，生搬硬套，贴标签；还有些作者对一些基本概念、基本知识和基本技能把握不准。这反映了高职教育十年的快速发展，导致师资队伍不能满足高职发展和改革的需要。

2. 教材版本一是多，二是乱，不成体系，不配套，导致我们无法选出顺手的、满意的教材。近年来，我们选用教材换了多种版本，总是看起来花哨，但是错误和漏洞百出。有的是教材没有配套的习题和技能训练，有的虽有习题和技能训练，但与教材内容又不配套，让我们非常苦恼。导致这个现状的原因主要有两个：一是出版社的问题，对一套教材的编写缺乏规划，缺乏专业编辑，缺乏科学的组织，缺乏资金的投入。二是学校的问题，缺乏对教师参加教材编写的统筹、组织与协调。教师参加教材的编写基本上停留在个人行为上，甚至出现大量的作者只参加教材的编写、学校不使用教材的现象。这样是不可能写出高质量的教材的。

3. 教师参加教材编写的积极性不高或者积极性没有得到充分发挥。一是虽然职称评审需要编写教材，但不是考核的主要指标。现在对高职教师职称的评审主要关注教师的企业工作经历和课程建设情况，但没有教材编写也不行。因此，有些老师不愿意在教材编写上下太大的工夫，不愿意投入时间和精力。二是作者的劳动报酬与投入的时间、精力不匹配，觉得不划算。一本高质量的教材，往往需要作者或者一个教学团队数年甚至数十年的努力和积累，才能够研制出来。

4. 片面理解“教学做一体化”。教育部16号文件明确指出“改革教学方法和手段，融‘教、学、做’为一体，强化学生能力的培养”。结果，有些地方、有些老师对这句话进行了片面理解，有的甚至认为将习题与技能训练放在教材每章的后面就是教学做一体化了，甚至认为在人才培养方案中将实训课程单独列出来没有体现教学做一体化！这样，一方面人才培养方案不伦不类，另一方面教材不伦不类，弱化了学生的训练次数，严重降低了教学质量。

“融‘教、学、做’为一体”，应该有多方面的理解。一是在人才培养方案中怎么体现？二是在课程中怎么体现？三是在教材中怎么体现？四是在教学方法上怎么体现？五是在教学模式上怎么体现？六是在教学组织形式上怎么体现？七是在不同的专业上应该怎么体现？

在高职会计专业教材建设中，我们必须以会计专业的人才培养目标为依据。高职会计专业的培养目标是：以各类中小企业及其他经济组织会计岗位(群)的任职能力要求为目标，培养德、智、体、美、劳全面发展，掌握会计专业基本知识和职业技能，具备良好职业道德和操作规范、严谨细致的会计职业素养，在校期间取得会计从业资格证书，毕业后能够采用手工或者利用电子计算机技术从事中小企业的出纳岗位工作、会计核算岗位工作、财务管理岗位工作、涉税业务处理岗位工作和会计监督岗位工作，并具有可持续发展能力的高素质技能型人才。这个目标始终是纲，不能动摇，不能降低！降低了就不是会计专业了，就变成“收银员”培训班了。如果这样，放在培训机构就可以了，就不需要学校教育了。

我个人认为在高职会计专业教材建设中，以下几个问题必须认真抓好：

1. 按照工作过程系统化来开发课程和研制教材。第一，职业特征的课程或教材都来源于工作过程。知识来源于实践，人类知识是在长期的实践中不断总结的成果。第二，系统化就是一个加工过程，用时髦的话讲就是将行动领域转化为学习领域的过程。这个系统化的方法选择太重要了！以前，我们的课程和教材也是一种系统化，决不能说这种系统化的方法不科学，只是这种方法适合于抽象思维能力强的人群，而相对于高等教育大众化后抽象思维能力弱的高职学生来讲，这个系统化的方法要重新选择。这就是我们课程改革、教材改革的重点和难点。第三，会计工作过程系统化的重点和难点在哪里？在会计核算基本技术这门课程上！实际上，我们以前的财务会计、财务管理、审计、出纳业务、会计信息化等课程就是按照工作过程进行系统化设计的，或者说是按照岗位来设计的。我们没有必要把前人的经验全部推翻！

2. 校企合作共同开发教材。在教材的研制过程中，我们坚持"从实践中来，到实践中去"，就必须依靠行业、企业专家。只有这样，我们的教材内容、所采用的实训素材才能真正来源于社会实际生活，才能与社会实际生活相符。在此基础上，我们再进行提炼，做到来源于生活但又高于生活，从而达到理论和实践的完美结合。

3. 必须与行业标准和职业资格接轨。会计的行业标准，就是财政部制定的标准，不管怎么改革，我们必须围绕这个标准来做，否则，就是瞎折腾！

研制出一套能全面准确地阐述和把握会计专业最新的发展动态和理论成果，充分吸收本专业国内外前沿研究成果，科学系统地归纳知识点的相互联系与发展规律，反映高职学生的心理特点和认知规律的会计系列教材，是我们广大会计教育工作者义不容辞的责任和义务。基于此，2010年12月底，在武汉大学出版社和襄樊职业技术学院经济管理学院的大力支持下，我们组织了全国34所高职院校和部分本科院校的会计系主任、会计教研室主任和会计专业教师60多人，齐聚湖北襄阳，从讨论会计专业课程标准入手，共商编写一套体系完整、内容翔实、特色鲜明、质量上乘的会计系列教材。经过无数次的讨论、碰撞与磨合，我们取得了共识，并开始着手教材的编写工作。这些教材是老师们几十年教学经验的积累，是长期致力于教学改革的成果。有的课程是国家级精品课程，有的是教育部教指委精品课程，有的是省级精品课程，有的是院级精品课程。这次出版可共享教学改革的成果，同时也起到抛砖引玉的作用，希望后人能够不断创新，研制出更好的会计教材。

尽管我们在编写这套系列教材过程中进行了不懈的探索，付出了艰辛的劳动，并取得了一定的成果，但我们深感做得还很不够，需要我们改革的地方，需要我们突破的地方，需要我们创新的地方还很多，任重道远。加之时间仓促以及认识水平上的差异，这套系列教材不可避免地存在一些缺点和不足，我们恳请广大读者和同行不吝赐教。

一套精品教材，必须经过多次磨合、反复修改，才能逐步完善。路漫漫其修远兮，吾将上下而求索。在下一次修订出版时，我们会做得更好！

田家富

教育部高职高专工商管理教指委财务会计分委会委员

会计核算基本技术国家级精品课程负责人

国家级精品课程评审专家

湖北省高职学会财经教学组副组长

襄樊职业技术学院经济管理学院教授、院长

第二版前言

本书在第一版基础上，对所举实例进行了更新，对错误的图、公式、计算结果、表格进行了更正。为方便学生学习及老师教学，在每个学习情境后增加了相应的思考与练习。

本书由刘海燕任第一主编，张萍、李上田任主编，高育清、周青松、王文毅任副主编。具体分工如下：

1. 学习情境一由刘海燕、李上田编写；
2. 学习情境二由张萍、韩宗强编写；
3. 学习情境三由周青松、闻东创编写；
4. 学习情境四由刘海燕、王启姣编写；
5. 学习情境五由王文毅、廖超如编写；
6. 学习情境六由赵红岩、张萍编写；
7. 学习情境七由王玲、周青松编写；
8. 学习情境八由张春敏、李上田编写。

学习情境后的思考与练习由高育清编写。

由于作者水平有限，书中难免存在错误和疏漏之处，敬请读者批评指正。

编　者

2015 年 12 月

前　言

本书是根据最新的《企业财务通则》、企业会计准则以及相关的财务制度，以公司制企业为对象，按照财务管理的两条主线，即财务管理活动及财务管理环节，恰当地将财务管理的基本知识和基本技能融入八大学习情境中。同时，在编写过程中，充分考虑高职学生的特点及未来就业去向，对有关知识进行了取舍，简明扼要。

1. 突出应用性。本书以一般企业财务管理实务为基础，分别介绍了日常财务工作中最基本的理财观念、资金筹集管理、项目投资管理、营运资金管理、收益分配管理、财务预算、财务控制及财务分析等内容，突出应用性。

2. 注重职业能力培养。本书以企业财务管理活动为主线，突出职业能力的培养，基于职业岗位和具体工作项目的课程设计理念，重新安排课程内容，构建以财务管理实务操作为主线的教材体系，以增强学生的岗位适应能力。

3. 教学做相结合。为了加强学生对课程内容的理解和实践训练，我们还专门编写了与之配套的《财务管理实务习题与技能训练》，广泛收集了在教学一线的老师长期积累的案例，以加大学生的训练强度，提高课程教学效果。

本书由刘海燕任第一主编，田瑞、李上田任主编；周军、廖超如、王启娇任副主编。韩宗强、张春敏、闻乐剑、蒋婵、赵红岩、宋博英、王玲也参与了本书的编写。具体分工如下：

1. 学习情境一“理财观念”由刘海燕、田瑞、李上田编写；
2. 学习情境二“资金筹集管理”由韩宗强编写；
3. 学习情境三“项目投资管理”由蒋婵、闻乐剑编写；
4. 学习情境四“营运资金管理”由刘海燕、王启娇编写；
5. 学习情境五“收益分配管理”由廖超如编写；
6. 学习情境六“财务预算”由赵红岩、宋博英编写；

7. 学习情境七“财务控制”由王玲编写；
8. 学习情境八“财务分析”由张春敏、周军编写。

最后，由刘海燕修改、统稿，总纂成书。

由于时间紧，作者水平有限，书中缺点和疏漏之处，敬请读者批评指正。

编　者
2011年6月

目　录

学习情境一

理财观念

学习任务：

1. 了解财务活动的内容及其体现的财务关系；
2. 理解财务目标、财务环节和财务环境；
3. 掌握时间价值的计算及其在实务中的应用；
4. 掌握风险的衡量及风险价值。

能力目标：

1. 会计算时间价值，并在财务实务中加以应用；
2. 能利用标准差或标准离差率衡量风险大小；
3. 能理解并计算风险价值。

知识目标：

1. 了解财务活动的内容及其体现的财务关系；
2. 理解财务目标、财务环节和财务环境；
3. 掌握一次性收、付款项时间价值的计算方法；
4. 掌握年金的形式及不同年金的计算方法；
5. 了解风险的种类及控制方法；
6. 掌握风险的衡量方法及风险价值的计算方法。

情境导入：

李先生要开一家餐馆，找到十字路口的一家小卖部，要求承租该小卖部3年。因小卖部受到附近超市的影响，生意清淡，小卖部的业主王先生也愿意清盘让李先生开餐馆，但提出应一次性支付3年的使用费30 000元。李先生觉得现在一次性拿出30 000元比较困难，请求能否缓期支付，王先生同意3年后支付，但金额是40 000元。若银行的贷款利率为5%，李先生3年后付款是否合算？

项目一　理财观念概述

财务管理是企业合理组织财务活动、正确处理财务关系的一项经济管理工作。财务管理作为企业管理的一个重要组成部分，是对企业生产经营的价值管理，具体表现为对企业的资金的管理，也就是通常意义的理财管理。

一、财务活动与财务关系

财务管理包括财务活动和财务关系两个方面。从企业资金运动的形式上看，资金的增减变动即财务活动；从企业资金运动的本质上看，资金增减变动中所体现的经济利益关系即财务关系。

（一）财务活动

财务活动一般按企业资金运动的内在逻辑顺序，可以分为资金的筹集（融资）、资金的使用（投资）、资金营运（用资）和资金分配（分配）等四个方面。合理安排财务活动是理财活动的重要内容。

（1）筹资活动。筹资是获取企业设立和持续经营及其发展所需资金的行为，是资金运动的起点，又称融资。按融资的性质不同，可将其融入的资金划分为权益资金和债务资金。权益资金是指企业通过吸收直接投资、发行股票、内部积累等方式取得的资金；债务资金则是企业通过银行借款、发行债券、商业信用等方式取得的资金。

（2）投资活动。投资是指以收回现金并获得收益为目的而发生的现金流出。按投资方式的不同，可将投资划分为直接投资和间接投资。直接投资又称资本预算，是指把资金直接投放于生产经营性资产以获得利润的投资行为。如购置设备、兴建工厂、开办商店等。间接投资又称证券投资，是指把资金用于购买股票、债券等金融性资产，以获得股利或者利息收入的投资行为。

（3）营运活动。营运活动是指企业日常生产经营活动，管理的主要内容是营运资金。企业必须合理使用资金，加速资金周转；减少耗费，降低成本；扩大销售，增加收入，以获得更多报酬。

（4）分配活动。分配活动是指对企业税后净利润进行分配的经济行为。一般认为，企业将一定时期实现的收入进行补偿性分配和缴纳所得税等只是一个会计过程，而最具财务意义的是有关税后净利润的分配。随着分配过程的进行，资金或者退出或者留存企业，必然会影响企业的资金运动，这不仅表现在资金运动的规模上，而且表现在资金运动的结构上。因此，在依据一定的法律原则下，应合理确定分配规模和分配方式，以使企业的价值最大化。

以上四个方面的财务活动并不是孤立的，而是相互联系、相互依存的。筹资是起点、投资和营运是主体、分配是终点和新的起点。

（二）财务关系

财务关系是指企业资金运动中所体现的经济利益关系。理财的第二个层面，就是研究资金运动中的各种经济利益关系。主要表现为以下几个方面：

（1）企业与税务机关的财务关系。企业按照税法规定向税务机关缴纳各种税费，包括流转税、所得税、行为税等。这是国家财政收入的主要来源，国家保障企业的各种合法权益并为企业创造良好的生产经营环境。企业应认真履行纳税义务，处理好税收征纳关系。

（2）企业与投资人、受资人的财务关系。投资人是企业的所有者，可以是国家、法人单位、个人或外商。这主要是投资人向企业投入资金，企业向投资人支付投资报酬所形成的经济关系。当企业向其他单位投资时，企业是出资人，被投资企业是受资人。投资与受资关系的实质是所有权与经营权的关系。

（3）企业与债权人、债务人的财务关系。企业一方面可以作为债务人向金融机构、其他单位或个人借入资金，另一方面可以作为债权人向其他单位或个人提供资金。两者都是以偿还（付息）为条件的一种债权债务关系。

（4）企业内部的财务关系。企业内部的财务关系主要包括内部各部门之间的关系和企业与职工的关系。在进行经济核算的前提下，企业内部各部门也有相对独立的经济利益，主要是内部各部门在生产经营环节相互之间提供产品、劳务等形成的资金结算关系。在企业与职工的关系中，主要是指企业根据职工提供的劳动数量和质量向职工支付劳动报酬的分配关系。

财务实际工作中的首要问题，是如何理顺财务关系，正确处理各种经济利益矛盾，协调企业理财目标实现过程中的委托代理冲突等。只有这样，才能完成好有关融资、投资、营运、分配乃至资本经营等方面的事务。所以，理财不能见物不见人，而是要眼中有物、心中有人。在正确处理财务关系的前提下，科学预测融资需求、周密安排投资计划、有效控制现金流量，从而合理组织资金运动，推动财富增长。

二、财务管理目标

财务管理目标是企业财务管理所希望实现的结果，又称理财目标，是企业财务管理的行动导向，是评价企业财务活动是否合理、有效的基本标准，是企业财务管理人员工作实践的出发点和归宿处。科学设定财务管理目标，对于优化企业理财行为、实现财务管理的良性循环具有重要意义。

关于财务管理目标的综合表达，主要有以下三种不同的类型。

（一）利润最大化

利润最大化是指企业的利润额在尽可能短的时间内达到最大。这种观点与西方微观经济学中所持的观点相吻合，其优点在于追求利润最大化与企业盈利目标保持了高度的一致性，并且对于发挥市场机制的作用，促进企业加强管理、提高效率、降低成本、优化资源配置等都有积极意义；同时由于利润代表企业创造的“新增财富”和企业追求利润的“天经地义”，因而人们也很容易接受。

但利润最大化作为企业的理财目标存在一些难以解决的问题，主要表现在：没有揭示利润与现金的关系，可能出现“纸上富贵”的现象；没有考虑企业的可持续发展，容易导致“短期行为”的产生；利润最大化概念模糊，对取得利润的时间、投入、风险以及利润分配的提示性不够；没有考虑资金的时间价值等。

可见，利润最大化作为现代企业的理财目标是不可取的，其片面性的副作用不可轻视。作为一种日常经济用语，也应注意在限定的意义上加以使用。

（二）每股收益最大化

每股收益最大化是指每单位股份应获得最大的净利润。这种提法将企业盈利和股东投入企业的资本联系起来考察，有了清晰的净利润和股份规模概念，可以视做利润最大化的改进版。类似的提法还有权益净利率最大化、资本利润率最大化等，其本质含义基本相同。

每股收益最大化仍然不能理性地证明有关财务决策的正确性，例如，它对每股收益的“含金量”、每股收益的持续提高、取得每股收益的时间和风险等均无确定的揭示，因而无法现实地表明并最终导致其目标的实现。

（三）股东财富最大化

股东财富最大化是指以企业出售价格或企业股票价格表现的、属于股东所有的企业价值最大。因而又称企业价值最大化、股票市价最大化。

企业的价值，在于它能给所有者带来未来报酬，包括获得股利和出售其股权换取现金。如同商品价值一样，企业的价值只有置于市场才能通过价格表现出来。在对企业进行评价时，看重的不是企业已经获得的利润，而是企业潜在的获利能力。因此，企业价值不是账面资产的总价值，而是企业全部财产的市场价值，它反映了企业潜在或预期的获利能力。企业价值最大化是通过企业的合理经营，采用最优的财务政策，不断优化理财行为，增加企业财富，使企业价值达到最大。

股东财富最大化作为财务管理目标，其优点在于考虑了资金的时间价值和投资的风险价值，有利于统筹安排长短期规划、合理选择投资方案、有效筹措资金等；反映了对企业资产保值、增值的要求，从某种意义上说，投资者财富越多，企业市场价值就越大，追求财富最大化的结果可促使企业资产保值或增值，有利于克服管理上的片面性和经营的短期行为。

总之，股东财富最大化是对理财目标的深层次认识及理性概括，被越来越多的企业所认同和采纳。当然，在实务中，企业价值对非上市公司而言，其估价不容易做到客观和准确，必须将其置于一个充分发达的市场和完善的资产评估体系进行评估才能相对有效；对于上市公司而言，股票价格的变化要受多种因素的影响，并不能在每时每刻都反映企业的实际价值，必须将其置于一个长期的时间序列进行考虑方可做到这一点。

三、财务管理环节

财务管理环节是指企业实施财务管理过程中所经历的不同步骤与阶段，主要包括财务预测、财务决策、财务计划、财务控制和财务分析。

（1）财务预测。财务预测是财务人员根据历史资料，依据现实条件，运用特定方法对企业未来财务活动所做出的科学预计和测算。财务预测是财务决策的基础，是编制财务计划的前提，是组织财务活动的必要条件。一般包括流动资产需要量预测、销售与利润预测等。

（2）财务决策。财务决策是财务人员在财务管理目标的要求下，从若干个备选方案中，选择出最优方案的过程。财务决策实质上是决定财务目标和实施方案的选优过程，是在财务预测的基础上进行的，是财务计划的前提，是企业财务管理的核心工作。一般包括筹资决策、投资决策、利润分配决策和其他决策等。

（3）财务计划。财务计划是在计划期内以货币形式反映生产经营活动所需要的资金及其来源、财务收支及最终成果的分配所得出的计划。财务计划是组织企业财务活动的纲领，是财务预测和决策的具体化，是财务控制的依据。在实际工作中，企业财务计划主要有筹资计划、用资计划、成本费用计划、利润和分配计划、对外投资计划等。

（4）财务控制。财务控制是依据财务计划目标，按照一定的程序和方式，发现实际偏差并纠正偏差，确保企业及其内部结构和人员全面实现财务计划目标的过程。财务控制是一种连续性、系统性和综合性最强的控制。一般由确定控制目标、建立控制系统、信息传递和反馈、纠正实际偏差等组成。

（5）财务分析。财务分析是以会计报表为主要信息依据，运用特定的方法，对企业财务活动过程及其结果进行分析和评价的一项管理工作。其目的在于方便投资者、债权人、管理者及其他信息使用者做出正确的经济决策。

四、财务管理环境

财务管理是在一定的环境中进行的，财务管理环境又称理财环境，是指企业在财务管理过程中所面临的各种影响因素。研究理财环境有助于提高企业理财对环境的适应能力和理财效率，以实现理财目标。影响企业的财务管理环境是多方面的，本书主要介绍对企业财务管理影响比较大的经济环境、金融环境、税收环境和法律环境等因素。

（一）经济环境

经济环境是指影响企业财务管理的各种经济因素，主要有经济周期、经济政策和经济发展水平等。

（1）经济周期。市场经济总是在明显或不明显的周期性波动中运行，并依次经历复苏、繁荣、衰退、萧条四个不同阶段，这就是经济周期变化。在经济周期的不同阶段，企业理财的策略、方法、具体措施等都会有很大的差异。对此，西方财务界提出的企业在经济周期各阶段的一般理财对策可资借鉴。具体见表1-1。

表1-1 **经济周期各阶段的企业理财对策**

复　苏	繁　荣	衰　退	萧　条
1. 增加厂房设备 2. 建立存货 3. 引入新的产品 4. 增加雇员	1. 扩充厂房设备 2. 继续建立存货 3. 开展营销规划 4. 继续增加雇员	1. 停止扩张 2. 出售多余设备 3. 停产不利产品 4. 停止雇员	1. 建立投资标准 2. 保持市场份额 3. 缩减费用开支 4. 裁减雇员

（2）经济政策。经济政策是国家或政府为了达到充分就业、价格水平稳定、经济快速增长、国际收支平衡等目标，为增进经济福利而制定的解决经济问题的指导原则和采取的措施。这些指导原则和措施会深刻地影响一国的经济社会生活，也必然影响到企业的发展和财务活动的运行。例如国家的产业政策、财政政策、货币政策对企业的融资活动、投资活动和分配活动都会产生重要影响。政府对某些地区、某些行业、某些经济行为的优惠鼓励或实行限制构成政府经济政策调控的主要内容。经济政策对企业的理财影响非常大，财务管理人员必须准确把握不同时期的经济政策，更好地为企业理财服务。

（3）经济发展水平。财务管理的发展水平是和经济发展水平密切相关的，经济发展水平越高，财务管理水平也越好。财务管理水平的提高，将推动企业降低成本、提高效益，从而促进经济发展水平的提高；而经济发展水平的提高，将改变企业的财务战略、理财理念、管理模式和方法手段，从而促进企业财务管理水平的提高。

（二）金融环境

企业不同时期均需要资金从事投资和经营活动，而资金的取得离不开金融环境。金融环境主要包括金融机构、金融工具和金融市场。

1. 金融机构

金融机构主要是指银行和非银行金融机构。银行是指经营存款、放款、汇兑、储蓄等金融业务，承担信用中介的金融机构，包括商业银行和政策性银行，如中国银行、中国农业银行、中国建设银行、中国农业发展银行等。非金融机构主要包括保险公司、信托投资公司、证券公司、金融租赁公司、财务公司等机构。

2. 金融工具

金融工具是指融通资金双方在金融市场上进行交易、转让的工具，借助金融工具，资金从供给方转移到需求方。金融工具分为基本金融工具和衍生金融工具两大类。常见的基本金融工具有货币、票据、债券、股票等；衍生金融工具又称派生金融工具，是在基本金融工具的基础上通过特定技术设计的融资工具，如各种远期合约、资产支持证券等，其种类复杂、繁多，具有高风险、高杠杆效应的特点。

3. 金融市场

金融市场就是资金融通的市场，即资金从盈余一方流向紧缺一方的行为总和。广义的金融市场涉及所有的资金融通行为，狭义的金融市场则主要是指有价证券市场。金融市场为企业提供融资渠道和手段、营造投资场所和工具、反映财务信息和价格、实现资产转移和变现。

（1）金融市场的主要类型。金融市场中与企业财务管理最具密切关系的是货币市场与资本市场。货币市场是指期限不超过一年的短期资金交易市场，如短期存贷、同业拆借、票据贴现、大额定期存单、短期债务等；资本市场是指期限在一年以上的长期资金交易市场，如股票交易、债券交易、长期存贷款等。金融市场的主要类型如图 1-1 所示。

金融市场的交易对象是货币资金，货币资金本身不具有价值却能代表一定的价值量，只有通过流动转手才能成为具有特定使用价值的金融工具，如票据、股票、期权、期货等。金融市场可以是有形的市场，即有固定场所和工作设备，如银行、证券公司等，也可以是无形市场，即利用电脑、电传、电话等手段通过经纪人进行资金买卖活动。

（2）金融市场的构成要素。任何市场都要有其基本构成要素。金融市场的构成要素有以下四个方面：交易主体、交易对象、交易工具和交易方式。交易主体是指金融市场参与者，包括个人、企业、金融机构、政府等；交易对象是指金融市场参与者进行交易的标的物，即金融市场的交易客体货币资金；交易工具是指金融市场上资金供求双方进行交易时所使用的信用工具，又称金融工具；交易方式是指金融市场资本供求双方采取的交易组织形式，主要有拍卖方式和柜台方式两种。

（3）金融市场的交易价格。在金融市场上，交易的是货币资金这一特殊商品，其交

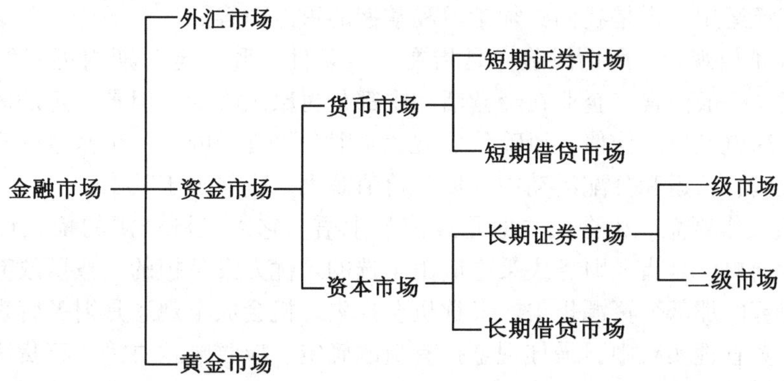

图 1-1　金融市场的主要类型

易价格就是利率。资金以利率为价格进行融通，本质上是运用利率这一经济杠杆对具有稀缺性的资金资源进行的再分配。在理财中，利率是资本使用权购买者所支付的代价，又是资本使用权售卖者所取得的收益。利率的高低直接关系到企业的财务风险和财务收益。

（三）税收环境

税收环境是公司在各种决策中所要考虑的重要内容，公司的价值取决于税后现金流。税金是公司的一种费用，增加了公司的现金流出，企业无不希望在不违反税法的前提下减轻税务负担。而税收负担的减轻，只能靠各项财务决策的精心安排和筹划来实现，不允许在纳税行为已经发生时去偷税漏税。精通税法，合理进行税收筹划，对理财具有重要意义。

（四）法律环境

市场经济是法制经济，企业中的一些经济活动总是在一定法律规范内进行的。法律既约束企业的非法经济行为，也为企业从事各种合法经济活动提供保护。国家相关法律法规按照对财务管理内容的影响情况可以归纳如下：

（1）影响企业筹资的各种法规主要有：公司法、证券法、金融法、证券交易法、合同法等。这些法规可以从不同方面规范或制约企业的筹资活动。

（2）影响企业投资的各种法规主要有：证券交易法、公司法、企业财务通则等。这些法规从不同角度规范企业的投资活动。

（3）影响企业收益分配的各种法规主要有：税法、公司法、企业财务通则等。这些法规从不同方面对企业的收益分配进行了规范。

五、理财观念的种类

理财观念，也称财务观念，是指财务活动主体在进行财务决策和实施财务决策的过程中，应具备的价值观念或必须遵循的基本原则。它是从实践中抽象出来的，并在实践中证明是正确的行为规范，它反映着理财活动的内在要求，主要包括：

（1）时间价值观念。时间价值是指同一资金量在投入经济运行的过程中，随着时间的推移而形成的价值差额。时间价值观念是财务管理中的基本理财观念之一，在投资、筹资活动中被广泛运用，也是我们必须学习和掌握的重点内容。

(2) 风险价值观念。所谓风险，是指在一定条件下和一定时期内可能发生的各种结果的变动程度。一般而言，企业在经营活动中都是讨厌风险的，但冒一定的风险可能获得额外的收益，这就是风险价值。风险价值观念是财务管理中的又一个基本的理财观念，在企业筹资、投资、营运和分配活动中，风险价值观念一直伴随于其中。

(3) 机会成本观念。机会成本原是经济学术语。它以经济资源的稀缺性和多种选择机会的存在为前提，是指在财务决策中应由中选的最优方案负担的、按所放弃的次优方案的潜在收益计算的那部分资源损失，又称机会损失。机会成本观念是财务管理的又一项基本原则，在财务管理实践中，最佳现金持有量的确定、应收账款决策、存货决策等都必须在这一观念的指导下进行。

(4) 边际观念。边际也是经济学术语，是指在具有内在联系的相关因素中，每增加一个单位的因素值所引起的另一因素的变动额。在财务管理实践中，定价决策、资本结构决策、销售与利润决策、投资规模决策等都应在边际观念的指导下进行。

(5) 弹性观念。弹性是指事物的灵活性和伸缩性。在财务活动中，由于客观环境的变化，原有的财务决策要能随着各种内外因素的变化而适时调整、变更，决策结果不能过死和僵化，这就是财务管理中的弹性观念。弹性观念要求财务决策能随着客观环境的变化不断地进行调整，动态地实现决策的最优。在财务管理实践中，资本结构决策、投资结构与规模决策、应收账款决策等都要运用到弹性观念。

(6) 预期观念。财务管理中的预期观念就是要求财务人员依据已知经济信息和其他有关资料，对未来的财务活动的趋势和状况进行多种可能的预计、推测和估量，以更好地进行财务决策和计划管理。在理财实践中，财务预测、预算管理、财务战略管理等要在这一观念的指导下进行。

本书将对上述理财观念中的时间价值观念和风险价值观念进行重点讲解。

项目二 时间价值

一、时间价值的内涵

时间价值也称资金时间价值，是指一定量资金在不同时点上的价值量的差额。资金的时间价值来源于资金的运动过程，是经过一定时间的投资与再投资后所产生的增值。

在市场经济条件下，今天的 1 元钱和将来的 1 元钱不等值，前者要比后者的价值大。例如，将今天的 1 元钱存入银行，若银行存款年利率为 10%，一年以后就会是 1.10 元。可见，经过一年时间，这 1 元钱发生了 0.10 元的增值，今天的一元钱和一年后的 1.10 元钱等值。这就是资金在投资后随时间的推移而产生的增值，也就是资金时间价值，它可以用绝对数来表示（本例中的 0.10 元），即利息，也可以用相对数来表示，增加价值与投资价值的比值（本例中的 10%），即利息率。

通常情况下，资金的时间价值相当于没有风险和通货膨胀的条件下的社会平均资金利润率。在市场经济中，由于竞争，企业的财务管理活动总是存在着不同的风险，而通货膨胀是客观存在的经济现象。因此，同样多的资金在相同的时间投资不同的项目，所获得的投资报酬率是不同的，之所以不同是由于它们所产生的风险报酬率不同，但时间价值（社会平均利润率）是相同的。企业在投资中，所赚得的基本报酬也必须达到社会平均利润率，否则就不如投资于其他项目或其他行业。只有在购买国库券等政府债券时几乎没有风险，如果通货膨胀率很低的话，可以用政府债券利率来表现资金时间价值。

银行存款利率、贷款利率、各种债券利率、股票的股利率都可以看做资金投资的报酬率，它们与资金的时间价值率都是有区别的，只有在没有风险和通货膨胀的条件下，时间价值才与上述各报酬率相等。值得注意的是，通常情况下，在讲述资金时间价值时，是假设在没有风险和通货膨胀的条件下，以利息率来代表资金的时间价值。

二、资金时间价值的计算

（一）一次性收付款项的终值与现值的计算

在某一特定时点上一次性支付（或收取）款项，经过一段时间后再相应地一次性收取（或支付）款项，即为一次性收付款项。例如，某人持有一笔现金 10 000 元，现在按年利率为 2%的 5 年定期存入银行，5 年后取得本利 11 000 元，这种收付款项就属于一次性收付款项。

终值又称将来值，是现在一定量资金折合成未来某一时点上的资金的价值，俗称本利和。

现值又称本金，是指未来某一时点上的一定量资金折合为现在资金的价值。上例中，10 000 元存入银行，5 年后获得本利和 11 000 元，因而现在的 10 000 元 5 年后的终值为 11 000 元；反之，5 年后的 11 000 元折合为现在的价值为 10 000 元。现在的 10 000 元与 5 年后的 11 000 元在价值上是等量的。

终值与现值的计算涉及利息计算方式的选择。目前有两种利息计算方式，即单利和复利。单利方式下，每期都按初始本金计算利息，当期利息即使不取出也不计入下期本金，计算基数不变。复利方式下，以当期期末本利和为计息基础计算下期利息，即利上加利。现代财务管理中一般用复利方式计算终值与现值。

1. 单利的终值和现值

为计算方便，定义如下符号：I 为利息；P 为现值；F 为终值；i 为利率（折现率）；n 为计算利息的期数。

（1）单利终值的计算公式：$F=P\times(1+i\times n)$

【例 1-1】　某人将现金 10 000 元存入银行 5 年，银行存款年利率为 4%，若按单利计息 5 年后获得的资金为：

$F=10\ 000\times(1+4\%\times5)=12\ 000$（元）

（2）单利现值的计算公式：$P=F\div(1+i\times n)$

单利现值的计算同单利终值的计算是互逆的，由终值计算现值的过程称为折现。

2. 复利的终值和现值

（1）复利终值的计算公式：$F=P\times(1+i)^n$

式中，$(1+i)^n$ 通常称为“一次性收付款项终值系数”，简称“复利终值系数”，用符号（F/P，i，n）表示。如（F/P，2%，3）表示利率为2%、3期复利终值的系数。复利终值系数可以通过查“复利终值系数表”直接获得。

【例 1-2】　某人将现金10 000元存入银行5年，银行存款年利率为4%，若按复利计息5年后获得的资金为：

$F=P\times(1+i)^n=10\,000\times(1+4\%)^5=12\,167$（元）

或　$F=P(F/P,i,n)=10\,000\times(F/P,4\%,5)$

$=10\,000\times1.216\,7=12\,167$（元）

（2）复利现值的计算公式：$P=F\times(1+i)^{-n}$

式中，$(1+i)^{-n}$通常称为“一次性收付款项现值系数”，记作（P/F，i，n），复利现值系数可以通过查复利现值系数表直接获得。

【例 1-3】　某企业进行一项投资，预计5年后可获得收益200万元，年利率（折现率）为10%，则这笔收益的现值为：

$P=F\times(1+i)^{-n}=F\times(P/F,i,n)=200\times(1+10\%)^{-5}=200\times(P/F,10\%,5)$

$=200\times0.621=124.2$（万元）

（二）年金终值与现值的计算

年金是指一定时期内每期等额收付的系列款项，通常记做A。年金的形式多种多样，如折旧、保险费、养老金、租金、等额分期收付款以及零存整取等。年金按其每次收付发生的时点不同，可分为普通年金、即付年金、递延年金、永续年金等几种。

1. 普通年金终值与现值的计算

（1）普通年金终值的计算（已知年金A，求终值F）。普通年金是指从第一期起，在一定时期内每期期末等额发生的系列收付款项，又称后付年金。普通年金终值是指每期收付款项的复利终值之和，是折算到最后一期期末的本利和。

每期期末收入或支出的款项用A表示，利率用i表示，期数用n表示，那么每期期末收入或支出的款项，折算到第n年的终值计算如图1-2所示。

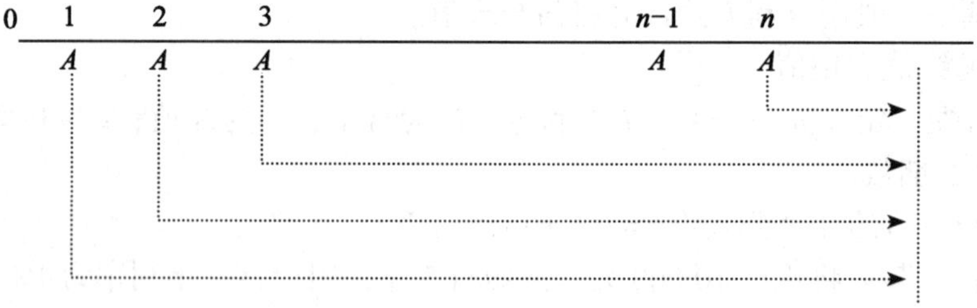

图 1-2　普通年金终值计算示意图

第n年支付或收入的款项A折算到最后一期（第n年），其终值为：$A\times(1+i)^0$

第$n-1$年支付或收入的款项A折算到最后一期（第n年），其终值为：$A\times(1+i)^1$

……

第 3 年支付或收入的款项 A 折算到最后一期（第 n 年），其终值为：$A\times(1+i)^{n-3}$

第 2 年支付或收入的款项 A 折算到最后一期（第 n 年），其终值为：$A\times(1+i)^{n-2}$

第 1 年支付或收入的款项 A 折算到最后一期（第 n 年），其终值为：$A\times(1+i)^{n-1}$

那么 n 年的年金终值和为：

$$F=A\times(1+i)^0+A\times(1+i)^1+\cdots+A\times(1+i)^{n-3}+A\times(1+i)^{n-2}+A\times(1+i)^{n-1}$$

即年金终值的计算公式为：

$$F=A\times(1+i)^0+A\times(1+i)^1+A\times(1+i)^2+\cdots+A\times(1+i)^{(n-2)}+A\times(1+i)^{(n-1)}$$

整理上式，可得到：
$$F=A\times\frac{(1+i)^n-1}{i}$$

式中，$\frac{(1+i)^n-1}{i}$称为“年金终值系数”，记为（F/A，i，n），年金终值系数可通过查年金终值系数表直接获得。

【例 1-4】　某企业投资一项目，其建设期为 5 年，若 5 年内每年年末从银行借款 100 万元，借款年利率为 10%，则该项目竣工时应付本息的总额为：

$$F=100\times\frac{(1+10\%)^5-1}{10\%}=100\times(F/A,\ 10\%,\ 5)=100\times6.1051=610.51\text{（万元）}$$

【例 1-5】　小刘是位热心公益事业的人，自 2006 年 12 月底开始，他每年都要向一位失学儿童捐款。小刘向这位失学儿童每年捐款 1 000 元，帮助这位儿童接受九年义务教育。假设每年定期存款利率都是 2%，小刘 9 年的捐款在 2014 年底相当于多少钱？

$F=1\ 000\times(F/A,\ 2\%,\ 9)=1\ 000\times9.754\ 6=9\ 754.6$（元）

（2）年偿债基金的计算（已知年金终值 F，求年金 A）。偿债基金是指为了在约定的未来某一时点清偿某笔债务或积聚一定数额的资金而必须分次等额形成的存款准备金，也就是使年金终值达到既定金额的年金数。债务实际上等于年金终值，每年提取的偿债基金等于 A。偿债基金的计算实际上是年金终值的逆运算。其计算公式为：

$$A=F\times\frac{i}{(1+i)^n-1}$$

式中，$\frac{i}{(1+i)^n-1}$称为“偿债基金系数”记为（A/F，i，n），偿债基金系数可直接查阅偿债基金系数表或通过年金终值系数的倒数推算出来。

【例 1-6】　某企业有一笔 5 年后到期的借款，到期值为 1 500 万元。若年利率为 10%，则为偿还该项借款应建立的偿债基金为：

$$A=1\ 500\times\frac{10\%}{(1+10\%)^5-1}=1\ 500\times0.163\ 8=245.7\text{（万元）}$$

或　$A=1\ 500\times[1/(F/A,\ 10\%,\ 5)]=1\ 500\times(1/6.105)=245.7$（万元）

（3）普通年金现值的计算。普通年金现值是指一定时期内每期期末等额收付款项的复利现值之和。其计算如图 1-3 所示。

要将每期期末的收支款项全部折算到时点 0，则：

第 1 年年末的年金 A 折算到时点 0 的现值为：$A\times(1+i)^{-1}$

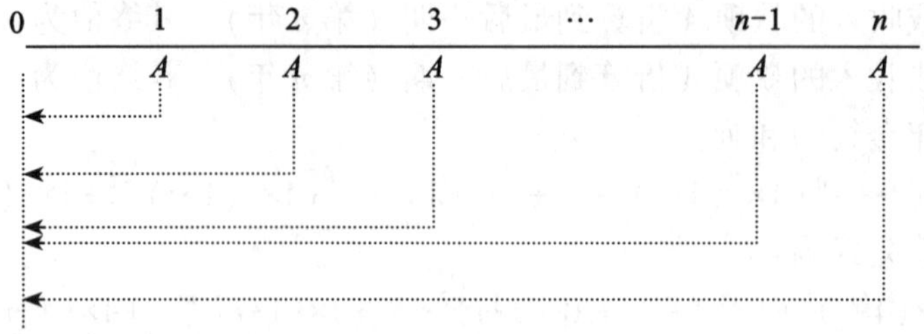

图 1-3 普通年金现值计算示意图

第 2 年年末的年金 A 折算到时点 0 的现值为：$A\times(1+i)^{-2}$

第 3 年年末的年金 A 折算到时点 0 的现值为：$A\times(1+i)^{-3}$

……

第（$n-1$）年年末的年金 A 折算到时点 0 的现值为：$A\times(1+i)^{-(n-1)}$

第 n 年年末的年金 A 折算到时点 0 的现值为：$A\times(1+i)^{-n}$

那么，n 年的年金现值之和为：

$$P=A\times(1+i)^{-1}+A\times(1+i)^{-2}+A\times(1+i)^{-3}+\cdots+A\times(1+i)^{-(n-1)}+A\times(1+i)^{-n}$$

即年金现值的计算公式为：

$$P=A\times(1+i)^{-1}+A\times(1+i)^{-2}+\cdots+A\times(1+i)^{-(n-1)}+A\times(1+i)^{-n}$$

整理上式，可得：$P=A\times\dfrac{1-(1+i)^{-n}}{i}$

式中，$\dfrac{1-(1+i)^{-n}}{i}$称为“年金现值系数”，记为（P/A，i，n），年金现值系数可通过查年金现值系数表直接获得。

【例 1-7】 某企业租入某设备，每年年末需要支付租金 1 000 元，年复利率为 10%，则 5 年内应支付的租金总额的现值为：

$$P=1\ 000\times\frac{1-(1+10\%)^{-5}}{10\%}=1\ 000\times(P/A,\ 10\%,\ 5)=1\ 000\times3.790\ 8=3\ 790.8\text{（元）}$$

【例 1-8】 王先生最近准备买房，甲开发商出售一套 100 平方米的住房，要求首期支付 10 万元，然后分 6 年每年年末支付 3 万元。王先生很想知道每年年末付 3 万元相当于现在多少钱，好让他与现在 2 000 元/平方米的市场价格进行比较（银行年利率为 6%）。

$P=3\times(P/A,\ 6\%,\ 6)=3\times4.917\ 3=14.751\ 9$（万元）

王先生付给甲开发商的资金现值为：10+14.751 9=24.751 9（万元）

如果直接按每平方米 2 000 元的价格购买，王先生只要付出 20 万元，可见分期付款不划算。

（4）年资本回收额的计算（已知年金现值 P，求年金 A）。资本回收是指在给定的年限内等额回收初始投入资本或清偿所欠债务的金额。年资本回收额的计算是年金现值的逆运算。其计算公式为：

$$A=P\times\frac{i}{1-(1+i)^{-n}}$$

式中，$\frac{i}{1-(1+i)^{-n}}$称为“资本回收系数”，记为（A/P，i，n），可直接查阅资本回收系数表或利用年金现值系数的倒数求得。上式也可写为：

$$A=P\times(A/P,\ i,\ n)\quad \text{或}\quad A=P\times[1/(P/A,\ i,\ n)]$$

【例 1-9】　某企业现借款 1 000 万元用于新产品的开发，在 5 年内以年利率 12%等额偿还，则每年应偿还的金额为：

$$A=1\ 000\times\frac{12\%}{1-(1+12\%)^{-5}}=1\ 000\times0.277\ 4=277.4\ (\text{万元})$$

或　$A=1\ 000\times[1/(P/A,\ 12\%,\ 5)]=1\ 000\times[1/3.604\ 8]=277.4$（万元）

2. 即付年金的终值与现值

即付年金是指从第一期起，在一定时期内每期期初等额收付的系列款项，又称先付年金。它与普通年金的区别仅在于付款时间的不同。

（1）即付年金终值的计算。n 期即付年金与 n 期普通年金终值的关系如图 1-4 所示。

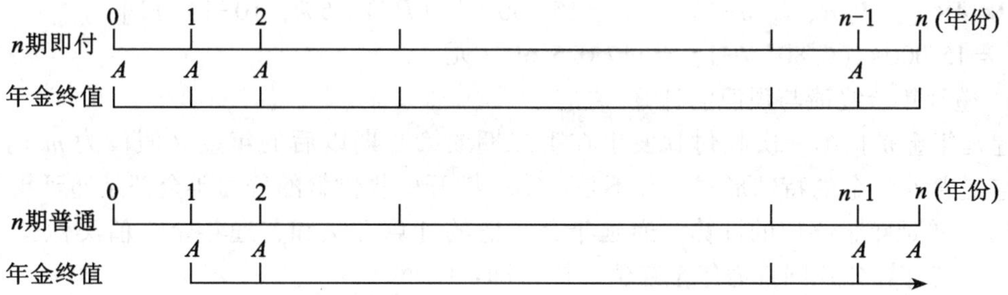

图 1-4　即付年金与普通年金终值的关系

从图 1-4 可以看出，n 期即付年金与 n 期普通年金的付款次数相同，但由于其付款时间不同，n 期即付年金终值比 n 期普通年金的终值多计算一期利息。因此，在 n 期普通年金终值的基础上乘以（$1+i$），就是 n 期即付年金终值。其计算公式为：

$$F=A\times\frac{(1+i)^n-1}{i}\times(1+i)=A\times\left[\frac{(1+i)^{n+1}}{i}-1\right]$$

式中，$\left[\frac{(1+i)^{n+1}}{i}-1\right]$称为“即付年金终值系数”，它是在普通年金终值系数的基础上，期数加 1，系数值减 1 所得的结果。通常记为［（F/A，i，$n+1$）-1］。这样，通过查年金终值系数表得到（$n+1$）期的值，然后减去 1 便可得到对应的即付年金系数的值。这时可用如下公式计算即付年金的终值：

$$F=A\times[(F/A,\ i,\ n+1)-1]$$

【例 1-10】　某企业在未来 5 年每年年初支付厂房租金 10 000 元，银行存款利率为 5%。则该企业期满后支付租金的本利和为：

$$F=A\times[(F/A,\ i,\ n+1)-1]=10\ 000\times[(F/A,\ 5\%,\ 6)-1]$$
$$=10\ 000\times(6.802-1)=58\ 020\ (\text{元})$$

（2）即付年金现值的计算。n 期即付年金现值与 n 期普通年金现值的期限相同，但由于其付款时间不同，n 期即付年金现值比 n 期普通年金现值少折现一期。因此，在 n 期普通年金现值的基础上乘以（$1+i$），便可求出 n 期即付年金的现值。其计算公式为：

$$P=A\times\left[\frac{1-(1+i)^{-n}}{i}\right]\times(1+i)=A\times\left[\frac{1-(1+i)^{-(n-1)}}{i}+1\right]$$

式中，$\left[\frac{1-(1+i)^{-(n-1)}}{i}+1\right]$称为“即付年金现值系数”，它是在普通年金现值系数的基础上，期数减1，系数加1所得的结果。通常记为［（P/A，i，$n-1$）+1］。这样，通过查年金现值系数表（$n-1$）期的值，然后加1，便可得出对应的即付年金现值系数的值。这时可用如下公式计算即付年金的现值：

$$P=A\times[(P/A,\ n-1)+1]$$

【例1-11】　张先生采用分期付款方式购入商品房一套，每年年初付款15 000元，分10年付清。若银行年利率为6%，该项分期付款相当于现在一次现金支付的购买价是多少？

$P=A\times[(P/A,\ i,\ n-1)+1]=15\ 000\times[(P/A,\ 6\%,\ 10-1)+1]$

$=15\ 000\times(6.801\ 7+1)=117\ 025.50$（元）

3. 递延年金终值与现值的计算

递延年金是指第一次收付款发生在第二期或第二期以后的年金（假设为 m 期，$m\geqslant 1$），它是普通年金的特殊形式，凡不是从第一期开始收付款的普通年金都是递延年金。

（1）递延年金终值的计算。递延年金终值的计算方法和普通年金终值类似，与递延期无关。其计算公式同普通年金终值一样，即：

$$F=A(F/A,\ i,\ n)$$

【例1-12】　某企业现在进行一项目投资，项目的建设期为5年，5年后该项目可连续8年为企业取得年收益100万元，若年利率为10%，则此项目取得的收益的终值应是多少？

$F=100\times(F/A,\ 10\%,\ 8)=100\times 11.436=1\ 143.6$（万元）

（2）递延年金现值的计算。递延年金现值与普通年金现值的关系如图1-5所示。其计算方法一般有两种可供选择。

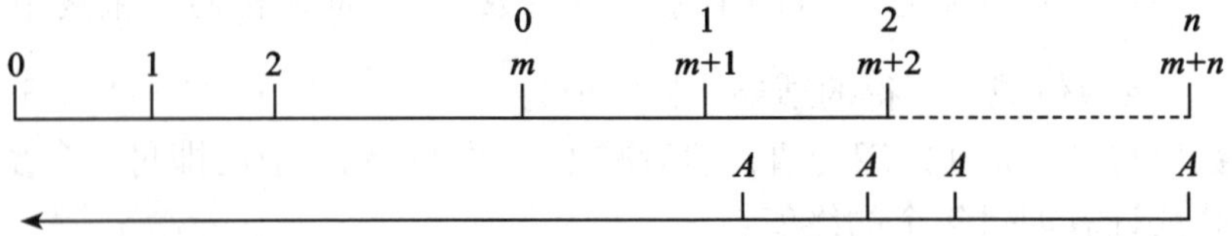

图1-5　递延年金现值计算图

第一种：先求出递延年金在 n 期期初（m 期期末）的现值，再将它作为终值贴现至 m 期期初，即可求出递延年金的现值。其计算公式为：

$$P=A\times\left[\frac{1-(1+i)^{-n}}{i}\right]\times(1+i)^{-m}=A\times(P/A,\ i,\ n)\times(P/F,\ i,\ m)$$

【例 1-13】　承例 1-12，此项目取得的收益的现值应是多少？

$P=100\times(P/A,\ 10\%,\ 8)\times(P/F,\ 10\%,\ 5)$

$=100\times5.335\times0.621=331.304$（万元）

第二种：先求出 $m+n$ 期普通年金现值，减去没有付款的前 m 期普通年金现值，二者之差为递延 m 期后 n 期普通年金的现值。其计算公式为：

$$P=A\times\left[\frac{1-(1+i)^{-(m+n)}}{i}-\frac{1-(1+i)^{-m}}{i}\right]=A\times[(P/A,\ i,\ m+n)-(P/A,\ i,\ m)]$$

上例中：$P=[(P/A,\ 10\%,\ 13)-(P/A,\ 10\%,\ 5)]$

$=100\times(7.103-3.791)=331.2$（万元）

【例 1-14】　某投资者拟购买一处房产，开发商提出 3 个付款方案：方案一是现在起 15 年内每年年末支付 10 万元；方案二是现在起 15 年内每年年初支付 9.5 万元；方案三是前 5 年不支付，第 6 年起到第 15 年每年年末支付 20 万元。假设按银行贷款利率 10%复利计息，若采用终值方式比较，哪一种付款方式对购买者有利？

方案一：$F=10\times(F/A,\ 10\%,\ 15)=10\times31.772=317.72$（万元）

方案二：$F=9.5\times[(F/A,\ 10\%,\ 16)-1]=9.5\times(35.950-1)$

$=332.03$（万元）

方案三：$F=20\times(F/A,\ 10\%,\ 10)=20\times15.937=318.674$（万元）

从上述计算结果可以看出，采用方案一对购买者比较有利。

4. 永续年金现值的计算

永续年金是指无期限等额收付的特种年金，可视为普通年金的特殊形式，即期限趋于无穷的普通年金。由于永续年金持续期无限，没有终止的时间，因此没有终值，只有现值。通过普通年金现值计算可推导出永续年金现值的计算公式为：

$$P=A\times\sum_{n=1}^{\infty}\frac{1-(1+i)^{-n}}{i}=A\times\frac{1}{i}$$

【例 1-15】　某企业建立一项永久性的奖励基金，每年颁发 20 万元奖金，若年利率为 5%，现在应存入的资金是多少？

$P=\frac{20}{5\%}=400$（万元）

5. 时间价值计算中的注意事项——名义利率与实际利率

上面讨论时间价值时，均假定利率为年利率且每年复利一次，但实际上，复利的计息期间不一定是一年，有可能是季度或月份。比如某些债券半年计息一次；有的抵押贷款每月计息一次等。当每年复利次数超过一次时，这样的年利率称为名义利率，而每年只复利一次的利率才是实际利率。对于一年内多次复利的情况，可采取两种方法计算资金时间价值。

第一种方法是按如下公式将名义利率调整为实际利率，然后按实际利率计算资金的时间价值。

$$i=(1+r\div m)^{m}-1$$

式中，i 为实际利率；r 为名义利率；m 为每年复利的次数。

【例 1-16】　某企业现在银行存有一笔资金 10 万元，年利率为 5%，每季度复利一次，到第 5 年末的本利和是多少？

依据题意：$P=10$，$r=5\%$，$m=4$，$n=5$，则：

$i=(1+5\%\div4)^{4}-1=5.09\%$

$F=10\times(1+5.09\%)^{5}=12.82$（万元）

第二种方法是将名义利率 r 调整为每年复利一次时的利率 $r\div m$，复利基数为 n 年内总的复利次数 $m\times n$。利用例 1-16 的数据，求得：

$F=10\times(1+5\%\div4)^{4\times5}=12.82$（万元）

项目三　风险价值

一、风险的含义与特点

风险是指某一行动的结果所具有的不确定性。风险是现代企业财务管理环境的一个重要特征，在企业财务管理的每一个环节都不可避免地要面对风险。在风险存在的情况下，人们只能事先估计到采取某种行动可能导致的结果以及每种结果出现的可能性，而行动的真正结果究竟会怎样，不能事先确定。例如用 10 000 元购买 1 年期利率为 4%的国库券，则 1 年后的收益是 400 元，由于国库券的无风险性，我们事先能确定 1 年后的收益。但若用 10 000 元去购买某公司的股票，则就无法事先确定 1 年后的收益了，那么购买股票的行为就面临风险了。

风险是由客观存在的自然现象和社会现象引起的，具有多样性和不确定性，可以事先估计采取某种行动可能导致的各种结果以及每种结果出现的可能性大小，但无法确定最终结果是什么。

二、风险的分类与分散

（一）风险的分类

对于风险可以从不同的角度进行分类：

1. 从风险能否被分散的角度看，风险分为系统风险和非系统风险

系统风险，又称市场风险或不可分散风险，是指那些影响所有企业的风险，如国家宏观经济的调控政策、国际金融市场利率的波动、自然灾害、经济衰退、通货膨胀等。这类风险不能通过多元化组合投资来分散，是投资者进行投资所必须承担的风险。

非系统风险，又称企业特有风险或可分散风险，是发生于个别企业的特有事项造成的风险，如罢工、诉讼失败、失去销售市场等。这类事件是随机发生的，可以通过多元化投资来分散。

2. 按风险形成的原因可将企业特有风险进一步分为经营风险和财务风险

经营风险，是指由于生产经营方面的原因给企业盈利带来的不确定性。企业生产经营

活动中会受到来源于企业外部和内部的诸多因素的影响，具有很大的不确定性。例如，原材料供应价格的波动、商场销售的波动、成本费用的变动、生产技术水平的不稳定、产品更新时机的把握、新产品研发的成败等。总之，所有的这些生产经营过程中所面临的不确定性，都会引起企业收益的高低变化。

财务风险，又称筹资风险，是指由于举债而给企业财务成果带来的不确定性。企业举债经营，全部资金中除自有资金外还有一部分借入资金，这会对自有资金的盈利能力造成影响；同时，借入资金需还本付息，到期无力偿付债务，企业便会陷入财务困境甚至破产。当企业息税前资金利润率高于借入资金利息率时，使用借入资金获得的利润除了补偿利息外还有剩余，因而使自有资金利润率提高。但是，若企业息税前资金利润率低于借入资金利息率，这时，使用借入资金获得的利润不够支付利息，还需动用自有资金的一部分利润来支付利息，从而使自有资金利润率降低。如果企业息税前利润还不够支付利息，就要用自有资金来支付，使企业发生亏损。若企业亏损严重，财务状况恶化，丧失支付能力，就会出现无法还本付息甚至会面临破产的危险。总之，对于财务风险的管理，关键是要保证有一个合理的资本结构，维持适当的负债水平，既要充分利用举债经营这一手段获取财务杠杆收益，提高自有资金盈利能力，又要注意防止过度举债引起财务风险加大而陷入财务风险。

（二）风险的分散

风险的分散主要是指非系统风险是可以通过资产组合而分散掉的。企业进行多样化投资，当增加投资组合中资产的种类时，组合投资的非系统风险将不断降低，当投资组合中的资产多样化达到一定程度后，非系统风险可以忽略不计，只关心系统风险。财务实务中常见的组合方法有多元化经营、联合经营、兼并与合并等，但多元化并不是万能的，如果不切实际地涉及过多产品或项目，主业不突出，不仅不能分散风险，反而会使企业遭受灭顶之灾。进行多元化投资与经营通常适用于财力雄厚、技术和管理水平较高的大型企业。

三、风险与风险报酬

风险与风险报酬可分为单项资产投资的风险与报酬和组合资产投资的风险与报酬，本教材主要介绍单项资产投资的风险与报酬。

单项资产投资的风险与报酬是假设投资者在仅持有一项资产的情况下所面临的风险与风险报酬。风险报酬是指投资者冒着风险进行投资而获得的超过货币时间价值的那部分额外收益，是对人们所遇到的风险的一种价值补偿，也称风险价值。风险报酬可以用风险报酬额或风险报酬率表示，在实务中一般用风险报酬率来表示。

风险是可能值对期望值的偏离，因此利用概率分布、期望值和标准离差来计算与衡量风险的大小，是一种最常用的方法。

（一）概率分布

在现实生活中，某一事件在完全相同的条件下可能发生也可能不发生，既可能出现这种结果又可能出现那种结果，我们称这类事件为随机事件。如果把所有可能的事件或结果都列示出来，且对每一事件或结果都给予一种概率，把它们列示在一起，便构成了概率的分布。概率就是用百分数或小数来表示随机事件发生的可能性及出现某种结果的可能性大小的数值。概率分布必须符合下列两个条件：

（1）所有的概率即P_i都在0和1之间，即$0 \leq P_i \leq 1$。

（2）所有结果的概率之和应等于1，即$\sum_{i=1}^{n} P_i = 1$，这里，n为可能出现的结果的个数。

【例1-17】　C公司现有A、B两个投资项目，预计项目投产后的收益情况和市场状况有关，预计年收益和概率分布如表1-2所示。

表1-2　　单位：万元

市场情况	A项目		B项目	
	年收益（X_i）	概率（P_i）	年收益（X_i）	概率（P_i）
繁荣	4 000	0.2	5 000	0.2
一般	2 000	0.5	2 800	0.5
较差	1 000	0.3	-1 000	0.3

将随机事件各种可能的结果按一定的规则进行排列，同时列出各结果出现的相应概率，这一完整的描述称为概率分布。概率分布有两种类型：一种是离散型分布，又称不连续的概率分布，即对于随机变量和相对应的概率只取有限个数值，在坐标图中描述出来表现为概率分布在各个特定的点上（如图1-6所示）；另一种是连续型分布，即对于所有的随机变量和对应的概率都予以估计，并且在坐标图中描述出来表现为曲线，概率分布在相应的区间上（如图1-7所示）。

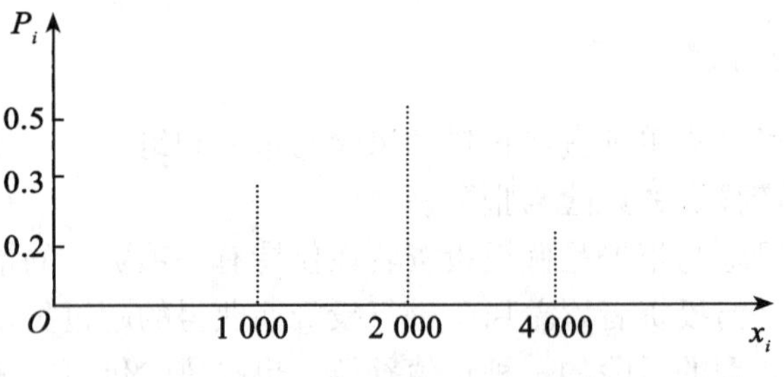

图1-6　离散型概率分布图

（二）期望值

期望值是指可能发生的结果与各自概率之积的加权平均值，通常用符号E表示。其计算公式如下：

$$E = \sum X_i P_i$$

一般用期望报酬，如预计收益的期望值和期望投资报酬率来反映投资者的合理预期。

【例1-18】　根据例1-17的资料计算A、B两项目预计收益的期望值。

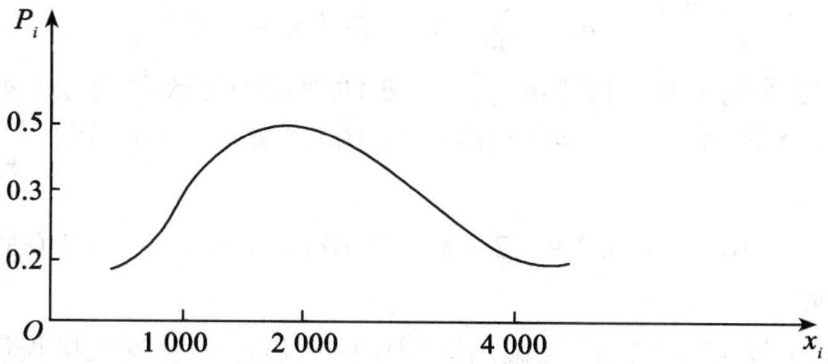

图 1-7　连续型概率分布图

E_A = 4 000×0. 2+2 000×0. 5+1 000×0. 3 = 2 100（万元）

E_B = 5 000×0. 2+2 800×0. 5+（-1 000）×0. 3 = 2 100（万元）

【例 1-19】　F 公司现有项目 A 和项目 B，两个项目的投资报酬率及其概率分布情况如表 1-3 所示，试计算两个项目的期望投资报酬率。

表 1-3　**A、B 项目投资报酬率及其概率分布表**

项目实施情况	该种情况出现的概率		投资报酬率	
	项目 A	项目 B	项目 A	项目 B
好	0. 2	0. 3	15%	20%
一般	0. 6	0. 4	10%	15%
差	0. 2	0. 3	0	-10%

项目 A 的期望投资报酬率为：

$E_A = X_1P_1 + X_2P_2 + X_3P_3 = 0.2×0.15 + 0.6×0.1 + 0.2×0 = 9\%$

项目 B 的期望投资报酬率为：

$E_B = X_1P_1 + X_2P_2 + X_3P_3 = 0.3×0.2 + 0.4×0.15 + 0.3×(-0.1) = 9\%$

期望投资报酬率反映了平均化的预计收益，在各种不确定性因素的影响下，它代表了投资者的合理预期。上例中 A、B 两个项目的期望投资报酬率相等，说明两个项目的平均收益是相同的，但其概率分布不同，A 项目预计收益的分散程度小，B 项目预计收益的分散程度大，这说明两个项目虽然期望投资报酬率相等，但风险不同。为了定量地衡量风险的大小，还要使用统计学中衡量概率分布离散程度的指标。

（三）离散程度

离散程度是用以衡量风险大小的统计指标。反映随机变量离散程度的指标包括平均差、方差、标准离差、标准离差率和全距等。本书主要介绍方差、标准离差和标准离差率三个指标。一般说来，离散程度越大，则风险越大；离散程度越小，风险越小。

1. 方差

方差是用来表示随机变量与期望值之间离散程度的一个数值。其计算公式为：

$$\sigma^2 = \sum (X_i - E)^2 \times P_i$$

【例 1-20】　根据例 1-17 的资料计算 A、B 两项目预计收益的方差如下：

$$\sigma_A^2 = (4\,000 - 2\,100)^2 \times 0.2 + (2\,000 - 2\,100)^2 \times 0.5 + (1\,000 - 2\,100)^2 \times 0.3$$
$$= 1\,090\,000$$

$$\sigma_B{}^2 = (5\,000 - 2\,100)^2 \times 0.2 + (2\,800 - 2\,100)^2 \times 0.5 + (-1\,000 - 2\,100)^2 \times 0.3$$
$$= 4\,810\,000$$

方差越大，说明各实际可能结果偏离期望值的程度越大，反之则说明各实际可能结果偏离期望值的程度较小。对于只有一种可能发生的结果的确定情况来说，实际可能结果即为期望值，其方差为零。

2. 标准离差

标准离差用来衡量概率分布中各种可能值对期望值的偏离程度，并反映风险的大小，标准离差用 σ 表示。

$$\sigma = \sqrt{\sum (X_i - E)^2 \times P_i}$$

标准离差以绝对数衡量决策方案的风险，在期望值相同的情况下，标准离差越大，则风险越大；反之，标准离差越小，则风险越小。

【例 1-21】　根据例 1-17 的资料计算 A、B 两项目预计收益的标准离差为：

$$\sigma_A = \sqrt{(4\,000 - 2\,100)^2 \times 0.2 + (2\,000 - 2\,100)^2 \times 0.5 + (1\,000 - 2\,100)^2 \times 0.3}$$
$$= \sqrt{1\,090\,000} = 1\,044.03$$

$$\sigma_B = \sqrt{(5\,000 - 2\,100)^2 \times 0.2 + (2\,800 - 2\,100)^2 \times 0.5 + (-1\,000 - 2\,100)^2 \times 0.3}$$
$$= \sqrt{4\,810\,000} = 2\,193.17$$

由上述计算结果可以看出，A 项目预计收益的取值较为集中，B 项目预计收益的取值较为分散，这在一定程度上反映了 B 项目的风险较大。

注意：(1) 标准离差用来反映决策方案的风险，是一个绝对数。

(2) 在有 n 个方案的情况下，若期望值相同，则标准离差越大，表明各种可能值偏离期望值的幅度越大，结果的不确定性越大，风险也越大；反之，标准离差越小，表明各种可能值偏离期望值的幅度越小，结果的不确定越小，则风险也越小。

(3) 该指标只适用于在期望值相同条件下风险程度的比较。

3. 标准离差率

标准离差率是标准离差同期望值之比，也称离散系数，通常用符号 q 表示，其计算公式为：

$$q = \frac{\sigma}{E} \times 100\%$$

标准离差率是一个相对指标，它以相对数反映决策方案的风险程度。方差和标准离差作为绝对数，只适用于期望值相同的决策方案风险程度的比较，对于期望值不同的决策方案，评价和比较其各自的风险程度只能借助于标准离差率这一相对数值。在期望值不同的情况下，标准离差率越大，风险越大；反之，标准离差率越小，风险越小。

【例 1-22】　根据例 1-17 的资料计算 A、B 两项目预计收益的标准离差率为：

$$q_A = \frac{1\ 044.03}{2\ 100} \times 100\% = 50\% \qquad q_B = \frac{2\ 193.17}{2\ 100} \times 100\% = 104\%$$

由上述计算结果可以看出，A 项目预计收益的标准离差率小，风险小；B 项目预计收益的标准离差率大，风险大。

注意：(1) 标准离差率是一个相对数，适用期望值不同的决策方案比较。

(2) 在期望值不同时，标准离差率越大，表明可能值与期望值偏离程度越大，结果的不确定性越大，风险也越大；反之，标准离差率越小，表明可能值与期望值偏离程度越小，结果的不确定性越小，风险也越小。

(3) 对单个方案，可将标准离差（率）与设定的可接受的此项指标最高限值进行比较以便选择；对于多个方案，选择标离差（率）低、期望值高的方案。

(四) 风险价值

风险价值的表示方法有两种，即风险报酬额和风险报酬率。

风险报酬是指投资者因承担风险而获得的超过时间价值的那部分额外报酬。风险报酬率是投资者因承担风险而获得的超过时间价值率的那部分额外报酬率，

标准离差率虽然能评价投资风险程度的大小，但这还不是风险报酬率。要计算风险报酬率，必须借助风险报酬系数。风险报酬率、风险报酬系数和和标准离差率之间的关系可表示为：

$$R_R = b \times q$$

式中，R_R 为风险报酬率；b 为风险报酬系数；q 为标准离差率。

那么，投资报酬率即为无风险报酬率与风险报酬率之和，可以用公式表示为：

$$K = R_F + R_R = R_F + b \times q$$

式中，K 为投资报酬率；R_F 为无风险报酬率。

投资报酬率与风险程度之间的关系可用图 1-8 表示如下。

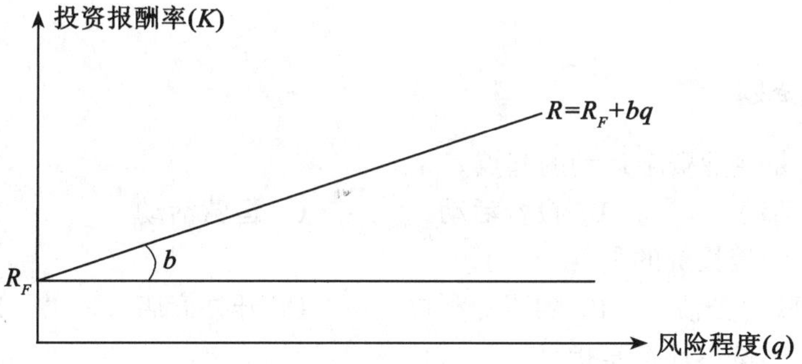

图 1-8　风险与报酬的关系

说明：(1) 无风险报酬率 R_F 可用加上通货膨胀溢价的时间价值来确定，实务中一般为短期政府债券的（如短期国库券）的报酬率；

(2) 风险报酬系数 b 可通过对历史资料的分析、统计回归、专家评议获得，或者由政府部门公布。

通过上述方法的阐述，投资者可以对风险加以量化，也可以据此推算出风险的报酬率，从而可以对投资作出正确的决策。对于单个方案，决策者可根据其标准离差（率）的大小，并将其同设定的可接受的此项指标最高限值对比，看前者是否低于后者，然后做出取舍。对于多方案择优，决策者的行动准则应是选择低风险高报酬的方案，即选择标准离差（率）最低、期望报酬最高的方案。然而高报酬往往伴有高风险，低报酬方案其风险程度往往也较低，究竟选择何种方案，就需要权衡期望报酬与风险，并视决策者对风险的态度而定。对风险比较反感的人可能会选择期望报酬较低同时风险也较低的方案，喜欢冒风险的人则可能选择风险虽高但同时报酬也高的方案。

四、风险控制

风险控制就是采取一系列的措施，将那些导致企业利润减少的风险因素发生的可能性降至最低程度。常见的措施主要有：

（1）回避风险。当资产风险所造成的损失不能由该资产可能获得的报酬予以抵消时，应当放弃该资产，以回避风险。如拒绝与不守信用的客户往来；舍弃可能明显导致亏损的投资项目等。

（2）减少风险。减少风险主要是尽量控制风险因素和减少其发生的频率，以降低风险损失程度。如充分进行市场调研，及时获取市场信息；进行准确的项目预测及方案优选；多元化筹资、投资以分散企业风险等。

（3）转移风险。对可能带来灾害性损失的资产，企业应以一定的代价，采取针对性的方法来转移风险。如向保险公司投保；以合资、联营的方式来实现风险共担等。

（4）接受风险。对可能发生的风险，提前做好准备，以应付风险带来的损失，如有计划地提取资产减值准备等。

思考与练习

一、单项选择题

1. （　　）是企业资金运动的起点。

A. 筹资活动　　B. 投资活动　　C. 运营活动　　D. 分配活动

2. 下列属于间接投资的是（　　）。

A. 购买政府公债　　B. 购买专利权　　C. 开办商店　　D. 购置设备

3. 财务管理的基本环节是指（　　）。

A. 筹资和投资

B. 资产、负债和所有者权益

C. 预测、决策、预算、控制和分析

D. 筹资活动、投资活动、资金营运活动和资金分配活动

4. 财务管理的核心工作环节为（　　）。

A. 财务预测　　B. 财务决策　　C. 财务预算　　D. 财务控制

5. 企业与债权人的财务关系主要体现为（　　）。

A. 投资与收益关系　　B. 税收征纳关系

C. 投资与受资关系　　D. 债务债权关系

6. 在下列经济活动中，能够体现企业与投资者之间财务关系的是（　　）。

A. 企业向职工支付工资　　B. 企业向其他企业支付货款

C. 企业向国家税务机关缴纳税款　　D. 股份制企业向股东支付股利

7. 在下列各项中，能够反映上市公司价值最大化目标实现程度的指标是（　　）。

A. 总资产报酬率　　B. 净资产收益率　　C. 每股市价　　D. 每股利润

8. 企业目前有一台设备，可以对外出租取得租金收入，也可以自己用于生产产品。企业选择自己使用，则租金收入叫（　　）。

A. 历史成本　　B. 机会成本　　C. 差量成本　　D. 可变现净值

9. 表示资金时间价值的利息率是由（　　）决定。

A. 银行同期贷款利率　　B. 银行同期存款利率

C. 社会资金平均利润率　　D. 加权资本成本率

10. 在利息率和现值相同的情况下，若计息期为一期，则复利终值和单利终值(　　)。

A. 前者大于后者　　B. 不相等　　C. 后者大于前者　　D. 相等

11. 以下不属于年金收付方式的有（　　）。

A. 分期付款　　B. 发放养老金

C. 开出支票足额支付购入的设备款　　D. 每年相同的销售收入水平

12. 在下列各项资金时间价值系数中，与资本回收系数互为倒数关系的是（　　）。

A. $(P/S, i, n)$　　B. $(P/A, i, n)$

C. $(S/P, i, n)$　　D. $(S/A, i, n)$

13. 偿债基金是（　　）。

A. 复利终值的逆运算　　B. 复利现值的逆运算

C. 普通年金终值的逆运算　　D. 普通年金现值的逆运算

14. 下列各项中，代表先付年金现值系数的是（　　）。

A. $[(P/A,i,n+1)+1]$　　B. $[(P/A,i,n+1)-1]$

C. $[(P/A,i,n-1)-1]$　　D. $[(P/A,i,n-1)+1]$

15. 关于递延年金，下列说法中不正确的是（　　）。

A. 递延年金无终值，只有现值

B. 递延年金终值计算方法与普通年金终值计算方法相同

C. 递延年金终值大小与递延期无关

D. 递延年金的第一次支付是发生在第一期末以后的若干期

16. 不影响递延年金终值计算的因素有（　　）。

A. 期限　　B. 利率　　C. 递延期　　D. 年金数额

17. 下列各项中（　　）会引起企业财务风险。

A. 举债经营　　B. 组织结构不合理

C. 采购决策失误　　　　　　　　　　D. 新材料出现

18. 经营风险可由多种原因引起，但所有原因引起的经营风险最终都表现为（　　）。

A. 收入的高低变化　　　　　　　　B. 成本的高低变化

C. 利润的高低变化　　　　　　　　D. 股价的高低变化

19. 标准差主要由各种可能值与期望值之间的差距所决定。它们的差距越大，意味着有关方案包含的（　）。

A. 风险越大　　B. 风险越小　　C. 效益越大　　D. 效益越小

20. 为比较期望报酬率不同的两个或两个以上方案的风险程度，采用的指标是(　　)。

A. 标准离差　　B. 标准离差率　　C. 概率　　D. 风险报酬率

二、多项选择题

1. 关于企业财务管理目标的观点有（　　）。

A. 利润最大化　　　　　　　　B. 每股利润最大化

C. 市场占有率最大化　　　　　D. 股东价值最大化

2. 以利润最大化作为财务管理目标的不足之处在于（　　）。

A. 没有揭示利润与现金的关系　　B. 没有考虑企业的可持续发展

C. 没有考虑实现利润的风险因素　D. 没有考虑资金时间价值

3. 以股东价值最大化作为财务管理目标具有的优点是（　　）。

A. 考虑了获取资金的时间价值

B. 考虑了获取利润的风险因素

C. 有利于克服管理上的片面性和经营的短期行为

D. 反映了企业当前的获利能力

4. 财务管理的环节包括（　　）。

A. 财务关系　　B. 财务预算　　C. 财务分析　　D. 财务控制

5. 下列各项中，属于企业筹资引起的财务活动有（　　）。

A. 偿还借款　　　　　　　　B. 购买国库券

C. 支付股票股利　　　　　　D. 利用商业信用

6. 下列属于资金营运活动的有（　　）。

A. 采购材料支付货款　　　　B. 销售产品收取货款

C. 短期借款　　　　　　　　D. 长期借款

7. 企业的财务管理环境是指对企业财务活动产生影响作用的企业外部条件，主要包括（　　）。

A. 法律环境　　B. 金融环境　　C. 经济环境　　D. 投资环境

8. 下列属于基本金融工具的有（　　）。

A. 货币　　B. 远期合约　　C. 债券　　D. 股票

9. 金融市场按交易对象的时间长短分为（　　）。

A. 货币市场　　B. 国债市场　　C. 资本市场　　D. 同业拆借市场

10. 金融市场由（　　）等要素构成。

A. 交易主体　B. 交易对象　C. 交易工具　D. 交易方式

11. 下列关于资金时间价值的表述，正确的有（　）。

A. 资金时间价值是资金经过投资和再投资增加的价值

B. 资金时间价值必须按复利方式计算

C. 资金时间价值是一种客观存在的经济现象

D. 资金时间价值是指没有风险和没有通货膨胀条件下的社会平均资金利润率

12. 影响资金时间价值大小的因素主要包括（　　）。

A. 单利　B. 复利　C. 期限　D. 利率

13. 年金是指一定时期内每期等额收付的系列款项，下列各项中属于年金形式的是（　　）。

A. 按照直线法计提的折旧　B. 等额分期付款

C. 融资租赁的租金　D. 养老金

14. 下列说法正确的是（　　）。

A. 普通年金终值系数和偿债基金系数互为倒数

B. 普通年金终值系数和普通年金现值系数互为倒数

C. 复利终值系数和复利现值系数互为倒数

D. 普通年金现值系数和资本回收系数互为倒数

15. 在下列各种情况下，会给企业带来经营风险的有（　　）。

A. 企业举债过度　B. 原材料价格发生变动

C. 企业产品更新换代周期过长　D. 企业产品的质量不稳定

16. 下列因素引起的风险中，可以分散的有（　　）。

A. 通货膨胀　B. 某公司工人罢工

C. 公司在市场竞争中失败　D. 新产品开发失败

17. 在财务管理中，衡量风险大小的指标有（　　）。

A. 标准离差　B. 标准离差率　C. β 系数　D. 期望报酬率

18. 关于投资者要求的期望投资报酬率，下列说法中正确的有（　　）。

A. 风险程度越高，要求的报酬率越低

B. 无风险报酬率越高，要求的期望投资报酬率越高

C. 无风险报酬率越低，要求的期望投资报酬率越高

D. 风险程度越高，要求的期望投资报酬率越高

19. 投资报酬率的构成要素包括（　　）。

A. 通货膨胀率　B. 资金时间价值　C. 投资成本率　D. 风险报酬率

20. 下列公式正确的是（　　）。

A. 风险收益率=风险价值系数×标准离差率

B. 风险收益率=风险价值系数×标准离差

C. 投资总收益率=无风险收益率+风险收益率

D. 投资总收益率=无风险收益率+风险价值系数×标准离差率

三、判断题

1. 如果企业现有资金不能满足企业经营的需要，采取短期借款的方式来筹集所需资金，这样会产生企业资金的收付，这属于筹资活动。(　　)

2. 直接投资是把资金直接投放于金融资产，以便获取股利或利息收入。(　　)

3. 在一定的法律原则下，如何合理确定利润分配规模和分配方式，以使企业的长期利益最大，也是财务管理的主要内容之一。(　　)

4. 企业与受资者之间的财务关系是债权债务关系。(　　)

5. 民营企业与政府之间的财务关系是投资与受资关系。(　　)

6. 从财务管理的角度来看，企业价值所体现的资产的价值既不是其成本价值，也不是其现时的会计收益。(　　)

7. 随着分配过程的进行，资金或者退出或者留存企业，它必然会影响企业的资金运动，这不仅会表现在资金运动的规模上，而且表现在资金运动的结构上。(　　)

8. 以利润最大化作为财务管理目标可能导致管理者的短期行为。(　　)

9. 股东财富最大化目标的实现程度一般可以用企业股价来衡量。(　　)

10. 只要能获取最大的利润，就可以使企业价值最大化。(　　)

11. 企业的价值，在于它能给所有者带来未来报酬，包括获得股利和出售其股权获得收益。(　　)

12. 影响财务管理的经济环境因素主要包括经济周期、经济发展水平、经济政策和税收政策等。(　　)

13. 企业在经济衰退期，应该购进设备，储备生产能力。(　　)

14. 金融市场应该有固定的场所和工作设备，是一种有形的市场。(　　)

15. 在金融市场上，利率是一定时期购买资金这一特殊商品的价格。(　　)

16. 弹性理财观念要求财务决策能随着客观环境的变化不断进行调整，从而实现决策优化。(　　)

17. 一般说来，资金时间价值是指没有通货膨胀条件下的投资报酬率。(　　)

18. 资金时间价值经常用利率来表示，所以，资金时间价值的实质就是利率。(　　)

19. 国库券是一种几乎没有风险的有价证券，其利率可以表示资金时间价值。(　　)

20. 在利率和计息期数相同的条件下，复利现值系数与复利终值系数互为倒数；年金现值系数与年金终值系数互为倒数。(　　)

21. 永续年金无终值。(　　)

22. 当计息次数大于 1 时，名义利率大于实际利率。(　　)

23. 由于经营风险是指生产经营的不确定性带来的风险，是任何商业活动都有的，所以它是不可分散风险。(　　)

24. 如果一个企业的息税前利润率高于其借入资金利息率，则该企业不存在财务风险。(　　)

25. 在市场经济条件下，风险与报酬是成反比的，即投资风险越大，获取的报酬越小。(　　)

四、计算分析题

1. A 公司在 2011 年 1 月 1 日存入银行 20 000 元，年利率为 12%。

（1）每年计息一次，2015 年 1 月 1 日存款账户余额是多少？

（2）每季度计息一次，2015 年 1 月 1 日存款账户余额是多少？

（3）若分别在 2011 年、2012 年、2013 年、2014 年、2015 年 1 月 1 日存入 4 000 元，仍按 12%利率，每年计息一次，2015 年 1 月 1 日余额是多少？2015 年 12 月 31 日的余额又是多少？

（4）为了达到第一问所得到的账户余额，假定分 5 年存入相等金额，从 2011 年 1 月 1 日起每期应存入多少金额？

2. 下列系列借款的年初、年末等额支付各为多少？

（1）第 1 年末借款 10 000 元，以后 3 年每年递增借款 1 000 元，按年利率 10%计息。

（2）第 1 年末借款 50 000 元，以后 5 年每年递减借款 2 000 元，按年利率 10%计息。

（3）第 2 年末借款 20 000 元，以后 5 年每年递增借款 2 000 元，按年利率 10%计息。

3. B 公司拟租赁一间厂房，期限是 10 年，假设年利率是 10%，出租方提出以下几种付款方案：

（1）立即付全部款项共计 20 万元；

（2）从第 4 年开始每年年初付款 4 万元，至第 10 年年初结束；

（3）第 1~8 年每年年末支付 3 万元，第 9 年年末支付 4 万元，第 10 年年末支付 5 万元。

要求：通过计算回答该公司应选择哪一种付款方案比较合算。

4. 假定 C 公司贷款 10 000 元，必须在未来 3 年每年底偿还相等的金额，而银行按贷款余额的 8%收取利息。要求：编制还本付息表（见表 1-3，保留小数点后 2 位）。

表 1-3　**还本付息表**　单位：元

年度	支付额	利息	本金偿还额	贷款余额
1				
2				
3				
合计				

5. A 矿业公司决定将其一处矿产开采权公开拍卖，因此它向社会各煤矿企业招标开矿。已知甲公司和乙公司的投标书最具有竞争力。甲公司的投标书显示，如果该公司取得开采权，从获得开采权的第 1 年起，每年末向 A 矿业公司交纳 10 亿美元的开采费，直到 10 年后开采结束。乙公司的投标书表示，该公司在取得开采权时，直接付给 A 矿业公司 40 亿美元，在 10 年后开采结束，再付给 A 矿业公司 60 亿美元。

要求：如果 A 矿业公司要求的年投资回报率达到 12%，应该接受哪个公司的投标？

6. 张女士看到在邻近的城市中某品牌的火锅餐馆生意很火爆。她也想在自己所在的县城开一个火锅餐馆，于是找到业内人士进行咨询。该品牌火锅餐馆的中国总部工作人员告诉她，如果她要加入火锅餐馆的经营队伍，必须一次性支付50万元，并按该火锅品牌的经营模式和经营范围营业。张女士提出现在没有这么多现金，可否分次支付，得到的答复是如果分次支付，必须从开业当年起，每年年初支付20万元，付3年。3年中如果有一年没有按期付款，则总部将停止专营权的授予。假设张女士现在身无分文，需要到银行贷款，而按照张女士所在县城有关扶持下岗职工创业投资的计划，她可以获得年利率为5%的贷款扶持。

要求：请问张女士现在应该一次支付还是分次支付？

7. A公司某项投资的资产利润率概率估计情况如表1-4所示。假定该公司无负债，且所得税税率为25%。

表1-4　**资产利润率概率估计**

可能出现的情况	概率	资产利润率
1. 经济状况好	0. 3	20%
2. 经济状况一般	0. 5	10%
3. 经济状况差	0. 2	-5%

要求（计算结果保留小数点后两位）：

（1）计算资产利润率的期望值；（2）计算资产利润率的标准差；（3）计算税后资本利润率的标准差；（4）计算资产利润率的变异系数。

五、案例分析题

【案例1】

狮王食品公司：不可思议的奇迹

美国的狮王食品公司自诞生以来，不仅在竞争激烈的超市行业中站稳了脚跟，而且每年以平均20%的增长速度扩大，谁又可曾想到创业之初，公司差点倒闭，后来经果断改变策略，才终于起死回生。

其实，狮王食品公司的成功秘诀众人皆知：品种全、价格低。但是别的公司照此方抓药却并不灵验，总也达不到狮王食品公司的水准。该公司在价格低这一点上成为全美消费者的口碑，公司以仅略高于成本价、甚至有时以低于成本价的价格令购物者闻风而至。最难能可贵的是，别的公司仅在岁尾节前才削价出售商品，而狮王食品公司却能做到“天天在降价”。这种倾尽血本讨好消费者的做法不但没有使狮王食品公司元气大伤，反而让该公司获取了巨额利润，其间确有耐人寻味之处。

其秘密就在于狮王食品公司绝大多数商品以仅比成本高出些微的价格经营，而一小部分商品以低于成本价经营。这一小部分商品却对顾客有巨大的诱惑力，把顾客引进了商场，从而促进了那些占大多数的薄利商品的销售。大量的薄利的积累，不仅弥补了小量的亏本，而且使公司在总体上处于盈利状态。

首席执行官史密斯亲身经历了公司从困顿到繁荣的全过程，对公司薄利多销的政策深有体会。史密斯对狮王食品公司的经营宗旨做过一个著名的、一针见血的诠释："5 个周转着的 1 分钱的价值大于 1 个闲置着的 5 分钱。"

阅读上述资料，如何理解"5 个周转着的 1 分钱的价值大于 1 个闲置着的 5 分钱"？这句话反映了财务管理中的什么观念？

【案例 2】

A 公司投资方案的讨论

A 公司现有 1 000 万元的暂时闲置资金，公司投资部三个工作小组分别提出三个投资方案。

甲方案：将三分厂（已出租，每年租金 30 万元）收回拆迁，进行房地产投资，投资期限 2 年。预计投资收益率为 30%，预计标准差率为 80%。

乙方案：投资股票，设定投资期限为 2 年，预计投资收益率为 50%，预计标准差率为 250%。

丙方案：将二分厂进行技术改造，扩大原有产品的规模和产品的技术含量，预计投资收益率为 15%（二分厂原有投资收益率为 10%），预计标准差率为 30%。

在昌盛公司投资方案分析会上，甲小组认为，甲方案的主要特点是风险不大，收益高；乙方案虽然收益高，但风险太大；丙方案则收益率太低。故建议选择甲方案。

乙小组认为，乙方案虽然风险大，但报酬率很高，一旦遇到特殊风险，可及时收回，因此投资弹性很大，流动性强，故既可作为长期投资，还可作为公司的预备资金，以防不时之需；甲方案虽然风险不大，收益也较高，但企业为之每年将损失 30 万元的租金收入，而且放弃了三分厂原土地使用权，如果未来土地升值 100%，企业还将损失巨大的土地增值收益，因此，甲方案从短期看是盈利，但从长期看却是亏本的投资；至于丙方案虽然风险较小，但收益也不高。故建议选择乙方案。

丙小组认为，丙方案虽然报酬低，但安全性高，不仅可以提高公司的收益水平，产生投资规模效益，提升公司的边际收益率，从长远看，选择丙方案还能提升公司的主营业务竞争力，使公司获得长远的发展基础。故建议选择丙方案。

根据上述资料，请分析讨论以下问题：

（1）讨论者运用了哪些理财观念？

（2）假定不考虑其他因素，仅从收益与风险的角度分析，你认为 A 公司应选择哪个方案，并说明理由。

资金筹集管理

学习任务：

1. 了解企业筹资的原则、动机及企业资金需要量预测；
2. 掌握短期借款、商业信用、短期融资券等资金筹资；
3. 掌握长期借款、公司债券筹资及吸收直接投资和股票筹资；
4. 掌握财务杠杆与资本结构决策分析方法。

能力目标：

1. 能进行企业资金需要量预测；
2. 能进行银行短期借款决策、商业信用筹资决策、短期融资券筹资决策；
3. 能通过长期借款、发行公司债券、吸收直接投资、发行股票筹资；
4. 能进行资本结构决策。

知识目标：

1. 了解企业筹资的原则、动机，掌握企业资金需要量预测方法；
2. 熟悉银行短期借款的信用条件、利息支付方式，掌握银行短期借款的优缺点；
3. 理解商业信用条件，掌握放弃现金折扣的机会成本计算方法和商业信用筹集的优缺点；
4. 了解短期融资券筹资的特征、种类及优缺点；
5. 熟悉长期借款筹资的程序，掌握长期借款筹资成本计算及长期借款筹资的优缺点；
6. 熟悉发行公司债券筹资的资格、条件和程序，掌握公司债券发行价格的计算方法及公司债券筹资的优缺点；
7. 了解吸收直接投资的种类，熟悉吸收直接投资，掌握吸收直接投资的优缺点；
8. 了解股票的特征、分类，熟悉股票发行的条件、程序及股票上市的条件、暂停和终止，掌握普通股筹资的优缺点；
9. 熟悉财务杠杆的概念，掌握各种资本成本的计算，了解筹资风险的计量方法。

情境导入：

某企业现有一个投资项目，总投资额为 5 000 万元。其中，业主投入 2 000 万元（要求 12%的回报），尚有 3 000 万元的缺口。对此，企业制订了两个方案：A 方案，业主再追加 1 000 万元的投资，但业主要求全部主权资本有 14%的投资回报；另 2 000 万元向银行申请贷款，期限3年，按年付息，到期还本，年利率为8%。*B*方案，全部通过发行债券募集，期限3年，按年付息，年利率为10%，但存在发行风险。所得税税率为25%。从风险与收益的角度分析，你认为应选用哪个方案？

项目一 企业筹资的原则、动机及企业资金需要量预测

一、企业筹资的基本原则

企业筹资，是指企业根据生产经营、对外投资以及调整资本结构等的需要，通过筹资渠道和金融市场，采取适当的方式，获取所需资金的一种基本的财务活动。企业筹资决定资金运动规模和生产经营发展程度，是财务管理的一项重要内容。

（一）企业筹资的动机

企业筹资的动机，主要体现在以下几个方面：

（1）企业创建的需要。资金是企业从事生产经营活动的基本条件。企业在创建时，必须按照国家法律的有关规定，筹集到足够的资金，并取得会计师事务所的验资报告后，到工商管理部门办理注册登记手续，才能开展正常的生产经营活动。

（2）企业发展的需要。企业在发展过程中随着生产规模的不断扩大，要求不断地引进先进的科学技术，更新设备，进行新产品的开发；同时，为了不断地适应市场竞争的需求，必须合理地调整生产经营结构，加强企业职工的技术培训等，这些都需要大量的资金投入。因此，在企业发展过程中要不断地进行筹资。

（3）企业偿还债务的需要。企业在生产过程中，为了满足发展对资金的不断需求和获得财务杠杆收益，就需要举债，债务到期时企业必须还本付息。如果出现资金不足，无力偿还到期债务的情况，则企业可以举新债的方式进行筹资来缓和资金严重不足的问题。

（4）企业调整资本结构的需要。资本结构是指企业各种资本的构成比例，它是由于企业采取不同的筹资方式或不同的筹资组合而形成的，资本结构是否合理直接关系到企业全部资金的使用效果。一般的情况下，资本的结构应相对的稳定，但如果企业的资本结构不合理，那么就需要通过新的筹资来调整资本结构，以使资本结构达到最佳。

（二）筹资的原则

企业筹资是企业的一项重要而复杂的工作，为了适应企业经营发展的需要，提高企业经济效益，企业筹资必须遵循以下基本原则：

（1）资金适量、规模适当原则。企业筹资的目的是确保企业生产经营所需的资金，在筹资时，应根据企业发展的不同阶段，合理确定筹资规模。既要保证生产经营正常的资金需要，又要防止筹资量过多，造成资金的闲置。

（2）注重时效、讲究效益原则。企业筹资时要充分考虑资金的时间价值和风险价值，应将筹资和资金的投放紧密地联系在一起。既要合理地安排筹资时间，适时获取所需资金，又要把握资金的投放时机，力争以最小的代价获取所筹资金的最佳使用效果。

（3）来源合理、结构最佳原则。资金的来源渠道和资金市场为企业提供了资金的源

泉和筹资的场所，它反映资金的分布状况和供求关系，决定着筹资的方式和筹资的量。在筹资时必须认真研究资本来源的结构，合理安排自有资金和借入资金、长期资金来源和短期资金来源的比例，确定合理的资本结构，以降低成本，减少风险。

二、筹资渠道与筹资方式

企业的筹资活动需要通过一定的筹资渠道和采用一定的筹资方式来完成。

（一）筹资渠道

筹资渠道是指筹措资金的来源和通道，体现资金的来源与供应量。目前我国企业的筹资渠道主要有：（1）国家财政资金。国家对企业的直接投资是国有企业最主要的直接来源渠道，特别是国有独资企业，其资本金全部由国家投资形成。（2）银行信贷资金。（3）非银行金融机构资金。（4）其他企业资金。（5）居民个人资金。（6）企业自留资金。（7）外资。

（二）筹资方式

筹资方式是指企业筹集资金所采用的具体形式。企业筹资管理的重要内容是如何针对客观存在的筹资渠道，选择合理的筹资方式进行筹措。了解筹资方式的种类及各种筹资方式的特点，有利于企业选择适宜的筹资方式并有效地进行筹资组合，降低筹资成本，提高筹资效益。目前我国企业的筹资方式主要有以下几种：（1）吸收直接投资；（2）发行股票；（3）银行借款；（4）商业信用；（5）发行债券；（6）融资租赁。

三、企业筹资的分类

企业筹资可以按不同标准进行分类，最主要的有两种分类方式。

（一）按资金使用期限的长短分类

按资金使用期限的长短可以把企业资金分为短期资金和长期资金两种。

短期资金是指一年以内使用的资金。短期资金主要投资于现金、应收账款、存货等，一般在短期内可以收回。短期资金常采用商业信用、银行短期借款和短期融资券等到方式来筹集。

长期资金是指使用年限在一年以上的资金。长期资金主要投资于新产品的开发和推广应用、生产规模的扩大、厂房和设备的更新，一般需要几年甚至十几年才能收回。长期资金通常采用吸收投资、发行股票、发行公司债券、取得长期借款、融资租赁和内部积累等方式来筹资。

（二）按资金的来源渠道分类

按资金来源渠道不同，可将企业资金分为所有者权益和负债两大类。

企业通过发行股票、吸收直接投资、内部积累等方式所筹集的资金属于企业的所有者权益。所有者权益资金也可以称为企业的自有资金、主权资金或权益资金。企业采用吸收自有资金的方式取得资金，财务风险小，但付出的资本成本相对较高。

企业通过发行债券、向银行借款、融资租赁等方式所筹集的资金属于企业的负债，到期要还本付息，所以又称为企业的借入资金或负债资金。企业采用借入的方式取得资金，一般要承担较大的财务风险，但付出的资本成本相对较低。

四、企业资金需要量预测

资金需要量的预测方法有定性预测法和定量预测法两大类。

（一）定性预测法

所谓定性预测法，就是依靠熟悉业务知识、具有丰富经验和综合分析能力的人员或专家，根据已经掌握的历史资料和直观材料，运用人的知识、经验和分析判断能力，预测企业未来的财务状况和资金需要量的方法。定性预测偏重于事物发展性质上的分析，主要是凭借知识、经验和人的分析能力。它是一种很实用的预测方法。常用的定性预测法有个别专家法、专家集体会议法、德尔菲法等。

1. 个别专家法

这种方法主要是聘请专家顾问或个别征求专家意见，然后将各方面的意见整理、归纳并进行分析、判断后得出预测结论。其片面性与局限性不可避免。

2. 专家集体会议法

这种方法是组成有关各方专家委员会或工作组，在相互交换信息、充分讨论的条件下，把专家的意见集中起来，得出预测结论。这有利于集中各方面专家的专业知识和各种意见，有利于克服片面性与局限性。但也常出现专家意见严重相左，难以形成一致看法等问题。

3. 德尔菲法

这是一种较特殊的专家意见法。其基本特点是，由企业聘请一批专家，通常是7~20人，由预测主持人与他们建立联系。其突出特点是：

（1）反复性。多次双向反馈，每个专家在多轮讨论中，可以多次提出和修正自己的意见，又可以多次听取其他专家的意见。

（2）匿名性。专家讨论问题时，采取背对背方式，这样可以消除主观和心理上的影响，使讨论比较快速和客观。

定性预测法通常在数据不足或不能充分说明问题的情况下采用。定性预测法是十分有用的，但它不能揭示资金需要量与有关因素之间的数量关系。在预测资金需要量时，可以先采用定性预测法进行预测，再用定量预测法予以修正。

（二）定量预测法

定量预测法是根据各项因素之间的数量关系建立数学模型来对资金需要量进行预测的方法。定量预测法常用的有线性回归分析法、销售额比率法。

1. 线性回归分析法

线性回归分析法是假定资金需要量与业务量之间存在线性关系，建立数学模型，然后根据有关的历史资料，用回归线性方程确定相关参数的方法。一元回归线性方程可用下列数学模型表示：

$$y=a+bx$$

式中，y 为资金需要量（因变量）；a 为不变资金（常数）；b 为单位业务量所需要的变动资金（x 的系数）；x 为业务量（自变量）；a 和 b 的值通常按照下列公式计算：

$$a=\frac{\sum y-b\sum x}{n} \qquad b=\frac{n\sum xy-\sum x\sum y}{n\sum x^2-\left(\sum x\right)^2}$$

其中，不变资金是指在一定的经营范围内不随业务量变动而变动的资金需要量；变动资金是指随着业务量的变动而成比例变动的资金。其预测的步骤是：第一步确定 a 和 b 的值；第二步根据自变量 x 求出因变量 y 的值。

【例 2-1】 某企业 2011—2015 年的销售额与资金需要量如表 2-1 所示。

表 2-1 **某企业 2010—2015 年的销售额与资金需要量** 单位：万元

年 份	销售额	资金需要量
2011	255	180
2012	260	186
2013	280	195
2014	300	200
2015	320	230

若 2016 年的销售额可达 350 万元，要求预测该企业 2016 年的资金需要量。

（1）根据表 2-1 计算、整理得表 2-2 中的数据。

表 2-2 **线性回归方程各项数据计算表** 单位：万元

年 份	销售额	资金需要量	xy	x^2
2011	255	180	45 900	65 025
2012	260	186	48 360	67 600
2013	280	195	54 600	78 400
2014	300	200	60 000	90 000
2015	320	230	73 600	102 400
$\sum$	1 415	991	282 460	403 425

$$b=\frac{5\times282\ 460-1\ 415\times991}{5\times403\ 425-1\ 414^2}=\frac{10\ 035}{14\ 900}=0.67 \qquad a=\frac{991-0.67\times1\ 415}{5}=42.95$$

（2）预测 2016 年的资金需要量。

将 a 和 b 的值代入 $y=a+bx$，即得：$y=42.95+0.67\times350=277.45$（万元）

上述计算结果表明，2016 年要完成 350 万元的销售额，相应需要 277.45 万元的资金。

2. 销售额比率法

销售额比率法是以资金与销售额的比率为基础，预测未来资金需要量的方法。应用销售额比率法预测资金需要量时，是以下列假定为前提的：（1）企业的部分资产和负债与销售额同比例变化。（2）企业的各项资产、负债与所有者权益结构已达到最优（最佳资本结构）。

$$对外融资额 = \Delta S \times \frac{A}{S_0} - \Delta S \times \frac{B}{S_0} - \Delta P$$

式中，ΔS 为销售变动额；A 为随销售额变化而变化的资产；S_0 为基期的销售额；B 为随销售额变化而变化的负债；ΔP 为预计年度留用利润增加额。

应用销售额比率法预测资金需要量的步骤如下：（1）预计销售额的增加率；（2）确定随销售额变化而变化的资产和负债项目；（3）确定需要增加的资金数额；（4）根据有关财务指标的约束确定对外筹资的数额。

【例 2-2】　某企业 2015 年 12 月 31 日的资产负债表如表 2-3 所示。

资产负债表（简表）

表 2-3　　　　2015 年 12 月 31 日　　　　单位：万元

资　产		负债与所有者权益	
货币资金	6 000	应付费用	15 000
应收账款	20 000	应付账款	6 000
存货	40 000	短期借款	30 000
固定资产	50 000	公司债券	20 000
		实收资本	30 000
		留存收益	15 000
资产合计	116 000	负债与所有者权益合计	116 000

假定该企业 2015 年的销售额为 100 000 万元，销售净利率为 15%，股利支付率为 60%，企业现有生产能力尚未饱和，增加销售额无须追加固定资产投资。经预测，2016 年企业销售额将提高到 150 000 万元，企业销售净利率和利润分配政策不变。

现用销售额比率法预测如下：

（1）预测销售额增长率：销售额增长率 =（150 000−100 000）÷100 000 = 50%

（2）确定随销售额变化而变化的资产和负债项目：该企业资产负债表中，资产方除固定资产外都将随销售额的增加而增加，因为较多的销售额要占用较多的存货，发生较多的应收账款，导致现金需求增加。在负债与所有者权益一方，应付账款和应付费用也会随销售额的增加而增加，但实收资本、公司债券、短期借款等不会自动增加。预计随销售额增加而自动增加的项目列示在表 2-4 中。

表 2-4　　　　**销售额比率表**

资　产	占销售额百分比	负债与所有者权益	占销售额百分比
货币资金 应收账款 存货 固定资产	6% 20% 40% —	应付费用 应收账款 公司债券 实收资本 留存收益	15% 6% — — —
合计	66%		21%

在表 2-4 中，没有数据的表示该项目不随销售额的变化而变化。表中的各项目占销售额百分比反映的是企业资本（资产）的相关程度，它以表 2-3 中有关数据除以销售额求得，如存货：40 000÷100 000＝40%

（3）确定需要增加的资金数额：从表 2-4 中可以看出，销售额每增加 100 元，必须增加 66 元的资金占用，但同时增加 21 元的资金来源。从 66%的资金需求中减去 21%的自动产生的资金来源，还剩下 45%的资金需求。因此，每增加 100 元的销售额，该企业必须取得 45 元的资金来源。本例中，销售额从 100 000 万元增加到 150 000 万元，按照 45%的比率可预测将增加 22 500 万元的资金需求。

（4）根据有关财务指标的相关条件，确定对外筹资数额：上述 22 500 万元的资金需求有些可以通过企业内部筹资。依题意，该公司 2015 年净利润为 22 500 万元（150 000×15%），公司股利支付率为 50%，则将有 50%的利润即 11 250 万元被留存下来（即留存收益率为 50%），用 22 500 万元减去 11 250 万元的留存收益，则还有 11 250 万元的资金必须向外界筹集。

根据上述分析，2016 年该企业对外筹资数额为：

66%×50 000－21%×50 000－15%×50%×150 000＝11 250（万元）

项目二　短期资金筹集

一、短期借款筹资

短期借款是指企业向银行和其他非银行金融机构借入的期限在一年以内的借款。

（一）短期借款的种类

我国目前的短期借款按照目的和用途分为若干种，主要有生产周转借款、临时借款、结算借款等。按照国际通行做法，短期借款还可依偿还方式的不同，分为一次性偿还借款和分期偿还借款；依利息支付方法的不同，分为收款法借款、贴现法借款和加息法借款；依有无担保分为抵押借款和信用借款等。

（二）短期借款的信用条件

按照国际惯例，银行发放短期贷款时往往涉及以下信用条件：

（1）信贷限额。信贷限额亦即信贷额度，是借款人与银行在协议中规定的允许借款人借款的最高限额。

（2）周转信贷协定。它是银行从法律上承诺向企业提供不超过某一最高限额的贷款协定。在协定的有效期内，只要企业借款总额未超过最高限额，银行必须满足企业任何时候提出的借款要求。企业享有周转信贷协定，通常要对贷款限额的未使用部分付给银行一笔承诺费。

【例 2-3】 某企业与银行商定周转信贷额为 2 000 万元，承诺费率为 0.5%，借款企业年度内使用了 1 500 万元，余额为 500 万元。则借款企业应向银行支付承诺费的金额为：

承诺费 = 500×0.5% = 2.5（万元）

（3）补偿性余额。它是银行要求借款人在银行中保持按贷款限额或实际借款额的一定百分比计算的最低存款余额。补偿性余额的要求提高了借款的实际利率。实际利率的计算公式为：

$$实际利率=\frac{名义借款金额\times名义利率}{名义借款金额\times（1-补偿性余额比例）}=\frac{名义利率}{1-补偿性余额比例}$$

补偿性余额有助于银行降低贷款风险，补偿其可能遭受的损失；但对借款企业来说，补偿性余额则提高了借款的实际利率，加重了企业的利息负担。

【例 2-4】 某企业按年利率 8%向银行借款 200 万元，银行要求保留 20%的补偿性余额，企业实际可动用的借款只有 160 万元。则该项借款的实际利率为：

$$补偿性余额贷款实际利率=\frac{8\%}{1-20\%}=10\%$$

（4）借款抵押。银行向财务风险较大、信誉不好的企业发放贷款，往往需要有抵押品担保，以减少自己蒙受损失的风险。借款的抵押品通常是借款企业的办公楼、厂房等。

（5）偿还条件。无论何种借款，银行一般都会规定还款的期限。根据我国金融制度的规定，贷款到期后仍无能力偿还的，视为逾期贷款，银行要照章加收逾期罚息。

（6）以实际交易为贷款条件。当企业发生经营性临时资金需求，向银行申请贷款以求解决时，银行则以企业将要进行的实际交易为贷款基础，单独立项、单独审批，最后作出决定并确定贷款的相应条件和信用保证。

（三）短期借款利息支付方法

（1）利随本清法，也称收款法，是在借款到期时向银行支付利息的方法。采用这种方法，借款的名义利率等于其实际利率。

（2）贴现法，是银行向企业发放贷款时，先从本金中扣除利息部分，在贷款到期时借款企业再偿还全部本金的一种计息方法。贴现法实际贷款利率公式为：

$$贴现贷款实际利率=\frac{利息}{贷款金额-利息}\times100\%$$

【例 2-5】 某企业从银行取得借款 200 万元，期限为 1 年，名义利率为 8%，利息为 16 万元。按照贴现法付息，企业实际可动用的贷款为 184 万元，该项贷款的实际利率为：

$$\text{贴现贷款实际利率}=\frac{16}{200-16}\times 100\%\approx 8.7\%$$

或 $$\text{贴现贷款实际利率}=\frac{\text{名义利率}}{1-\text{名义利率}}\times 100\%=\frac{8\%}{1-8\%}\times 100\%\approx 8.7\%$$

（四）企业对银行的选择

企业选择银行时，重要的是要选用适宜的借款种类、借款成本和借款条件。此外还应考虑：银行对贷款风险的政策；银行对企业的态度；贷款的专业化程度和银行的稳定性。

（五）短期借款融资的特点

1. 短期借款融资的优点

（1）融资速度快。企业获得的短期借款受限制性条件比长期借款少，借款所需时间要短得多。

（2）融资弹性大。企业可根据需要，资金短缺时进行短期资金的融资，资金充裕时还款，便于其灵活安排。

2. 短期借款融资的缺点

（1）融资风险大。短期资金的偿还期短，在融资数额较大的情况下，若企业资金周转不灵，就有可能出现无力按期偿付本金和利息，甚至被迫破产的风险。

（2）与其他短期融资方式相比，资本成本较高，尤其是在补偿性余额和附加利率的情况下，实际利率通常高于名义利率。

二、商业信用筹资

商业信用筹资是指企业在正常生产经营过程中，通过日常交易自发形成短期负债的一种筹资方式，如应付账款。这些资金是在企业生产经营过程中自发形成的，不需要资本成本，可由企业“免费”调剂使用。

对企业而言，在商品交易中对供应商负债几乎是一种普遍的短期自发性融资方式。特别是商业企业，这种交易负债构成了企业最大的短期负债融资。在现代市场经济条件下，大多数的企业对购买者不要求在收到商品时立即付款，而是在支付到期前允许存在一个较短的延期。在这一时期，商品供应商实际上向购买者提供了一种商业信用。这种信用不需要签订协议，较金融机构提供的信用更自由，很多企业，特别是那些中小企业，在日常经营中很大程度上依赖这种商业信用。

（1）信用条件。企业在采用赊购方式销售时，应制定相应的信用条款和政策。信用条款中包括现金折扣百分比、现金折扣期和信用期。信用条款通常表示为“2/10，*n*/30”的形式。它说明现金折扣是2%，折扣期是10天，信用期是30天。即发票开出后10天内享受现金折扣2%，超过10天后没用折扣，30天内必须付款。

（2）信用成本。企业在采用赊购方式销售时，若购货企业放弃优惠折扣，那么就意味着其丧失了折扣而增加了机会成本。

$$\text{放弃现金折扣的机会成本}=\frac{\text{现金折扣百分比}}{1-\text{现金折扣百分比}}\times\frac{360}{\text{信用期}-\text{折扣期}}$$

【例2-6】　某企业拟以“2/10，*n*/30”的信用条件购进商品一批。根据信用条件若企业在10天之内付款，可享受2%的现金折扣；若不享受现金折扣，货款应在30天内付清，则放弃现金折扣的机会成本为：

$$放弃现金折扣的机会成本=\frac{2\%}{1-2\%}\times\frac{360}{30-10}\times100\%=36.73\%$$

这表明只要企业融资成本不超过36.73%，就应当在第10天付款。

在决定是否采用商业信用方式对企业进行短期融资时，企业应将商业信用的优点与放弃可能获得的现金折扣的机会成本、延期支付可能面临的任何惩罚、伴随信誉可能恶化的机会成本、供应商对购买者出售价格可能提高等因素进行权衡。

商业信用筹资的优点是筹资便利，筹资成本低，限制条件少。缺点是期限较短，若放弃折扣优惠则资本成本很高。

三、短期融资券

短期融资券，又称商业票据或短期债券，是由企业发行的无担保短期本票。在我国，短期融资券是指企业依据《短期融资券管理办法》的条件和程序在银行间债券市场发行和交易并约定在一定期限内（一年以内）还本付息的有价证券。

我国短期融资券具有以下特征：（1）发行人为非金融企业；（2）它是一种短期债券品种；（3）发行利率（价格）由发行人和承销商协商确定；（4）发行对象为银行间债券市场的机构投资者，不向社会公众发行；（5）实行余额管理，待偿还融资券余额不超过企业净资产的40%；（6）可以在全国银行间债券市场机构投资人之间流通转让。

短期融资券的种类有：

（1）按发行方式分类，可将短期融资券分为经纪人代销的融资券和直接销售的融资券。

（2）按发行人的不同分类，可将短期融资券分为金融企业的融资券和非金融企业的融资券。

（3）按融资券的发行和流通范围分类，可将短期融资券分为国内融资券和国际融资券。

一般来讲，只有实力雄厚、资信度很高的大企业才有资格发行短期融资券。在我国，短期融资券的发行必须符合《短期融资券管理办法》中规定的发行条件。

短期融资券融资的优点主要包括：

（1）短期融资券的融资成本较低。一般情况下，短期融资券的利率加发行成本要低于同期贷款利率。

（2）短期融资券融资数额比较大。银行发放贷款限制条件较多，一般情况下，银行不会向企业发放巨额短期贷款，而发行短期融资券的数额往往较大，可以融到更多的资金。

（3）发行短期融资券可以提高企业信誉度。发行短期融资券的企业都是知名企业，若能发行自己的短期融资券，则说明企业有较好的信誉度。

短期融资券融资的缺点主要包括：

（1）发行短期融资券的风险比较大。短期融券还本付息的时间短、数额大，若到期不能按时偿还就会影响企业的信誉度，甚至造成严重的后果。

（2）发行短期融资券的弹性比较小。只有需要的资金量达到一定量时，才能发行短期融资券。即使企业资金充裕，也要到期才能偿还。

（3）发行短期融资券的条件比较严格。必须是资本实力强、信誉好、经济效益高的企业才能发行短期融资券。

项目三 长期资金筹集

一、长期借款筹资

长期借款是指企业向银行以及其他金融机构借入的期限在一年以上的借款。长期借款主要用于企业长期资产投资和满足永久性流动资产的资金需要。

（一）长期借款的种类

长期借款可以按照不同的标准进行分类：

（1）按照借款的用途，可以分为基本建设借款、专项借款和流动资金借款。

（2）按照有无抵押做担保，可以分为信用借款和抵押借款。

（3）按照贷款机构的不同，可分为政策性银行贷款、商业性银行贷款和其他金融机构贷款。

（二）长期借款筹资的程序

企业向银行借款，需要按照一定程序办理，办理程序大致包括以下几个方面：（1）由企业向银行和其他金融机构提出借款申请；（2）核准企业申请的借款额度和用款计划；（3）签订借款合同；（4）借款合同生效。

（三）长期借款筹资成本的计算

长期借款筹资成本主要包括利息和筹资中发生的相关费用。

长期借款的利息率通常高于短期借款，但信誉好或抵押品流动性强的借款企业，仍然可以争取到较低的长期借款利息率。长期借款利率有固定利率和浮动利率两种。除了利息之外，银行和其他金融机构还会向借款企业收取其他费用。

长期借款筹资成本的计算公式为：

$$\text{长期借款筹资成本}=\frac{\text{年利息}\times(1-\text{所得税税率})}{\text{长期借款筹资总额}\times(1-\text{长期借款筹资费率})}$$

（四）长期借款筹资的优缺点

1. 长期借款的优点

（1）筹资速度快。长期借款的手续比发行股票、债券的简单得多，因此，筹资时间相对比较短。

（2）筹资成本低。借款利息可以在税前列支，长期借款利率低于债券利率，筹资的成本较低。

（3）筹资灵活性强。长期借款合同中的条款是企业与银行和其他金融机构协商确定的，这对于借款企业来讲具有较大的灵活性。

（4）便于企业利用财务杠杆效应。银行借款的利率固定，当企业的投资收益率高于银行借款利率时，可以提高企业的每股收益率。

2. 长期借款的缺点

（1）财务风险高。长期借款通常有固定的利息负担和固定的本金偿付期，因此，采用该方式筹集资金风险较大。

（2）限制性条款多。长期借款的限制性条款比较多，制约了企业的生产经营和借款的作用。

（3）筹资数额有限。该方式不能像发行股票、债券一样可以一次性筹集到大量资金。

二、发行公司债券筹资

公司债券是指公司依照法定程序发行的、约定在一定期限内还本付息的有价证券。公司债券是持有人拥有公司债权的证书，它代表持有人同公司之间的债权债务关系。持券人拥有按期取得固定利息，到期收回本金以及获得公司剩余财产的权利，但无权参与公司经营管理和经营决策，也无权参与公司分红，同时，对公司经营亏损也不承担责任。相对股票而言，公司债券是一种风险较小的有价证券。

（一）公司债券的种类

公司债券主要有以下分类标准：

1. 按是否记名，可分为记名公司债券和无记名公司债券

（1）记名公司债券。发行记名公司债券的，应当在公司债券存根簿上载明下列事项：①债券持有人的姓名或者名称及住所。②债券持有人取得债券的日期及债券的编号。③债券总额、债券的票面金额、债券的利率、债券还本付息的期限和方式。④债券的发行日期。

（2）无记名公司债券。发行无记名公司债券，票面未注明持有人的姓名或者名称及住所的，应当在公司债券存根簿上载明债券总额、利率、偿还期限和方式、发行日期及债券的编号。

2. 按有无抵押品担保，可以分为抵押公司债券和信用公司债券

（1）抵押公司债券，又称担保公司债券，是指发行公司以特定财产作为担保品而发行的债券。按抵押品的不同，抵押公司债券还可以分为全部资产抵押公司债券、不动产抵押公司债券、动产抵押公司债券、证券信托抵押公司债券等。发行公司如到期无力偿还本息，持券人可以行使抵押权，将抵押品拍卖以偿还债券本息。

（2）信用公司债券，又称无担保公司债券，是指发行公司没有抵押品作担保，完全凭借公司信用和经济实力而发行的债券。这种债券的风险较大，其利率一般略高于抵押债券。只有那些效益高、信誉好的公司才能发行信用公司债券。

3. 按是否可以转换为公司股票，可以分为可转换公司债券和不可转换公司债券

（1）可转换公司债券，是根据发行公司债券募集办法的规定，债券持有人在一定时期内可以按某一固定的价格或一定的比例将所持债券转换为一定数量的普通股的债券。发行可转换为股票的公司债券，应当报请国务院证券管理部门批准。公司债券可转换为股票的，除具备发行公司债券的条件外，还应当符合股票发行的条件。

（2）不可转换公司债券，是指不能转换成为普通股的债券。

4. 按是否上市，可以分为上市公司债券和非上市公司债券

（1）上市公司债券，是指经有关部门批准可以在证券交易所挂牌交易的债券。上市公司债券信用高、变现速度快，因而十分吸引投资者，但是，上市公司债券的上市条件比较严格，而且资本成本较高。

（2）非上市公司债券，是指不能在证券交易所挂牌交易的债券。

（二）发行公司债券的资格和条件

1. 发行公司债券的资格

股份有限公司、国有独资公司和两个以上的国有企业或者其他两个以上的国有投资主体投资设立的有限责任公司，为筹集生产经营资金，可以依照《公司法》发行公司债券。

2. 发行公司债券的条件

（1）股份有限公司的净资产额不低于人民币 3 000 万元，有限责任公司的净资产额不低于人民币 6 000 万元。

（2）累计债券总额不超过公司净资产额的 40%。

（3）最近三年平均可分配利润足以支付公司债券一年的利息。

（4）筹集的资金投向符合国家产业政策。

（5）债券的利率不得超过国务院限定的利率水平。

（6）国务院规定的其他条件。

发行公司债券筹集的资金，必须用于审批机关批准的用途，不得用于弥补亏损和非生产性支出。

（三）发行公司债券的程序

发行公司债券的程序如下：

（1）股东大会作出决议。股份有限公司、有限责任公司发行公司债券，由董事会制订方案，提交股东大会审议并做出决议。国有独资公司发行公司债券，应由国家授权投资的机构或者国家授权的部门做出决定。

（2）提出申请。公司向国务院证券管理部门申请批准发行公司债券，应当提交下列文件：公司登记证明；公司章程；公司债券募集办法；资产评估报告和验资报告。

（3）上报审批。以公司的名义向国务院证券管理部门报请批准发行公司债券。国务院证券管理部门对符合《公司法》规定的发行公司债券的申请，予以批准；对不符合《公司法》规定的申请，不予批准。

（4）向社会公告。发行公司债券的申请经批准后，应当公告公司债券募集办法，载明下列主要事项：公司名称；债券总额和债券票面金额；债券的利率；还本付息的期限和方式；债券发行的起止日期；公司净资产额；已经发行的尚未到期的公司债券总额；公司债券的承销机构。

（5）募集债券款。公司按国务院证券管理部门审批的公司债券募集办法，在确定的规模范围以内，选择发行代理机构、签订代发协议，在债券发行的起止日期内募集债券款。

（6）终止。对已经做出的批准如果发现不符合《公司法》规定的，应予撤销。尚未

发行公司债券的，停止发行；已经发行公司债券的，发行的公司应当向认购人退还所缴款项并加算银行同期存款利息。

（四）公司债券发行的价格

公司债券发行的价格是发行公司或其承销机构发行债券时所使用的价格，也是投资者向发行公司或承销机构认购债券时实际支付的价格。公司在发行债券时，应首先计算分析债券发行的价格。

1. 影响公司债券发行价格的因素

公司债券发行的价格并不一定是债券面额。公司债券发行的价格有三种：按面额等价发行；高于面额溢价发行；低于面额折价发行。公司债券发行价格的高低取决于以下四个因素：

（1）债券面额，就是债券券面标明的价格。它是债券到期应偿还的本金，也是据以按票面利率计算利息的本金数。债券发行价格的高低从根本上取决于债券面额的大小。

（2）票面利率，是债券的名义利率，通常在发行债券时已经确定，一般而言，债券的票面利率越高，债券发行的价格就越高。反之亦然。

（3）市场利率，是由资本市场的资金供求关系所决定的，它是影响债券发行价格的一个很重要的因素，或者也可以说是影响债券是否能按票面额发行的一个重要因素。当债券票面利率和市场利率不一致时，债券的发行不按债券面额发行。发行时市场利率越高，债券发行的价格也就越低。反之亦然。

（4）债券期限。债券的期限越长，债权人的风险也就越大，他所要求的报酬也就应该越高，债券发行的价格就会越低。反之亦然。

所以，公司债券发行价格是以上四个因素共同作用的结果，而公司债券发行价格与债券面额的关系主要取决于票面利率与市场利率是否一致。当票面利率与市场利率一致时，债券等价发行；当票面利率高于市场利率时，债券溢价发行；当票面利率低于市场利率时，债券折价发行。

2. 公司债券发行价格的确定

公司债券发行价格的确定，首先要理解终值、现值、复利现值和复利终值等概念，并能熟练地掌握它们之间的转换运算。

公司债券发行时价格的确定，一般采用复利计算法。计算公式如下：

债券发行价格=债券面值的现值+各期利息的现值

【例2-7】 某公司发行面值为1 000元，票面利率为8%，期限为10年的公司债券，每年末付息一次。假定债券发行时的市场利率分别为8%、10%、6%，该公司债券的发行价格应分别是多少？

（1）市场利率为8%，与票面利率一致，等价发行。

（2）市场利率为10%，高于票面利率，折价发行。

根据相关系数表，利率为10%、10年期的1元复利现值系数和年金现值系数分别是0. 385 5和6. 144 6，则：

债券售价=1 000×0. 385 5+80×6. 144 6=877（元）

（3）市场利率为6%时，低于票面利率，溢价发行。

根据相关系数表，利率为6%，10年期的1元复利现值系数和年金现值系数分别为0.558 4和7.360 1，则：

债券售价=1 000×0.558 4+80×7.360 1=1 147（元）

（五）公司债券筹资的优缺点

1. 公司债券筹资的优点

（1）资本成本低。公司债券筹资的成本要比股票筹资的低。一方面是公司债券的发行费用较低，另一方面是公司债券利息在税前支付，可以抵减税收而获得一部分收益。

（2）财务杠杆效用。由于公司债券的利率是固定的，在企业投资效益良好的情况下，可获得更高的投资报酬，提高企业的每股收益。

（3）保证企业控制权。公司债券持有人无权管理企业的经营活动，若现有股东担心企业控制权过于分散，则可以采用公司债券筹资。

2. 公司债券筹资的缺点

（1）筹资风险高。公司债券有固定的到期日，并定期支付利息。利用公司债券筹资要承担还本、付息的义务。在企业经营不景气时，向公司债券持有人还本、付息，会给企业带来更大的困难，甚至导致企业破产。

（2）限制条件多。发行公司债券的限制条件一般比长期借款、融资租赁的要多且更严，从而可能影响企业的正常发展和以后的筹资能力。

（3）筹资额有限。利用公司债券筹资有一定的限度，当企业的负债比率超过一定程度后，公司债券筹资的成本会迅速上升，有时甚至会发行不出去。我国《公司法》规定，发行公司流通在外的债券累计总额不得超过公司净资产的40%。

三、吸收直接投资

吸收直接投资是指企业按照“共同投资、共同经营、共担风险、共享利润”的原则直接吸收国家、其他法人单位、个人和外商投入资金的一种筹资方式。吸收直接投资可以直接形成企业的生产能力，是非股份制企业筹集自有资金的一种基本方式。

（一）吸收直接投资的种类

企业吸收直接投资可以有多种类型，一般可以分为以下四类：（1）吸收国家投资。（2）吸收其他法人单位投资。（3）吸收个人投资。（4）吸收外商投资。

（二）吸收直接投资的程序

企业吸收直接投资，一般应遵循如下程序：（1）确定吸收直接投资所需的资金数量；（2）寻找投资单位，选择出资方式；（3）签订投资协议，评估验资，共享利润。

（三）吸收直接投资的优缺点

1. 吸收直接投资的优点

（1）增强了企业资本实力。吸收直接投资所筹集的资金属于企业的自有资金，它增强了企业资本实力，提高了企业的资信等级和偿债能力。

（2）有利于尽快形成生产能力。吸收直接投资不仅可以筹集到现金，还能够直接获得所需要的先进设备和技术，有利于尽快形成生产能力并开拓市场。

（3）吸收直接投资的财务风险较低。

2. 吸收直接投资的缺点

(1) 吸收直接投资的资本成本较高。

(2) 吸收直接投资产权关系有时不明晰，不便于进行产权交易，且容易分散企业的控制权。

四、发行股票筹资

股票是股份有限公司为筹集自有资金而发行的有价证券，是公司签发的证明股东所持股份的凭证。

(一) 股票的特征

股票具有以下主要特征：

(1) 盈利性。股票的盈利性特征是指股票持有者一方面有权按公司章程从公司领取股息和分享公司经营红利；另一方面还可以从证券市场上获取买卖差价收入。

(2) 权益稳定性。股票持有者称为股东，股票所代表的是对公司的一种所有权，它将公司与股东紧紧地拴在一起。股东按所持股票的份额，享有其权利，承担其责任。股票可以在市场中转让，但新股东将延续这种权益关系，从而保证了股票权益的稳定性。

(3) 风险性。股票持有者从持有之日起就承担了股票所带来的风险。这种风险一方面是股份公司经营不善，股东获得股利较少，甚至得不到股利；另一方面是市场波动导致股票价格下跌。同时还有可能遭受公司破产带来的血本无归的风险。

(4) 流通性。股票是一种流通性很强的证券，股票持有者可以按规定在证券市场上进行转让。股票一经认购，不能返还，只能在证券市场上流通、转让。

(二) 股票的分类

根据不同的标准，可以对股票进行不同的分类，通常有以下主要分类方式：

1. 按股东的权利和义务分类，可以分为普通股票和优先股票

普通股票简称普通股，是股份公司依法发行的具有管理权而股利不固定的股票。普通股具有股票的最一般特征，是股份公司资本最基本的组成部分。

优先股票简称优先股，是股份公司依法发行的具有一定优先权的股票。从资本构成上讲，优先股是企业自有资金的一部分，企业对优先股不承担法定的还本付息义务。

2. 按股票票面是否记名分类，可以分为记名股票和不记名股票

记名股票是在股票上载明股东姓名或名称并将其记入公司股东名册的一种股票。记名股票的转让、继承都要办理过户手续。

无记名股票是指在股票上不记载股东姓名或名称的股票。凡持有不记名股票，都可成为公司股东。无记名股票的转让继承无需办理过户手续。

公司发行人、国家授权投资机构和法人发行的股票，应为记名股票。

对社会公众发行的股票，可以为记名股票，也可以为无记名股票。

3. 按股票票面是否标明金额分类，可分为有面值股票和无面值股票

有面值股票是在票面上标有一定金额的股票。持有这种股票的股东，对公司享有的权利和承担的义务的大小，依其所持有的股票票面金额占公司发行在外的股票总面值的比例而定。

无面值股票是不在票面上标出金额，只载明其占公司股本总额的比例或股份数的股票。无面值股票的价值随公司财产的增减而变动，股东对公司享有的权利和承担的义务的大小直接依据股票票面上标明的比例而定。目前，我国《公司法》不承认无面值股票，规定股票应标明票面金额，并且股票的发行价格不得低于其票面金额。

4. 按股票发行对象和上市地区分类，可以分为 A 股、B 股、H 股、N 股等

在我国内地，有 A 股、B 股。A 股是以人民币标明票面金额并以人民币认购交易的股票。B 股是以人民币标明票面金额，以外币认购和交易的股票。H 股为在我国香港上市的股票，N 股是在纽约上市的股票。

（三）股票的发行

1. 股票发行的目的

（1）筹集资本。股份有限公司在创立或扩大经营规模时，可以通过发行股票的方式来筹集资本。股份有限公司设立而发行的股票称为始发股，在发展过程中再次发行的股票称为增资扩股。

（2）分散风险。当股份有限公司持续成长时，原股权投资者财富不断聚集的同时，投资经营的风险同时也在不断地加剧，这就需要以发行股票的方式，将持有的一部分股票转让给其他的投资者，再用所得到的资金投资其他方面，从而使资产投资重新组合，以分散个人单一投资的风险。

（3）兼并与反兼并。股份有限公司在经营过程中，根据发展战略和竞争的需要，可以通过发行本公司股票交换被兼并公司的股票，也可以用发行股票所筹集到的资金去购买被兼并公司。同样，为了反兼并及维持公司经营权，也常常以发行新股的方式使对方计划落空。

（4）其他目的。其他目的的股票发行通常与筹资没有直接联系，如将资本公积金转增资本；向股东派发股票股利等。

2. 股票发行的条件

根据国家有关法律、法规和国际惯例，股份有限公司发行股票必须具备一定的条件。

（1）新设立的股份有限公司申请公开发行股票，应当符合下列条件：①生产经营符合国家产业政策。②发行普通股限于一种，同股同权，同股同利。③在募集方式下，发起人认购的股份不少于公司拟发行股份总数的 35%。④发起人在近 3 年内没有重大违法行为。⑤证监会规定的其他条件。

（2）股份有限公司增资申请发行股票，必须具备下列条件：①前一次发行的股份已募足，并间隔 1 年以上。②公司在最近 3 年内连续盈利，并可向股东支付股利。③公司在最近 3 年内财务会计文件无虚假记载。④公司预期利润率可达到同期银行存款利率。

3. 股票发行的基本程序

根据国际惯例，各国股票的发行都有严格的法定程序，任何未经法定程序发行的股票都不发生效力。这里介绍公开发行股票的最基本程序：（1）公司作出新股发行决议。（2）公司做好发行新股的准备工作，编写必备的文件资料和获取有关的证明材料。（3）提出发行股票的申请。（4）有关机构进行审核。（5）签署承销协议。（6）公布招股说明书。（7）按规定程序招股。（8）认股人缴纳股款。（9）向认股人交割股票。（10）改选

董事、监事。

（四）股票的上市

股票上市指股份有限公司公开发行的股票经批准在证券交易所进行挂牌交易。经批准在证券交易所上市交易的股票称为上市股票。股票获准上市交易的股份有限公司简称为上市公司。我国《公司法》规定，股东转让其股份，即股票流通必须在依法设立的证券交易场所进行。

1. 股票上市应考虑的因素

股票上市作为一种有效的筹资方式，对公司的成长起着重要的作用。发达国家的绝大部分发展迅速的公司都选择了上市。股票上市也会给公司带来一些负面效果，因此，在作出股票上市的决定前，公司管理者应该非常慎重地考虑，以便作出的决策能够达到预期目的。

（1）股票上市可为公司带来的益处主要有：

①有助于改善财务状况。公司公开发行股票可以筹得自有资金，能迅速改善公司财务状况，并有条件得到利率更低的贷款。同时，公司一旦上市，就可以在今后有更多机会从证券市场上筹集资金。

②利用股票收购其他公司。一些公司常用出让股票而不是付现金的方式去对其他企业进行收购。被收购企业也乐意接受上市公司的股票。因为上市的股票具有良好的流通性，持股人可以很容易将股票出手而得到资金。

③利用股票市场客观评价企业。对于已上市的公司来说，每日每时的股市，都是对企业的客观的市场估价。

④利用股票可激励职员。上市公司利用股票作为激励关键人员的手段是卓有成效的。公开的股票市场提供了股票的准确价值，也可使职员的股票得以兑现。

⑤提高公司知名度，吸引更多顾客。股票上市公司为社会所知，并被认为经营优良，这会给公司带来良好的声誉，从而吸引更多的顾客，扩大公司的销售。

（2）股票上市可能对公司产生的不利影响主要有：

①公开上市将负担较高的上市信息披露费用。

②公开披露各种信息的要求可能会暴露公司的商业秘密。

③股价有时不能真实反映公司的实际情况，可能造成企业的损失。

④可能会分散公司的控制权，造成管理上的困难。

2. 股票上市的条件

公司公开发行的股票进入证券交易市场交易，必须符合一定的条件。我国《公司法》规定，股份有限公司申请股票上市，必须符合下列条件：

（1）股票经国务院证券管理部门批准已向社会公开发行。

（2）公司股本总额不少于人民币 5 000 万元。

（3）开业时间在 3 年以上，最近 3 年连续盈利。原国有企业依法改建而设立的，或者在《公司法》实施后新组建成立、其主要发起人为国有大中型企业的股份有限公司，可连续计算。

（4）持有股票面值人民币 1 000 元以上的股东不少于 1 000 人，向社会公开发行的股份占股份总数的25%以上；公司股本总额超过人民币4亿元的，其向社会公开发行股份的比例为15%以上。

（5）公司在最近3年内无重大违法行为，财务会计报告无虚假记载。

（6）国务院规定的其他条件。

具备上述条件的股份有限公司经申请，由国务院或国务院授权的证券管理部门批准，其股票方可上市。股票上市公司必须公告其上市报告，并将其申请文件存放在指定的地点供公众查阅。股票上市公司还必须定期公布其财务状况和经营情况，每年定期公布财务会计报告。

3. 股票上市的暂停

股票上市公司有下列情形之一的，由国务院证券管理部门决定暂停其股票上市：（1）公司股本总额、股权分布等发生变化不再具备上市条件。（2）公司不按规定公开其财务状况，或者对财务会计报告作虚假记载。（3）公司有重大违法行为。（4）公司最近3年连续亏损。

（五）普通股股东的权利

普通股的持有者叫普通股股东，普通股股东享有以下权利：

（1）投票选举权。股东有权参与公司的经营决策，这种经营决策包括在股东大会上选举董事、发表意见、投票表决等。普通股持有量的多少，可成为股东大会上各种决策能否顺利通过的有效力量。

（2）分享盈余权。分享盈余也是普通股股东的一项基本权利。盈余的分配取决于公司的盈利状况和分配政策。

（3）优先认股权。当股份有限公司为增加公司资本而决定发行新股票时，现有的普通股股东有权优先认购，以保持其在公司中的股份权益比例。

（4）剩余财产要求权。当股份有限公司解散或破产清算时，普通股股东在公司资产满足了公司债权人和优先股股东分配剩余资产的请求权之后，有权参与公司剩余资产的分配。

（六）发行普通股筹资的优缺点

1. 普通股筹资的优点

（1）没有固定的利息负担，从而大大地减少了公司的财务压力，筹资风险小。

（2）所筹资金具有永久性，没有固定的到期日，除非公司清算时予以偿还，否则不需归还。

（3）提高了公司的信誉，增强了公司的资本实力，有了较多的自有资金，就可以为债权人提供较大的损失赔偿保证。

（4）与优先股和公司债券相比有较好的预期收益和防止通货膨胀的保值方法，所以比其他方式更容易吸收资金。

2. 普通股筹资的缺点

（1）筹资资本成本较高。普通股筹资的成本要大于债务资本成本。

（2）可能分散公司的控制权。由于发行新股筹资带来的新股东的增加，从而可能分散原有股东的控制权或表决权。

（3）可能引起股价的下跌。发行新股可能被投资者认为是公司资金方面等出现问题，从而被视为一种消极信号；同时新股东分享了公司发行新股以前积累的盈余，会降低普通股每股盈余，从而造成股价的下跌。

（七）发行优先股

优先股是指优先于普通股股东分配利润和取得公司剩余财产的一种股票。优先股的特别之处在于其既与普通股有类似之处，又具有债券的某些特征，是一种混合性有价证券。优先股所筹集到的资金仍属于主权资金。

1. 发行优先股的目的

股份有限公司发行优先股筹集自有资金是其主要目的，除此之外还有其他的目的：

（1）防止公司控制权被分散。由于优先股一般没有表决权，无权参与公司经营管理，发行优先股可以避免公司股权被分散，保证公司原有股东的控制权。

（2）灵活调剂自有资金余缺。公司自有资金缺乏时发行优先股，充裕时可部分赎回优先股或全部赎回，从而调剂自有资金余缺。

（3）改善公司资本结构。公司可以充分利用优先股的发行、转换、赎回等手段进行资本结构和自有资本内部结构的调整。

2. 优先股筹资的优缺点

（1）优先股筹资的优点主要有：

①没有固定的到期日，不需还本付息。发行优先股筹集到的资金，是公司自有资金的一部分，它可以长期为公司所用，不需还本付息。同时，公司还可以根据优先股的赎回条款，视公司财务状况，灵活地运用发行、赎回等手段，合理地调整公司资本结构。

②股利的支付虽固定，但也有一定弹性。优先股支付的股利是固定的，但固定的股利支付并不构成公司法定的义务。如果公司的财务状况佳，则可以支付股利；如果公司财务状况差，则可以暂不支付。

③有利于增强公司的资本实力。公司发行优先股，增加了自有资金总额，增强了公司的举债能力。

（2）优先股筹资的缺点主要有：

①资本成本高。优先股股利发放，是从公司税后利润中支付，不能作为应税收益的抵减项目，其资本成本低于普通股，却高于债券。

②筹资受限制条款较多。如对优先股股利发放，对普通股股利发放，对公司借款等的限制。

五、内部积累筹资

内部积累筹资主要是通过留存收益来达到筹资的目的。留存收益是指公司历年实现利润中提取或形成的留存于公司内部的积累。留存收益是公司主权资本的一部分，是公司进行权益筹资的重要方式。

（一）留存收益筹资的渠道

留存收益筹资的渠道有以下几个方面：

（1）盈余公积，是指有指定用途的留存净利润，它是公司按照《公司法》规定从净利润中提取的积累资金，包括法定盈余公积金和任意盈余公积金。

（2）未分配利润，是指未指定用途的留存净利润。

（二）留存收益融资的优缺点

1. 留存收益筹资的优点

（1）留存收益属于公司的权益资本。它和优先股一样可以增强公司的实力，并同时保持公司的举债能力。

（2）留存收益筹资的资本成本相对低。留存收益没有筹资费用，所以资本成本相对于普通股要低。

2. 留存收益筹资的缺点

（1）筹资数量有限。留存数量往往受各种因素的影响，如股东意见，有一定的不确定性，同时盈余公积的提取数量毕竟是有限的，任意盈余公积金的提取还要受公司经营状况的影响。所以留存收益筹资在数量上还是会受到限制的。

（2）资本成本相对较高。和普通股的资本成本相比，留存收益的资本成本只是没有筹资费用而已，几乎接近普通股的成本，比债务筹资的成本还要高。

项目四 资本成本和资本结构决策

一、资本成本

企业筹集资金的方式有多种，不同方式筹集的资金，由于所承担的风险不同，其资金成本也不相同。那么，企业应选择何种筹资方式以及如何确定最佳的筹资组合呢？一般从成本和风险两个方面来研究筹资决策问题。确定合理的资本结构，使资本成本最低，风险最小，企业价值最大是筹资决策的主要目标。广义地讲，企业筹集和使用任何短期和长期资金，都要付出代价，但短期资金一般不影响企业长期资本结构，从这个意义上讲，资本成本主要指长期资金的成本。因此，资金成本也称资本成本。

在市场经济条件下，投资者将资金投入企业，其根本目的是获得投资报酬。企业从各种途径筹集到的资金，无论是权益资金，还是债务资金，都不能无偿使用，而必须付出一定的代价，即向投资者支付一定的报酬。因此，从投资者的角度看，资本成本是投资者提供资金所要求的报酬率，从企业角度看，它是企业为获取资金所必须支付的最低价格。

（一）资本成本的概念

资本成本就是企业筹集和使用资金而支付的各种费用，即付出的代价。资本成本在内容上包括筹资费用和用资费用两部分：

（1）筹资费用，是指企业在筹集资金的过程中所支付的各种费用，包括股票、债券的发行费用，银行借款的手续费等。筹资费用一般在筹措资金时一次性支付，在以后资金的使用过程中不再发生。因此，在计算资本成本时，筹资费用可作为筹资额的扣除额处理，即可从筹资总额中直接扣除。

（2）用资费用，是指企业在使用资金的过程中付出的费用。如支付给股东的股息，向债权人支付的利息等。

（二）资本成本的计算公式

资本成本可以用绝对数表示，也可以用相对数表示，但在财务管理中，一般用相对数表示，即表示为用资费用与实际筹得的可用资金的比率。实际筹得的可用资金是筹资数额扣除筹资费用后的差额。资本成本通用的计算公式为：

$$K=\frac{D}{P-F} \quad \text{或} \quad K=\frac{D}{P(1-f)}$$

式中，K 为资本成本；D 为用资费用；P 为筹集资金总额；F 为筹资费用；f 为资金筹资费用率（$f=F/P$）。

（三）资本成本的意义

资本成本是企业财务管理中的一个重要概念，资本成本的高低，是衡量投资决策能否实施的重要标准。因此，计算资本成本对于比较筹资方式，选择筹资方案，评价投资项目，衡量企业经营业绩都具有重要意义。

1. 资本成本是选择筹资方式，确定最佳资本结构的重要依据

企业可以从多种渠道，采用多种方式来筹集资金，而通过不同渠道和方式筹集的资金，其资本成本是不同的。一般来讲，债务资金的成本总是低于权益资金的成本，但债务资金的风险也总是高于权益资金的风险。企业筹集长期资金时往往同时采用多种筹资方式，存在不同的筹资组合，每种筹资组合的成本和风险也各不相同。为了经济有效地筹集资金，企业必须分析各种筹资方式资本成本的高低，并进行合理的组合，以确定最佳资本结构。所谓最佳资本结构就是综合资本成本最低，企业价值最大时的资本结构。

2. 资本成本是评价投资项目，进行投资方案决策的重要标准

一个投资项目是否可行，是否值得投资，会有多种评价方法，但最基本的要求是，该项目的投资收益率应高于其资本成本。否则，如果该项目的投资收益率低于其资本成本，企业将无利可图。因此，国际上通常将资本成本视为投资项目的“最低收益率”，它是取舍投资项目的重要依据。

3. 资本成本是衡量企业经营业绩的重要尺度

资本成本同一定的风险相联系。对资金使用者来说，使用资金所得到的收益是否大于所付出的代价，对企业的经营非常重要，尤其是负债资金，如果企业业绩不佳，到期无法偿还债务的本息，将有可能导致企业亏损甚至破产。因此，评价企业经营业绩的好坏，可将企业的收益率指标，如利润率与资本成本相比较，前者大于后者，说明企业经营业绩较好，否则，说明企业经营业绩欠佳。

二、资本成本的计量形式

资本成本有多种计量形式。在比较各种筹资方式时，使用个别资本成本，包括债券成本、银行借款成本、优先股成本、普通股成本和留存收益成本，前两者统称为债务资本成本，后三者统称为权益资本成本。在进行资本结构决策时，使用加权平均资本成本；在进行追加筹资决策时，则使用边际资本成本。

（一）个别资本成本

企业资金来源不同，风险不同，成本也就不同。所以，不同的个别成本就有不同的计

量形式。

1. 债券成本

发行债券的成本主要指债券利息和筹资费用。债券利息如同银行借款利息一样是在税前支付的，这样企业实际上就少交了一部分所得税。企业实际负担的债券利息应为：债券利息×（1−所得税税率）。企业发行债券会发生筹资费用，且筹资费用一般比较高，在计算资本成本时不可省略。筹资费用发生后企业实际取得的资金将少于债券的票面金额。企业实得资金应为：债券发行总额×（1−筹资费用率）。因此，债券成本的计算公式为：

$$K_b=\frac{I\times(1-T)}{B\times(1-f)}$$

式中，K_b 为债券资本成本；I 为债券年利息；T 为企业所得税税率；B 为债券发行总额；f 为筹资费用率。

【例 2-8】 某公司发行面额为 2 000 万元的 10 年期债券，票面利率为 10%，发行费用率为 5%，发行价格为 2 400 万元，公司所得税税率为 33%。该债券成本为：

$$K_b=\frac{2\ 000\times 10\%\times(1-33\%)}{2\ 400\times(1-5\%)}=5.88\%$$

2. 银行借款成本

银行借款成本的计算基本与债券相同，其计算公式为：

$$K_l=\frac{I\times(1-T)}{L\times(1-f)}$$

式中，K_l 为银行借款资本成本；I 为银行借款年利息；T 为企业所得税税率；L 为银行借款筹资额（即借款本金）；f 为筹资费用率。

由于银行借款的手续费很低，上式中的 f 常常可以忽略不计，此时上式可简化为：

$$K_l=i\times(1-T)$$

式中，i 为银行借款利息率。

另外，有的银行可能要求借款企业在银行中保持一定的存款余额作为抵押，作为抵押的存款余额称为补偿性余额，此时在计算企业所取得的借款总额时，应从借款总额中扣除该项补偿性余额。

在个别资本成本中，负债资本成本最低。这是因为，在企业资产不足以偿付全部债务时，债权人的索赔权先于各种股票持有人，其投资风险小，因而利率较低，而且企业支付债务利息后还可少交所得税。

【例 2-9】 某企业取得 10 年期银行借款 500 万元，年利率为 10%，每年付息一次，到期一次还本。企业所得税税率为 33%，筹资费用率很低，为简化核算，忽略不计。该项借款的资本成本为：

$$K=10\%\times(1-33\%)=6.7\%$$

3. 优先股成本

企业发行优先股股票，同发行债券一样，也需要支付筹资费，比如注册费、代销费等，其股利也要定期支付。但与债券利息不同的是，其股利在税后支付，不会减少企业应上交的所得税，且没有固定到期日。因此，优先股成本的计算公式为：

$$K_p=\frac{D}{P_P\times(1-f)}$$

式中，K_p 为优先股资本成本；D 为优先股每年的股利支出；P_p 为发行优先股总额；f 为筹资费用率。

【例 2-10】 某企业按面值发行 1 000 万元的优先股，筹资费用率为 5%，每年支付 12%的股利，则优先股的成本为：

$$K=\frac{1\,000\times12\%}{1\,000\times(1-5\%)}=12.63\%$$

当企业资不抵债时，优先股股票持有人的索赔权，次于债券持有人，而先于普通股股票持有人，所以优先股持有人的投资风险比债券持有人大，这就使得优先股股利率高于债券利率；发行优先股股票筹资费用也比较高；而且支付优先股股息并不会减少企业应交的所得税。所以，优先股成本明显高于债券成本。但是，优先股股票筹集资金属于企业自有资金，一般是长期占用不能退股的，因此在一定条件下企业仍然乐意采用这种能增加企业产权的筹资方式。

4. 普通股成本

确定普通股成本的方法，原则上与优先股相同。但是普通股股利是不固定的，通常是逐年增长的。如果每年以固定比率 g 增长，则确定普通股成本的公式经计算可以简化为：

$$K_c=\frac{D_c}{P_c\times(1-f)}+g$$

式中，K_c 为普通股资本成本；P_c 为普通股股金总额；D_c 为普通股股利；g 为普通股预计年增长率；f 为筹资费用率。

【例 2-11】 某公司普通股每股发行价为 30 元，筹资费用率为 5%，第一年末每股发放股利 3 元，以后每年股利增长率为 4%，则普通股成本为：

$$K_c=\frac{3}{30\times(1-5\%)}+4\%=14.53\%$$

企业资不抵债时，普通股股票持有人的索赔权不仅在债券持有人之后，而且次于优先股股票持有人，其投资风险最大，因而其股利率比债券利息率和优先股股利率更高；另外，其股利率还将随着经营状况的改善而逐年增加，所以普通股成本最高。

5. 留存收益成本

企业的税后利润，除用来支付股利以外，总要留一部分用于发展生产、追加投资。留存收益是企业内部形成的资金来源。从表面上看，使用留存收益似乎不花费什么成本，实则不然。留存收益是投资者留在企业内的资金，投资者之所以愿意把资金留在企业中进行再投资，是因为要求有适当的报酬，否则投资者将把资金投到别处去获取利润。因此，留存收益的成本，是投资者放弃其他投资机会而应得的报酬，是一种机会成本。留存收益成本在一般情况下可按普通股成本的计算方法进行计算，只是不用考虑筹资费用。

（二）加权平均资本成本

在实务中，由于受多种因素的制约，企业不可能只用某种单一的筹资方式，而往往需要通过多种方式筹集所需资金。因此，就要计算确定企业全部长期资金的总成本——加权平均资本成本。加权平均资本成本一般是以各种资金占全部资金的比重为权数，对个别资本成本进行加权平均确定的。其计算公式为：

$$K_w = \sum_{i=1}^{n} K_i \times W_i$$

式中，K_w 为加权平均资本成本；K_i 为第 i 种资金来源的资本成本；W_i 为第 i 种资金来源占全部资本的比重。

【例 2-12】 某企业账面反映的长期资金共 1 000 万元，其中长期借款 200 万元，应付长期债券 300 万元，留存收益 240 万元，普通股 260 万元，个别资金占全部资金的比重分别为 20%、30%、24%、26%；资本成本分别为 6.13%、9.56%、12%、12.15%。该企业的加权平均资本成本为：

$K_w = 20\% \times 6.13\% + 30\% \times 9.56\% + 24\% \times 12\% + 26\% \times 12.15\% = 10.13\%$

上述计算的个别资本占全部资本的比重，是按账面价值确定的，其资料容易取得。但是当资金的账面价值与市场价值差别较大时，比如股票、债券的市场价格发生了较大变动，其计算结果会与实际有较大的差距，从而贻误筹资决策。为了克服这一缺陷，个别资金占全部资金比重的确定还可以按市场价值或目标价值确定，分别称为市场价值权数和目标价值权数。

市场价值权数指债券、股票以现行市场价格来确定权数。这样计算的加权平均资本成本能反映企业目前的实际情况，有利于筹资决策。其不足之处是证券市场价格变动频繁，为弥补这一缺陷，也可选用平均价格。

目标价值权数是指债券、股票以未来预计的目标市场价值确定权数。由于这种权数能体现期望的资本结构，而不是像账面价值权数和市场价值权数那样只反映过去和现在的资本结构，所以按目标价值权数计算的加权平均资本成本更适用于企业筹措新资金。其不足之处是，企业很难客观合理地确定证券的目标价值，这使得这种计算方法不易推广。

（三）边际资本成本

一般来讲，企业无法以某一固定的资本成本来筹措无限的资金，当其筹集的资金超过一定限度时，原来的资本成本就会增加。当企业追加投资时，需要知道投资额在什么数额上会引起资本成本怎样的变化。这就要用到边际资本成本的概念。

边际资本成本是指资金每增加一个单位而增加的资本成本。边际资本成本也是按加权平均法来计算的，是追加筹资时所使用的加权平均成本，其权数必须为市场价值权数，不应采用账面价值权数。

一般而言，初期的边际资本成本与加权平均资本成本是重合的，但随着所筹集资金的增加，边际资本成本上升的速度将比加权平均资本成本快。现举例说明边际资本成本的计算。

【例 2-13】 公司目前有资金 400 万元，其中长期借款 60 万元，长期债券 100 万元，普通股 240 万元。现在公司为满足投资要求，准备筹集 110 万元的资金，试计算确定边际资本成本。这一计算过程需按如下步骤进行：

（1）确定公司最优的资本结构。公司的财务人员经过慎重分析，认为企业目前的资本结构即为最优资本的结构，因此，在今后筹资时，应继续保持长期借款占 15%，长期债券占 25%，普通股占 60%的资本结构。

（2）确定各种筹资方式的资本成本。公司的财务人员认真分析了目前的金融市场状况和企业筹资能力，认为随着公司筹资规模的不断增加，各种筹资成本也会增加，详细情况如表 2-5 所示。

表 2-5　**筹资资料**

筹资方式	目标资本结构（%）	新筹资的数量范围（元）	资本成本（%）
长期借款	15	0~45 000 45 000~90 000 大于 90 000	3 5 7
长期债券	25	0~20 000 200 000~400 000 大于 400 000	10 11 12
普通股	60	0~300 000 300 000~600 000 大于 600 000	13 14 15

（3）计算筹资总额分界点。根据目标资本结构和各种筹资方式资本成本变化的分界点，计算筹资总额分界点，其具体计算公式为：

$$BP=\frac{TF_i}{W_i}$$

式中，BP 为筹资总额分界点；TF_i 为第 i 种筹资方式的成本分界点；W_i 为目标资本结构中第 i 种筹资方式所占的比例。

公司计算的筹资总额分界点如表 2-6 所示。

表 2-6　**筹资总额分界点表**

筹资范围（元）	资本种类	个别资本成本（%）	资本结构（%）	综合资本成本（%）
0~300 000	长期借款 长期债券 普通股	3 10 13	15 25 60	10. 75
300 000~500 000	长期借款 长期债券 普通股	5 10 13	15 25 60	11. 05
500 000~600 000	长期借款 长期债券 普通股	5 10 14	15 25 60	11. 65

续表

筹资范围（元）	资本种类	个别资本成本（%）	资本结构（%）	综合资本成本（%）
600 000~800 000	长期借款 长期债券 普通股	7 10 14	15 25 60	11.95
800 000~1 000 000	长期借款 长期债券 普通股	7 11 14	15 25 60	12.20
1 000 000~1 600 000	长期借款 长期债券 普通股	7 11 15	15 25 60	12.80
大于 1 600 000	长期借款 长期债券 普通股	7 12 15	15 25 60	13.05

从表 2-6 可以看出，如果企业追加筹资 110 万元，则其边际资本成本为 12.80%。但如果能将追加筹资额控制在 100 万元以内，则边际资本成本可下降为 12.20%，从而成本降低了。所以，企业在确定追加筹资方案时，应使筹资总额尽量不超过最后一个分界点。

三、资本结构决策

资本结构是指在企业资本总额中各种资金的构成及比例关系。资本结构是企业筹资决策的核心问题。企业的筹资，往往是长期筹资与短期筹资、债务筹资与权益筹资、内部筹资与外部筹资、直接筹资与间接筹资等的组合。选择合理的筹资组合，确定最佳资本结构是企业筹资管理最重要的工作。

（一）最佳资本结构

最佳资本结构是指企业在一定时期内，加权平均资本成本最低，企业价值最大时的资本结构。其判断标准有三个：（1）有利于最大限度地增加所有者财富，能使企业价值最大化；（2）企业加权平均资本成本最低；（3）资产保持适宜的流动性，并使资本结构具有弹性。

（二）资本结构决策方法

1. 比较资本成本法

比较资本成本法是指在适度的财务风险下，通过计算各种不同的资本结构的加权平均资本成本，并以此为标准，选择其中加权平均资本成本最低的资本结构，作为最佳资本结构。这种方法以资本结构的高低作为判断最佳资本结构的唯一标准，简单实用。具体步骤是：第一，设计各拟选方案的资本结构；第二，计算各方案的加权平均资本成本；第三，进行比较，选择加权平均资本成本最低的方案为最优结构。

【例 2-14】　某企业初创时，设计了 3 个筹资方案，有关资料如表 2-7 所示。

表 2-7　**不同方案下的资本结构**　单位：万元

筹资方式	方案Ⅰ		方案Ⅱ		方案Ⅲ	
	筹资额	资本成本	筹资额	资本成本	筹资额	资本成本
长期借款	35	12	45	12. 5	75	13
债　券	100	13	150	14	110	13. 5
优先股	65	17	105	17	55	17
普通股	300	20	200	20	260	20
合计	500		500		500	

下面分别测算三个筹资方案的加权平均成本，并比较其高低，从而确定最佳的资本结构。

（1）方案Ⅰ：

计算各种筹资方式占筹资总额的比重：

长期借款　35÷500＝7%　　优先股　65÷500＝13%

债券　100÷500＝20%　　普通股　300÷500＝60%

计算加权平均资本成本：

$K_1=7\%\times12\%+20\%\times13\%+13\%\times17\%+60\%\times20\%=17.65\%$

（2）方案Ⅱ：

计算各种筹资方式占筹资总额的比重：

长期借款　45÷500＝9%　　优先股　105÷500＝21%

债券　150÷500＝30%　　普通股　200÷500＝40%

计算加权平均资本成本：

$K_2=9\%\times12.5\%+30\%\times14\%+21\%\times17\%+40\%\times20\%=16.90\%$

（3）方案Ⅲ：

计算各种筹资方式占筹资总额的比重：

长期借款　75÷500＝15%　　优先股　55÷500＝11%

债券　110÷500＝22%　　普通股　260÷500＝52%

计算加权平均资本成本：

$K_3=15\%\times13\%+22\%\times13.5\%+11\%\times17\%+52\%\times20\%=17.19\%$

从以上计算可以看出，方案Ⅱ的加权平均资本成本最低，因此选用方案Ⅱ作为企业的最佳资本结构。

2. 追加筹资的资本结构决策方法

企业在持续的生产经营活动中，由于经营业务或对外投资的需要，有时会追加筹资。因追加筹资以及筹资环境的变化，企业原定的最佳资本结构未必仍是最优的，需要进行调整。

因此企业应在有关情况的不断变化中寻求最佳资本结构，以实现资本结构的最优化。

企业追加筹资可有多个筹资组合方案供选择。按照最佳资本结构的要求，在适度财务风险的前提下，企业选择追加筹资组合方案可用两种方法：第一种方法是直接测算各追加筹资方案的边际资本成本，从中比较选择最佳筹资组合方案；第二种方法是分别将各追加筹资方案与原资本结构汇总，测算比较各追加筹资方案下汇总资本结构的综合资本成本，从中比较选择最佳筹资方案。

现举例说明上述方法的应用。

【例 2-15】　A 公司拟追加筹资 1 000 万元，现有两个追加筹资方案可供选择。有关资料经测算整理后列入表 2-8。

表 2-8　　**A 公司追加筹资方案测算表**　　单位：万元

筹资方式	追加筹资额	筹资方案 I 资本成本（%）	追加筹资额	筹资方案 Ⅱ 资本成本（%）
长期借款	500	7	600	7.5
优先股	200	13	200	13
普通股	300	16	200	16
合计	1 000		1 000	

下面分别按上述两种方法测算比较追加筹资方案。

第一种方法：追加筹资方案的边际资本成本比较法。

首先，测算追加筹资方案 I 的边际资本成本。

$$7\%\times\frac{500}{1\ 000}+13\%\times\frac{200}{1\ 000}+16\%\times\frac{300}{1\ 000}=10.9\%$$

其次，测算追加筹资方案 Ⅱ 的边际资本成本。

$$7.5\%\times\frac{600}{1\ 000}+13\%\times\frac{200}{1\ 000}+16\%\times\frac{200}{1\ 000}=10.3\%$$

最后，比较两个追加筹资方案，方案 Ⅱ 的边际资本成本为 10.3%，低于方案 I 的边际资本成本。因此，在适度财务风险的情况下，方案 Ⅱ 优于方案 I，应选择追加筹资方案 Ⅱ。假如不存在其他更好的选择，追加筹资方案 Ⅱ 为最佳筹资方案，由此形成的新的资本结构为 A 公司的最佳资本结构。若 A 公司原有资本总额为 5 000 万元，资本结构是：长期借款 500 万元、长期债券 1 500 万元、优先股 1 000 万元、普通股 2 000 万元，则追加筹资后的资本总额为 6 000 万元，资本结构是：长期借款 1 000 万元、长期债券 1 500 万元、优先股 1 200 万元、普通股 2 300 万元。

第二种方法：追加筹资方案与原有资本结构汇总后的综合资本成本比较法。

首先，汇总追加筹资方案和原资本结构，形成备选追加筹资后资本结构，如表 2-9 所示。

表 2-9 **追加筹资后的资本结构** 单位：万元

筹资方式	原资本结构	资本成本（%）	追加筹资额	筹资方案Ⅰ资本成本（%）	追加筹资额	筹资方案Ⅱ资本成本（%）
长期借款	500	6.5	500	7	600	7.5
长期债券	1 500	8				
优先股	1 000	13	200	13	200	13
普通股	2 000	16	300	16	200	16
合计	5 000		1 000		1 000	

其次，测算汇总资本结构下的综合资本成本。

追加筹资方案Ⅰ与原资本结构汇总后的综合资本成本：

$$\frac{6.5\%\times500}{6\ 000}+\frac{7\%\times500}{6\ 000}+\frac{8\%\times1\ 500}{6\ 000}+\frac{13\%\times(1\ 000+200)}{6\ 000}+\frac{16\%\times(2\ 000+300)}{6\ 000}=11.8\%$$

追加筹资方案Ⅱ与原资本结构汇总后的综合资本成本：

$$\frac{6.5\%\times500}{6\ 000}+\frac{7\%\times600}{6\ 000}+\frac{8\%\times1\ 500}{6\ 000}+\frac{13\%\times(1\ 000+200)}{6\ 000}+\frac{16\%\times(2\ 000+200)}{6\ 000}=11.76\%$$

在上列计算中，根据股票的同股同利原则，原有股票的资本成本应按新发行股票的资本成本计算，即全部股票按新发行股票的资本成本计算其总的资本成本。

最后，比较两个追加筹资方案与原资本结构汇总后的综合资本成本，方案 II 与原资本结构汇总后的综合资本成本为 11.76%，低于方案 I 与原资本结构汇总后的综合资本成本。因此，在适度财务风险的前提下，追加筹资方案Ⅱ优于方案 I。由此形成的新的资本结构为 A 公司的最佳资本结构。由此可见，A 公司追加筹资后，虽然改变了资本结构，但经过分析测算，作出正确的筹资决策后，公司仍可保持资本结构的最优化。

3. 筹资无差别点法

债务的偿还能力是建立在未来盈利能力基础之上的。研究资本结构，不能脱离企业的盈利能力。企业的盈利能力，一般用息税前利润（EBIT）表示。借入资金筹资是通过它的杠杆作用来增加股东财富的。确定资本结构不能不考虑它对股东财富的影响。股东财富用每股收益（EPS）来表示。筹资无差别点法是将以上两方面联系起来，分析资本结构与每股收益之间的关系，进而确定合理的资本结构。所谓筹资无差别点，是指当企业的息税前利润或销售额正好为某一数据（无差别点）时，则无论采用借入资金筹资，还是采用自有资金筹资，计算出的每股收益的金额都是一样的。根据筹资无差别点，可以分析判断在什么样的息税前利润或销售水平下适宜于采用何种资本结构。筹资无差别点可以通过以下公式计算得出。

$$\mathrm{EPS}=\frac{(S-\mathrm{VC}-F-I)(1-T)}{N}=\frac{(\mathrm{EBIT}-I)(1-T)}{N}$$

式中，S 为销售额；VC 为变动成本；F 为固定成本；I 为债务利息；T 为企业所得税税率；N 为流通在外普通股股数；EBIT 为息税前利润。

在每股筹资无差别点上，无论是采用借入资金还是自有资金筹资，每股收益都是相等的，即：$EPS_1=EPS_2$

式中，EPS_1 为借入资金筹资的每股收益；EPS_2 为自有资金筹资的每股收益。

$$EPS_1=\frac{(S_1-VC_1-F_1-I_1)(1-T)}{N_1}$$

$$EPS_2=\frac{(S_2-VC_2-F_2-I_2)(1-T)}{N_2}$$

$$\frac{(S_1-VC_1-F_1-I_1)(1-T)}{N_1}=\frac{(S_2-VC_2-F_2-I_2)(1-T)}{N_2}$$

在每股收益无差别点上 $S_1=S_2$，则有：

$$\frac{(S-VC_1-F_1-I_1)(1-T)}{N_1}=\frac{(S-VC_2-F_2-I_2)(1-T)}{N_2}$$

能使上述条件成立的销售额 S 为每股收益无差别点销售额。

【例 2-16】　B 公司原有资本 700 万元，其中债务资本 200 万元（每年负担利息 24 万元），普通股资本 500 万元（发行普通股 10 万股，每股面值 50 元）。因扩大业务，需要追加投资 300 万元，企业筹资方式有以下两种：

（1）全部发行普通股：增发 6 万股，每股面值 50 元；

（2）全部筹借长期债务：债务利率仍为 12%，利息为 36 万元。

公司的变动成本率为 70%，固定成本为 180 万元，企业所得税税率为 40%。

将上述资料中的有关数据代入公式得：

$$\frac{(S-VC_1-F_1-I_1)(1-T)}{N_1}=\frac{(S-VC_2-F_2-I_2)(1-T)}{N_2}$$

$$\frac{(S-0.7S-180-24)(1-40\%)}{16}=\frac{(S-0.7S-180-24-36)(1-40\%)}{10}$$

$S=1\ 000$（万元）

此时的每股收益额为：

$$\frac{(1\ 000-0.7\times1\ 000-180-24)(1-40\%)}{16}=3.6\text{（元）}$$

或：$$\frac{(1\ 000-0.7\times1\ 000-180-24-36)(1-40\%)}{10}=3.6\text{（元）}$$

该每股收益无差别点分析可用图 2-1 来描绘。

从图 2-1 可以看出，当销售额大于 1 000 万元（每股收益无差别点的销售额）时，运用借入资金筹资可获得较高的每股收益，当销售额小于 1 000 万元时，运用自有资金筹资可获得较高的每股收益；当销售额等于 1 000 万元时，无论采用哪种方式筹资，每股收益都等于 3.60 元。

（三）资本结构的调整

1. 影响资本结构变动的因素

资本结构的变动，除受资本成本、财务风险等因素影响外，还要受到其他因素的影

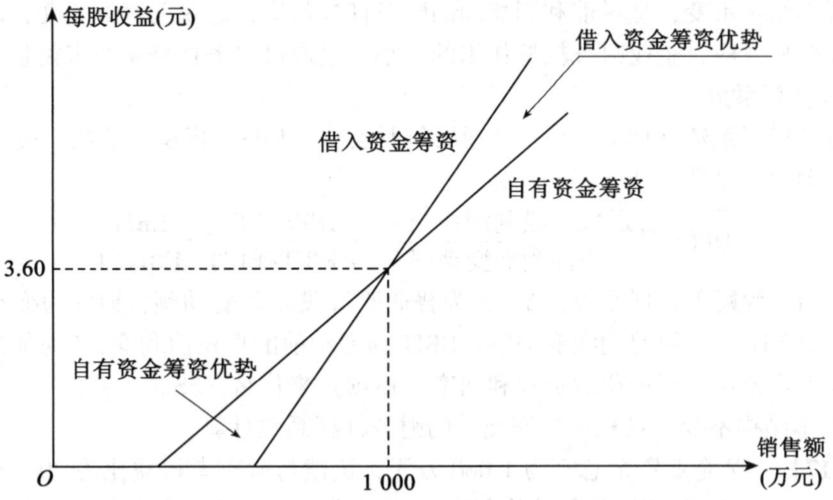

图 2-1　筹资无差别点图

响，这些因素主要如下：

（1）企业因素，主要包括管理者的风险态度、企业获利能力、企业经济增长等。

（2）环境因素，主要包括银行等金融机构的态度、信用评估机构的意见、税收因素、行业差别等。

2. 资本结构调整的原因

（1）成本过高。原有资本结构的加权平均资本成本过高，从而使利润下降。这是资本结构调整的最主要原因。

（2）风险过大。虽然负债筹资能降低资本成本、提高利润，但财务风险较大。如果筹资风险过大，以至于企业无法承受，则破产成本将直接抵减因负债筹资而取得的杠杆收益，因此企业也需要进行资本结构的调整。

（3）弹性不足。所谓弹性是指企业在进行资本结构调整时原有结构的灵活性，包括筹资期限弹性、各种筹资方式之间转换的弹性等。弹性大小是判断资本结构是否合理的标志之一。

3. 资本结构调整的方法。资本结构调整的方法可归纳为：

（1）存量调整。存量调整是指在不改变现有资产规模的基础上，根据目标资本结构要求，对现有资本结构进行必要的调整。如将现有的可转换债券转换为普通股等。

（2）增量调整。增量调整是指通过追加筹资量，从而增加总资产的方式来调整资本结构。如发行新股等。

（3）减量调整。减量调整是通过减少资产总额的方式来调整资本结构。如回购部分普通股等。

（四）财务杠杆

1. 财务杠杆的概念

企业负债经营时，债务利息对所有者收益的影响称为财务杠杆。它包括两种基本形态：现有资本结构不变，息税前利润变动的财务杠杆效应；息税前利润不变，改变资本结构时的财务杠杆效应，企业财务杠杆作用的大小一般通过财务杠杆系数来衡量。

2. 财务杠杆系数

所谓财务杠杆系数（DFL）是指普通股每股收益（EPS，指税后效应）变动相对于息税前利润变动率的倍数。其计算公式为：

$$DFL=\frac{\text{普通股每股利润变动率}}{\text{息税前利润变动率}}=\frac{\Delta EPS/EPS}{\Delta EBIT/EBIT}=\frac{EBIT}{EBIT-I}$$

式中，DFL 为财务杠杆系数；ΔEPS 为普通股每股收益变动额；EPS 为变动前普通股每股收益；ΔEBIT 为息税前利润变动额；EBIT 为变动前的息税前利润；I 为债务筹资的利息。对于非上市公司，可用税后资本利润率（ROE）来代替 EPS。

（1）资本结构不变，息税前利润变动的财务杠杆系数计算。

【例 2-17】　某企业资金总额为 1 000 万元，负债与所有者权益比为 70：30，平均借款利率为 10%，企业基期资产息税前利润率（基期 EBIT/总资产平均占用额）为 12%。计划期预计资产息税前利润率将由 12%增长到 24%。假定企业所得税税率为 40%，问财务杠杆系数为多少？资本利润率（即净资产收益率）将增长多少？

本例计算过程如表2-10所示。

表 2-10　**资本利润率计算表**　单位：万元

项　目	基　期	计划期
息税前利润（EBIT）	1 000×12%＝120	1 000×24%＝240
利息（I）	1 000×70%×10%＝70	1 000×70% ×10%＝70
税前利润（EBT）	120－70＝50	240－70＝170
税额	50×40%＝20	170×40%＝68
税后利润	50－20＝30	170－68＝102
资本	1 000×30%＝300	1 000×30%＝300
资本收益率（ROE）	30/300＝10%	102/300＝34%

由表 2-10 可得：

$$\text{资本收益率（ROE）的变动率}=\frac{34\%-10\%}{10\%}=2.40$$

$$DFL=\frac{2.40}{(240-120)/120}=2.40$$

所以财务杠杆系数为 2.40，计划期资本收益率为 34%，增长 2.4 倍（即财务杠杆系数×息税前资产利润增长率＝2.40×100%）。

在例 2-18 中，若企业为上市公司，发行普通股 300 万股，则基期每股收益为 0.1 元（30÷300），计划期每股收益为 0.34 元（102÷300），变动率为 240%［（0.34－0.10）÷

0. 1],则:$DFL=\frac{240\%}{(24\%-12\%)/12\%}=2.40$

计算结果相同。

(2) 资产息税前利润不变，资本结构变动的财务杠杆系数计算。假定企业资产息税前利润不变，即资产息税前利润变动率为零。若资产息税前利润率大于负债利率，则提高资本结构中的负债比重，会相应提高资本利润率。负债结构与资本利润率之间的关系可表示为：

$$税前资本利润率=\frac{资产息税}{前利润率}+\frac{负债}{资本}\times\left(\frac{资产息税}{前利润率}-\frac{负债}{利率}\right)$$

$$资本利润率=税前资本利润率\times(1-税率)$$

【例 2-18】 某企业为上市公司，总资产为 1 000 万元，资产息税前利润率为 30%，负债利率为 10%，企业所得税税率为 30%。假定负债与所有者权益的比例为 0∶100，20∶80，70∶30。请计算不同结构下的财务杠杆系数和每股收益。

计算结果如表 2-11 所示。

表 2-11　**不同资金结构下的财务杠杆系数和每股收益**　单位：万元

结构 / 项目	结构（1）（0∶100）	结构（2）（20∶80）	结构（3）（70∶30）
发行普通股数（万股）	1 000	800	300
债务数	0	200	700
主权资本额	1 000	800	300
资产总额	1 000	1 000	1 000
债务利息	0	200×10%＝20	700×10%＝70
资产息税前利润（EBIT）	1 000×30%＝300	1 000×30%＝300	1 000×30%＝300
税前利润（EBT）	300−0＝300	300−20＝280	300−70＝230
所得税	300×30%＝90	280×30%＝84	230×30%＝69
税后利润	300−90＝210	280−84＝196	230−69＝161
财务杠杆系数$\left(\frac{EBIT}{EBIT-I}\right)$	300÷300＝1	300÷（300−20）＝1. 07	300÷（300−70）＝1. 43
每股收益（EPS）	210÷1 000＝0. 21	196÷800＝0. 25	161÷300＝0. 54
资本利润率（ROE）	210÷1 000×100%＝21%	196÷800×100%＝25%	161÷300×100%＝54%

3. 财务杠杆系数的几点说明

（1）财务杠杆系数表明的是资产息税前利润增长所引起的每股收益（EPS）或税后资本利润率（ROE）的增长幅度。比如在例 2-18 中，资产息税前利润增长 1 倍，其 ROE 增长 2.4 倍。

（2）财务杠杆系数大于等于 1（负债为 0 时，系数为 1，表明无杠杆作用）。

（3）在资产总额、资产息税前利润不变的情况下，负债比率越高，财务杠杆系数越大，每股收益也越大，从而财务风险也越大。如在例 2-19 中，随着负债比例的增加，财务杠杆系数分别为 1、1.07、1.43，其每股收益分别为 0.21 元、0.25 元、0.54 元，当然其财务风险也在逐步增大。

（五）筹资风险

筹资风险也称财务风险，是由于负债筹资而引起的到期不能偿债的可能性。

1. 筹资风险的分类

（1）现金性筹资风险，是指企业在特定时点上，现金流出量超过现金流入量而产生的到期暂时不能偿付债务本息的风险。形成现金性筹资风险的主要原因有：债务的期限结构与其资产的使用期间搭配不当；没有很好地贯彻避峰原则；负债比例过高等。

现金性筹资的基本特征有：①它是一种暂时的风险，表现为企业在某一特定的时点无法清偿某些债务，但不表明企业的长期偿债能力有问题。②它是一种个别风险，表现为企业某一项债务不能即时即刻偿还。③它是一种支付风险，与企业盈利状况无关。④它是一种纯粹的筹资风险，是由于筹资不当引起的，表现为现金预算与实际状况不符等。

（2）损益性筹资风险，是指由于企业损益状况恶化而出现的不能依约偿还债务本息的风险。引起损益性筹资风险的原因主要有：①资本结构不当。②企业经营状况恶化。

损益性筹资风险的基本特征有：①损益性风险不是个别风险，体现为企业的整体风险，它对全部债务的偿还都将产生不利的影响。②损益性风险本质上是经营风险引起的筹资风险，它不是一种支付风险，企业经营处于亏损状态时，偿还债务的能力会逐步丧失。③损益性风险是一种终极风险，不是一种暂时的风险，企业经营亏损的状况若不能得到改观，企业将会陷入破产的边缘。

2. 筹资风险的衡量

筹资风险大小的确定目前主要有以下几种方法：

（1）财务杠杆系数法，是利用财务杠杆系数来评判企业财务风险大小的一种方法。从前述的内容及例子可以看出，财务杠杆系数越大，表明偿债压力越大，负债比例越高，筹资风险越大；反之，则作相反判断。

（2）指标分析法，是利用偿债能力及其他相关指标来评判企业财务风险大小的方法。该方法详见本书有关财务分析的内容。

（3）概率分析法，是利用概率分布、期望值、标准离差等来计算和评判筹资风险大小的一种方法。其计算步骤为：

①根据可供选择的对销售状况的估计，确定其概率分布。

②根据企业资本结构确定各概率状况下的资产息税前利润率和资本利润率。

③计算资本利润率的标准离差或标准离差率，并进行判定（具体分析方法见本教材学习情境一有关风险价值的内容）。

思考与练习

一、单项选择题

1. 相对于股票筹资而言，债券筹资的缺点是（　　）。

A. 筹资速度慢　B. 筹资成本高　C. 筹资限制少　D. 财务风险大

2. 下列各项中，不属于融资租赁租金构成项目的是（　　）。

A. 租赁设备的价款　B. 租赁期间利息

C. 租赁手续费　D. 租赁设备维护费

3. 假定甲企业的信用等级高于乙企业，则下列表述正确的是（　　）。

A. 甲企业的筹资成本比乙企业高　B. 甲企业的筹资能力比乙企业强

C. 甲企业的债务负担比乙企业重　D. 甲企业筹资风险比乙企业大

4. 某企业按“2/10，n/45”的条件购进商品一批，若该企业放弃现金折扣优惠，而在信用期满时付款，则放弃现金折扣的机会成本为（　　）。

A. 20.99%　B. 28.82%　C. 25.31%　D. 16.33%

5. 某企业需借入资金 300 000 元。由于贷款银行要求将贷款数额的 20%作为补偿性余额，故企业需向银行申请的贷款数额为（　　）。

A. 300 000 元　B. 360 000 元　C. 375 000 元　D. 336 000 元

6. 某公司拟发行一种面值为 1 000 元，票面利率为 12%，期限为 3 年，每年付息一次的公司债券。假定发行时市场利率为 10%，则其发行价格应为（　　）。

A. 1 000 元　B. 1 050 元　C. 950 元　D. 980 元

7. 某企业取得银行为期一年的周转信贷协定，金额为 100 万元，年度内使用了 60 万元（使用期平均 6 个月），假设利率为每年 12%，年承诺费率为 0.5%，则年终企业应支付利息和承诺费共为（　　）万元。

A. 3.8　B. 3.95　C. 3.6　D. 4.25

8. 某企业资本总额为 150 万元，权益资金占 55%，负债利率为 12%，当前销售额 100 万元，息前税前盈余 20 万元，则财务杠杆系数为（　　）。

A. 2.5　B. 1.68　C. 1.15　D. 2.0

9. 在个别资本成本的计算中，不必考虑筹资费用影响因素的是（　　）。

A. 长期借款成本　B. 债券成本　C. 留存收益成本　D. 普通股成本

10. 企业全部资本中，权益资本与债务资本各占 50%，则企业（　　）。

A. 只存在经营风险　B. 只存在财务风险

C. 存在经营风险和财务风险　D. 经营风险和财务风险可以相互抵消

11. 一般情况下，下列筹资方式中，资本成本最低的是（　　）。

A. 发行股票　B. 发行债券　C. 长期借款　D. 保留盈余

12. 某企业本期财务杠杆系数为 1.5，本期息税前利润为 450 万元，则本期实际利息费用为（　　）。

A. 100 万元　　B. 675 万元　　C. 300 万元　　D. 150 万元

13. 补偿性存款余额的约束使借款企业受到的影响是（　　）。

A. 增加了所需支付的借款利息额　　B. 增加了实际可用借款额

C. 提高了实际借款利率　　D. 降低了实际借款利率

14. 长期借款筹资与长期债券筹资相比，其特点是（　　）。

A. 利息能节税　　B. 筹资弹性大　　C. 筹资费用大　　D. 债务利息高

15. 相对于发行债券和利用银行借款购买设备而言，通过融资租赁方式取得设备的主要缺点是（　　）。

A. 限制条款多　　B. 筹资速度快　　C. 资金成本高　　D. 财务风险大

16. 短期负债筹资的特点不包括（　　）。

A. 筹资速度快，容易取得　　B. 筹资富有弹性

C. 筹资成本较低　　D. 筹资风险较低

17. 企业从银行借入短期借款，不会导致实际利率高于名义利率的利息支付方式是（　　）。

A. 收款法　　B. 贴现法

C. 加息法　　D. 分期等额偿还本利和的方法

18. 下列有关抵押借款和无抵押借款的说法不正确的是（　　）。

A. 抵押借款的资本成本通常低于无抵押借款

B. 银行主要向信誉好的客户提供无抵押借款

C. 银行对于抵押借款一般还要收取手续费

D. 抵押借款是一种风险贷款

19. 在下列各项中，能够引起企业自有资金增加的筹资方式是（　　）。

A. 吸收直接投资　　B. 发行公司债券

B. 利用商业信用　　D. 留存收益转增资本

20. 采用销售百分比法预测资金需要量时，下列各项中被视为不随销售收入的变动而变动的是（　　）。

A. 现金　　B. 应付账款　　C. 存货　　D. 公司债券

二、多项选择题

1. 普通股股东所拥有的权利包括（　　）。

A. 分享盈余权　　B. 优先认股权

C. 转让股份权　　D. 优先分配剩余资产权

2. 相对于发行债券筹资而言，企业发行股票筹集资金的优点有（　　）。

A. 增强公司筹资能力　　B. 降低公司财务风险

C. 降低公司资金成本　　D. 提高控制权

3. 下列指标中可以用来衡量财务风险的大小的有（　　）。

A. 经营杠杆系数　　B. 财务杠杆系数

C. 息税前利润的标准离差　　D. 每股利润的标准离差

4. 确定企业资金结构时，(　　)。

A. 如果企业的销售不稳定，则可较多地筹措负债资金

B. 为了保证原有股东的绝对控制权，一般应尽量避免普通股筹资

C. 若预期市场利率会上升，企业应尽量利用短期负债

D. 所得税率越高，举借负债利益越明显

5. 下列有关资本结构的表述正确的是（　　）。

A. 企业资金结构应同资产结构相适应

B. 资本结构变动不会引起资金总额的变动

C. 资本成本是市场经济条件下，资金所有权与使用权相分离的产物

D. 无差别点分析法是确定资本结构的一种定性分析法

6. 比较资本成本法（　　）。

A. 根据加权平均资本成本的高低来确定最优资本结构

B. 考虑了风险因素

C. 根据每股利润最高点来确定最优资本结构

D. 根据个别资本成本的高低来确定最优资金结构

7. 下列关于资本成本的说法中，正确的有（　　）。

A. 资本成本是企业为筹集和使用资金而付出的代价

B. 资本成本并不是企业筹资决策中所要考虑的唯一因素

C. 资本成本的计算主要以年度的相对比率为计量单位

D. 资本成本可以视为项目投资或使用资金的机会成本

8. 下列有关杠杆的表述正确的是（　　）。

A. 负债比率越高，财务杠杆系数越大

B. 财务杠杆表明息税前利润变动对每股利润的影响

C. 负债为0时，系数为1，表明无杠杆作用

D. 财务杠杆系数恒大于等于1

9. 利用每股利润无差别点进行企业资本结构分析时（　　）。

A. 当预计息税前利润高于每股利润无差别点时，采用权益筹资方式比采用负债筹资方式有利

B. 当预计息税前利润高于每股利润无差别点时，采用负债筹资方式比采用权益筹资方式有利

C. 当预计息税前利润低于每股利润无差别点时，采用权益筹资方式比采用负债筹资方式有利

D. 当预计息税前利润低于每股利润无差别点时，采用负债筹资方式比采用权益筹资方式有利

10. 企业调整资本结构的原因可能是（　　）。

A. 成本过高　　B. 风险过大　　C. 弹性不足　　D. 管理者的风险态度

11. 企业在负债筹资决策中，除了考虑资本成本因素外，还需要考虑的因素有(　　)。

A. 财务风险　　B. 偿还期限　　C. 偿还方式　　D. 限制条件

12. 优先股的优先权主要表现在（　　）。

A. 优先认股　　B. 优先取得股息

C. 优先分配剩余财产　　D. 优先行使投票权

13. 可以导致企业实际负担利率高于名义利率的有（　　）。

A. 利随本清法付息　　B. 贴现法付息

C. 补偿性余额　　D. 到期一次偿还贷款

14. 商业信用筹资的优点主要表现在（　　）。

A. 筹资风险小　　B. 筹资成本低

C. 限制条件少　　D. 筹资方便

15. 影响融资租赁每期租金的因素是（　　）。

A. 设备买价　　B. 融资租赁成本

C. 租赁手续费　　D. 租金支付方式

16. 与股票筹资方式相比，银行借款筹资的优点包括（　　）。

A. 筹资速度快　　B. 借款弹性大　　C. 使用限制少　　D. 筹资费用低

17. 影响债券发行价格的因素包括（　　）。

A. 债券面额　　B. 票面利率　　C. 市场利率　　D. 债券期限

18. 放弃现金折扣的成本受折扣百分比、折扣期和信用期的影响。下列各项中，使放弃现金折扣成本提高的情况有（　　）。

A. 信用期、折扣期不变，折扣百分比提高

B. 折扣期、折扣百分比不变，信用期延长

C. 折扣百分比不变，信用期和折扣期等量延长

D. 折扣百分比、信用期不变，折扣期延长

19. 股份公司申请股票上市，将会使公司（　　）。

A. 资本大众化，分散风险的同时也会分散公司的控制权

B. 便于筹措新资金

C. 便于确定公司价值

D. 负担较低的信息披露成本

20. 下列情形中证券交易所可以决定终止其股票上市交易的是（　　）。

A. 不再具备上市条件，在限期内仍不能达到上市条件

B. 不按规定公开其财务状况

C. 已经四年连续亏损

D. 公司解散或者被宣告破产

三、判断题

1. 负债期越长，未来不确定性因素越大，因此，企业长期负债的偿还风险比流动负债要大。（　　）

2. 一般而言，银行提供的非抵押借款的利率要低于抵押借款的利率。(　　)

3. 融资租赁方式下，租赁期满后，设备必须作价转让给承租人。(　　)

4. 无面值股票指股票票面不记载每股金额的股票，仅表示每一股在公司全部股票中所占有的比例。也就是说这种股票只在票面上注明每股占公司总资产的比重。(　　)

5. 在债券面值与票面利率一定的情况下，市场利率越高，则债券的发行价格越低。(　　)

6. 在杠杆租赁的情况下，如果出租人不能按期偿还借款，那么资产的所有权就要转归资金出借者。(　　)

7. 收益债券是指债券持有人不仅能取得固定利息，还有权与股东一同参加利润分配的债券；而无息债券是指没有利息的债券。(　　)

8. 对于同一个企业来说，其优先股的股利率一般大于债券的利息率。(　　)

9. 增加负债比重，虽然会影响信用评级机构对企业的评价，但却可以降低资本成本。(　　)

10. 拥有较多流动资产的企业，更多依赖流动负债来筹集资金。(　　)

11. 在我国融资租赁业务中，计算租金的方法一般有平均分摊法和等额年金法。(　　)

12. 广义的资金结构指长期资金（长期债务资金与主权资金）的构成及其比例关系。(　　)

13. 资本结构的变动，除受资本成本、财务风险等因素影响外，还要受到其他因素的影响。(　　)

14. 从理论上说，债权人不得干预企业的资金投向和股利分配方案。(　　)

15. 无面值股票的最大缺点是该股票既不能直接代表股份，也不能直接体现其实际价值。(　　)

16. 可转换债券转换成普通股后，可能导致公司的综合资本成本上升。(　　)

17. 一般情况下，发行信用债券的企业不得将财产抵押给其他债权人。(　　)

18. 尽管融资租赁比借款购置设备更迅速、更灵活，但租金也比借款利息高得多。(　　)

19. 根据资金筹措的及时原则，企业应尽早地筹集生产所需的资金，以免影响生产经营的进行。(　　)

20. 企业负债占销售额的比重越大，外部资金需要量就会越小。(　　)

四、计算分析题

1. 根据下列资料进行计算：

（1）公司增发的普通股的市价为 12 元/股，筹资费用率为市价的 6%，最近刚发放的股利为每股 0.6 元，已知该股票的资金成本率为 11%，则该股票的股利年增长率为多少？

（2）某公司发行普通股股票 600 万元，筹资费用率 5%，上年股利率 14%，预计股利每年增长 5%，所得税税率 25%，该公司年末留存 50 万元未分配利润用作发展之需，则该笔留存收益的成本是多少？

（3）某公司发行总面额为500万元的10年期债券，票面利率12%，发行费用率5%，企业所得税税率为25%。该债券采用溢价发行，发行价格为600万元，该债券的资金成本为多少？

（4）某企业购入20万元商品，卖方提供的信用条件为“2/10，n/30”，若企业由于资金紧张，延至第50天付款，放弃折扣的成本是多少？

2. A公司向银行借入短期借款10 000元，支付银行贷款利息的方式同银行协商后的结果如下：

方案一：采用收款法付息，利息率为14%；

方案二；采用贴现法付息，利息率为12%；

方案三：利息率为10%，银行要求的补偿性余额比例为20%。

要求：如果你是该公司财务经理，你会选择哪种借款方式？请说明理由。

3. L公司2011—2015年的产销量和资金需要数量见表2-12，若预测2016年的预计产销量为78 000吨，试建立资金的回归直线方程，并预测2016年的资金需要量。

表2-12　**银翔公司产销量与资金需要量表**

年　度	产销量（X）（万吨）	资金需要量（Y）（万元）
2011	6.0	500
2012	5.5	475
2013	5.0	450
2014	6.5	520
2015	7.0	550

4. X公司历史上现金占用与销售收入之间的关系见表2-13：

表2-13　**X公司历史资料**

年　度	产销收入（元）	现金占用（元）
1	120 000	80 000
2	140 000	90 000
3	136 000	88 000
4	160 000	100 000
5	158 000	110 000

要求：（1）采用高低点法计算不变资金和单位变动资金。

（2）当第六年的销售收入为190 000元时，预测其需要占用的现金数额。

5. N公司2015年有关的财务数据见表2-14：

表 2-14　　**N 公司 2015 年有关的财务数据**

项　　目	金额（万元）	占销售收入的百分比
流动资产	3 600	90%
长期资产	2 600	无稳定关系
资产合计	6 200	
短期借款	600	无稳定关系
应付账款	800	20%
长期负债	1 000	无稳定关系
实收资本	3 400	无稳定关系
留存收益	400	无稳定关系
负债及所有者权益合计	6 200	
销售额	4 000	100%
净利	200	5%
当年利润分配额	60	

要求：假设该公司实收资本一直保持不变，计算以下互不关联的两个问题：

（1）假设 2016 年计划销售收入为 5 600 万元，需要补充多少外部融资（保持目前的利润分配率、销售净利率不变）？

（2）若利润留存率为 100%，销售净利率提高到 6%，目标销售额为 4 500 万元，需要筹集补充多少外部融资（保持其他财务比率不变）？

6. F 公司现有资本总额 1 000 万元，全部为普通股股本，流通在外的普通股股数为 100 万股。为扩大经营规模，公司拟筹资 500 万元，现有两个方案可供选择：方案 A，以每股市价 10 元发行普通股股票；方案 B，发行利率为 9%的公司债券。

要求：（1）计算 A、B 两个方案的每股收益无差异点（假设企业所得税税率为 25%）。

（2）如果公司息税前利润为 200 万元，确定公司应选用的筹资方案。

（3）如果公司息税前利润为 100 万元，确定公司应选用的筹资方案。

7. G 企业 2015 年资产总额为 1 000 万元，资产负债率为 40%，负债平均利息率 10%，息税前利润总额 2015 年为 200 万元，预计 2016 年为 300 万元，其他条件不变。

要求：（1）计算 DFL。（2）预计 2011 年的 ROE 增长率。

8. T 公司目前拥有资金 2 000 万元，其中，长期借款 800 万元，年利率 10%；普通股 1 200 万元，上年支付的每股股利 2 元，预计股利增长率为 5%，发行价格 20 元，目前价格也为 20 元，该公司计划筹集资金 100 万元，企业所得税税率为 25%，有两种筹资方案：

方案 1：增加长期借款 100 万元，新借款利率为 12%，假设公司其他条件不变。

方案 2：增发普通股 4 万股，普通股市价增加到每股 25 元。

要求：（1）计算该公司筹资前加权平均资本成本。

（2）用比较资本成本法确定该公司最佳的资金结构。

五、案例分析

【案例 1】

H 公司为什么不享受现金折扣?

H 公司向 Y 公司购买原材料，Y 公司开出的付款条件为“2/10，n/30”。H 公司的财务经理查阅公司记录表明，会计人员对此项交易的处理方式为：一般在收到货物后 15 天支付款项，当财务经理询问公司会计为什么不争取现金折扣时，负责该项交易的会计不假思索地回答道：这一交易的资金成本仅为 2%，而银行贷款成本却为 12%。

根据上述资料，请分析讨论以下问题：

(1) 会计人员错在哪里？他在观念上混淆了什么？丧失现金折扣的实际成本有多大?

(2) 如果 H 公司无法获得银行贷款，而被迫使用商业信用资金（即使用推迟付款的商业信用筹资方式)，为降低年利息成本，你应向财务经理提出何种建议?

【案例 2】

商业资本撬动规模效应

从 F 电器近年的年报可以发现，该公司账上一直保持很高的货币资产。这些货币资产是怎么形成的，对公司影响怎么样，记者在该公司调研时发现：公司在利用商业资本。

该公司 2013—2015 年货币资金分别为 16.09 亿元、13.03 亿元和 17.65 亿元，占总资产的比例分别为 28.22%、18.88%和 24.86%，这么高的比率在深沪两市的上市公司中实属罕见。细心的投资者还会发现，在该公司应收款项中，绝大部分是应收票据。近三年金额分别为 11.15 亿元、29.33 亿元和 28.72 亿元。年报还显示，这些应收票据都是银行承兑汇票。据银行专业人士介绍，货币归账只是时间问题，而且最长不超过半年。从某种意义上讲，这些应收票据也可以看作货币资产。这样 2013—2015 年每年的货币资产就可以达到 27.24 亿元、42.36 亿元和 46.37 亿元，分别占总资产的 47.78%、61.39%、65.31%。如此充裕的货币资产，奥妙何在?

董事长秘书刘某一语道破，公司在利用商业资本。既然是商业资本，那么它必然在流通领域。这些资金来自哪里呢？记者发现，在财务报表的负债栏中，应付账款和预收账款与此密切相关。应付账款近三年金额分别为 26.4 亿元、29.3 亿元、31.5 亿元，预收账款分别为 9.5 亿元、15.8 亿元、12.8 亿元。二者总额每年分别为 35.9 亿元、45.1 亿元、44.3 亿元，基本上与货币资产相差无几。也就是说，高额的货币资产主要来自应付账款和预收账款。

据了解，该公司的应付账款绝大部分是欠上游企业的原材料款，而预收账款是下游经销商的提前订货款。这就是说，F 电器将上下游的资金截流，为己所用，达到利用商业资本的目的。如果没有这两部分资金，该公司的货币资产将无从谈起。

记者也曾怀疑，这是否关联交易所致。但仔细翻年报后发现，应付账款的关联方只有大股东的子公司压缩机有限公司，金额也只有146万元。预付账款也只收了子公司上海F空调销售有限公司的货款202万元。据刘某介绍，为保证质量，公司已基本上不从L压缩机有限公司购买压缩机了。

应付账款多并不奇怪，很多企业还款都是能拖就拖，但该公司近三年平均拥有12.7亿元的预付账款，令人惊叹。

F电器为什么能够利用商业资本？据介绍，该公司能够做到这一点，有多方面的原因，是技术、质量、服务和市场多方面综合形成的核心竞争力造成的。但该公司多年来独创的销售模式起了决定性作用。目前国内其他许多空调厂商都把销售权让给了专业家电连锁商店，价格等很多方面受其约束，厂商的谈判能力很低，预付账款根本无从谈起。惟有F电器拥有独立的销售网络，经销商遍布全国，而且经销商能够忠实地执行F电器的销售政策。刘某称这是F电器长期以来形成的，不是别人想学就学会的。这也是F电器能利用商业资本的主要原因。

这些资金的利用，对公司有什么影响呢？

F电器近三年的股东权益分别是16.18亿元、17.24亿元、18.35亿元，变化并不大，平均股东权益率只有26%。而其货币资产占总资产的比重三年平均高达58.16%。也就是说，如果刨去这些占用的商业资本，该公司的总资产规模将下降一半多。商业资本的运用支撑了F电器现有的规模，并且每年大量的存款为公司提供上千万元的利润，2015年该公司的财务费用是-3429万元。

资本规模扩大带来了销量的增长。数据显示，F电器的销售量逐年递增，2013年为193万台，2014年236万台，2015年又上升到282万台。F电器计划2016年销量350万台，但据公司透露，完成400万台没有问题。

销量的增长又消化了产品毛利率走低的影响。随着电器行业竞争加剧，公司的毛利率逐年走低，2013年毛利率高达27.46%，2014年下降到21.90%，2015年却只有20.79%。但是，该公司的净资产收益率2013—2015年却依次为15.75%、15.82%、16.17%，保持稳定上升。刘某向记者表示，F电器不但要做到价格比其他品牌高，不盲目打价格战，更重要的是销售量也要领先。这是F电器在激烈的竞争中制胜的关键。

根据上述资料，请分析讨论以下问题：

（1）F电器是如何利用商业资本的？

（2）F电器在何种情况下能利用商业资本？这种方式有何风险？

（3）商业资本在企业筹资中有何优点和缺点，它的成本主要包括哪些？

【案例3】

D汽车制造公司筹资决策

D汽车制造公司是一个多种经济成分并存，具有法人资格的大型企业集团。公司现有50个生产厂家，还有物资、销售、进出口、汽车配件等4个专业公司，一个轻型汽车研究所和一所汽车工业学院。公司现在急需1亿元的资金用于技术改造项目。为此，总经理赵某召开由生产副总经理张某、财务副总经理王某、销售副总经理李某，某信托投资公司金融专家周某、某研究中心吴教授、某大学财务专家郑教授组成的专家研讨会，讨论该公司筹资问题。下面是他们的发言和有关资料。

总经理赵某首先发言，他说："公司技术改造项目经专家、学者的反复论证已被国务院正式批准。这个项目投资额预计为4亿元，生产能力为4万辆。项目改造完成后，公司的两个系列产品的各项性能可达到国际先进水平。现在项目正在积极实施中，但目前资金不足，准备筹措1亿元资金，请大家讨论如何筹措这笔资金。"

生产副总经理张某说："目前筹集的1亿元资金，主要是用于投资少、效益高的技术改造项目。这些项目在两年内均能完成建设并正式投产，到时将大大提高公司的生产能力和产品质量，估计这笔投资在投产后3年内可完全收回。所以应发行五年期的债券筹集资金。"

财务副总经理王某提出了不同意见，他说："目前公司全部资金总额为10亿元，其中自有资金为4亿元，借入资金为6亿元，自有资金比率为40%，负债比率为60%。这种负债比率在我国处于中等水平，与世界发达国家如美国、英国等相比，负债比率已经比较高了。如果再利用债券筹集1亿元资金，负债比率将达到64%，显然负债比率过高，财务风险太大。所以，不能利用债券筹资，只能靠发行普通股股票或优先股股票筹集资金。"

但金融专家周某却认为：目前我国金融市场还不完善，在目前条件下要发行普通股十分困难。发行优先股还可以考虑，但根据目前的利率水平和市场状况，发行时年股息率不能低于16.5%，否则无法发行。如果发行债券，因要定期付息还本，投资者的风险较小，估计以12%的利息率便可顺利发行债券。

来自某研究中心的吴教授认为：目前我国经济正处于繁荣时期，但政府已发现经济"过热"所造成的一系列弊端，正准备采取措施治理经济环境，整顿经济秩序。到时汽车行业可能会受到冲击，销售量可能会下降。在进行筹资和投资时应考虑这一因素，不然盲目上马，后果将是十分严重的。

公司的销售副总经理李某认为：治理整顿不会影响该公司的销售量。这是因为该公司生产的轻型货车和旅行车，几年来销售情况一直很好，畅销全国29个省、市、自治区，市场上较长时间供不应求。在近几年全国汽车行业质量评比中，轻型客车连续夺魁，轻型货车两年获第一名，一年获第二名。李某还认为，治理整顿可能会引起汽车滞销，但这只可能限于质次价高的非名牌产品，该公司的几种名牌汽车仍会畅销不衰。

财务副总经理王某补充说："该公司属于股份制试点企业，执行特殊政策，税后资金利润率为15%，准备上马的这项技术改造项目，由于采用了先进设备，投产后预计税后资金利润率将达到18%左右。"所以，他认为这一技术改造项目仍应付诸实施。

来自某大学的财务专家郑教授听了大家的发言后指出：以16.5%的股息率发行优先股不可行。因为发行优先股所花费的筹资费用较多，把筹资费用加上以后，预计利用优先股筹集资金的资金成本将达到19%，这已高出公司税后资金利润率，所以不可行，但若发行债券，由于利息可在税前支付，实际成本大约为9%。他还认为，目前我国正处于通货膨胀时期，利息率比较高，这时不宜发行较长时期的具有固定负担的债券或优先股股票，因为这样做会长期负担较高的利息或股息。所以，郑教授认为，应首先向银行筹措1

亿元的技术改造贷款，期限为 1 年，1 年以后，再以较低的股息率发行优先股股票来替换技术改造贷款。

财务副总经理王某听了郑教授的分析后，也认为按 16.5%发行优先股，的确会给公司造成沉重的财务负担。但他不同意郑教授后面的建议，他认为，在目前条件下向银行筹措 1 亿元技术改造贷款几乎不可能；另外，通货膨胀在近一年内不会消除，要想消除通货膨胀，利息率有所下降，至少需要两年时间。金融专家周某也同意王某的看法，他认为一年后利息率可能还要上升，两年后利息率才会保持稳定或略有下降。

阅读上述资料，请分析讨论以下问题：

（1）你认为总经理最后应选择何种筹资方式？

（2）本案例对你有哪些启示？

学习情境三

项目投资管理

学习任务：

1. 熟练掌握对项目投资现金流量的分析；
2. 明确贴现指标与非贴现指标；
3. 掌握各指标的计算与运用；
4. 了解互斥方案决策与财务可行性评价的关系。

能力目标：

1. 能比较准确地估计各计算期的现金流量；
2. 能进行简单的项目投资的可行性分析。

知识目标：

1. 熟悉项目现金流量的分析方法；
2. 掌握贴现指标与非贴现指标的计算方法；
3. 熟练掌握项目投资决策评价指标的运用。

情境导入：

某学校培训中心正在考虑建立两个大型多功能多媒体教室，预计要150万元。该项目使用年限为4年，到期后没有残值，采用直线法折旧。该项目安装完毕后，第一年的现金收入预计为100万元，第二年增长20%，最后两年则以10%的速度增长（企业所得税税率为25%）。在这几年中，第一年所发生的付现成本（包括维修费、水电费、人工费等）为50万元，以后每年按20%的速度增长。

假如你是培训中心的主任，你将如何做出决策？你应考虑哪些与决策有关的因素、选用什么决策方法？

项目一　项目投资概述

一、项目投资的概念

项目投资是一种以特定项目为对象，直接与新建项目或更新改造项目有关的长期投资行为，通常包括固定资产投资、无形资产投资和流动资金投资等内容。新建项目的目的主要是增加企业的生产能力，属于外延式扩大再生产。更新改造项目的目的主要是恢复和改善企业的生产能力或引进先进生产技术，属于内涵式扩大再生产。

二、项目投资的特点

（1）投资金额大。项目投资，特别是战略性的扩大生产能力投资一般都需要较多的资金，其投资额往往是企业及其投资者多年的资金积累，在企业总资产中占有相当大的比重。因此，项目投资对企业未来的现金流量和财务状况都将产生深远的影响。

（2）影响时间长。项目投资的投资期及发挥作用的时间较长，对企业未来的生产经营活动将产生重大影响。

（3）变现能力差。项目投资一般不准备在一年或一个营业周期内变现，而且即使在短期内变现，其变现能力也较差。因为项目投资一旦完成，要想改变是相当困难的，不是无法实现，就是代价太大。

（4）投资风险大。影响项目投资未来收益的因素特别多，加上投资额大、影响时间长和变现能力差，必然造成其投资风险比其他投资大，因此项目投资将对企业未来的命运产生决定影响。

三、项目计算期的构成

项目计算期指投资项目从投资建设开始到最终清理结束整个过程的全部时间，项目计算期示意图如图 3-1 所示。

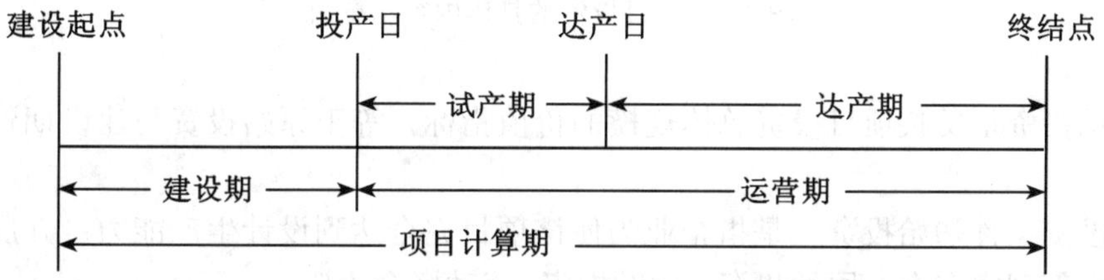

图 3-1　项目计算期示意图

其中：项目计算期（n）= 建设期（s）+运营期（p）　　运营期 = 试产期+达产期

【例 3-1】　某企业拟购建一项固定资产，预计使用寿命为 10 年。以下就各种不相关情况分别确定该项目的项目计算期：（1）在建设起点投资并投产。（2）建设期为 1 年。

（1）项目计算期 = 0+10 = 10（年）

（2）项目计算期 = 1+10 = 11（年）

四、项目投资的类型与内容

（一）项目投资的类型

项目投资因对象不同可分成不同的投资类型。（1）新建项目，包括单纯固定资产项目和完整工业投资项目，均属于外延式扩大再生产类型；（2）更新改造项目，属于简单再生产或内涵式扩大再生产类型。

单纯固定资产项目的特点是：在投资中只包括为取得固定资产而发生的垫支资本投入而不涉及周转资本的投入；完整工业投资项目不仅包括固定资产投资，还涉及流动资产投资、无形资产投资等，因此进行固定资产投资的同时也会涉及其他项目投资；更新改造项目是指以恢复或改善生产能力为目的的内涵式扩大再生产。

（二）项目投资的内容

从项目投资的角度看，投资的具体内容如图 3-2 所示。

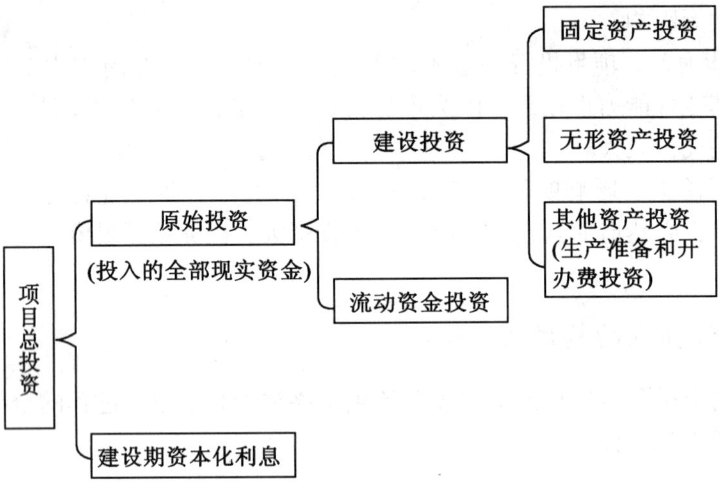

图 3-2　项目投资的具体内容示意图

项目总投资是反映项目投资总体规模的价值指标，等于原始投资与建设期资本化利息的合计。

原始投资又称初始投资，是指企业为使该项目完全达到设计生产能力、开展正常经营而投入的全部现实资金，原始投资=建设投资+流动资金投资。

建设投资是指在建设期内按一定生产经营规模和建设内容进行的投资，一般包括固定资产投资、无形资产投资和其他资产投资。

流动资金投资是指项目投产前后分次或一次投放于流动资产的投资。

计算项目总投资时，应注意以下内容：

（1）原始投资不受企业投资资金来源的影响，但项目总投资受企业投资资金来源的影响。比如，原始投资 100 万元，全部来自银行借款，利率为 10%，建设期为 1 年，则项目总投资为 110 万元；如果自有资金为 50 万元，银行借款为 50 万元，则项目总投资就是 105 万元。

（2）固定资产投资中不包括资本化利息，但是，固定资产投入使用后，需要计提折旧，计提折旧的依据是固定资产原值，而不是固定资产投资。二者的关系是：

固定资产原值=固定资产投资+建设期资本化借款利息

（3）项目总投资这个数据，只在计算投资收益率时使用，计算其他投资评价指标时不使用。

【例3-2】　A企业拟新建一条生产线，需要在建设起点一次投入固定资产200万元，在建设期末投入无形资产25万元。建设期为1年，建设期资本化利息为10万元，全部计入固定资产原值。流动资金投资合计20万元。根据上述资料可计算该项目的有关指标如下：

（1）固定资产原值＝200+10＝210（万元）

（2）建设投资＝200+25＝225（万元）

（3）原始投资＝225+20＝245（万元）

（4）项目总投资＝245+10＝255（万元）

【例3-3】　某投资项目固定资产投资500万元在计算期第一年年初投入；无形资产和其他资产投资100万元在建设期第一年年末投入；流动资金投资50万元在建设期第二年年初投入。另已知该项目的基准收益率为10%，（P/F，10%，1）＝0.909 1。该项目的建设投资为多少？

建设投资＝固定资产投资+无形资产投资+其他资产投资＝500+100＝600（万元）

项目二　项目投资的现金流量估算

一、项目投资现金流量的内容

现金流量，在投资决策中是指某项目投资引起的企业现金支出和现金流入的数量。这里的现金不仅包括各种货币资金，还包括投入该项目的企业现有的各种非货币资源的变现价值。如某一项目需要原来的厂房、设备等，则对应的现金流量就是它们的变现价值，而非其账面价值。

无论哪种类型的项目投资，按项目投资中的现金流动方向，通常都可以将现金流量分为现金流入量、现金流出量和现金净流量。

（一）现金流入量

现金流入量，是指一个项目投资所引起的企业现金收入的增量，主要包括以下几个方面：

（1）营业现金流入，是指项目投产后每年实现的全部销售收入，它是项目经营期的主要现金流入量项目。

（2）固定资产的残值收入，是指投资项目的固定资产在终结时由于报废清理而收回的价值。

（3）收回的流动资金，是指投资项目在终结时，因不再发生新的替代投资而收回的最初垫支的全部流动资金。

（4）原有资产的变价收入，是指更新改造项目因处理旧厂房、设备等资产而发生的一些收入。

（二）现金流出量

现金流出量，是指一个项目投资所引起的企业现金流出的增量。主要包括以下几个部分：

（1）建设投资，一般包括固定资产投资、无形资产投资和开办费等其他资产投资。

（2）流动资金投资，也称垫支的流动资金或营运资金投资。

（3）经营成本，也称付现成本，是指经营期内为满足正常生产经营活动而动用的显示为货币资金支付的成本费用，它是项目经营期的主要现金流出量。

（4）各项税款，是指项目投产后依法缴纳并单独列示的税款，如所得税费用等。

（三）现金净流量

现金净流量是在一定期间项目投资所引起的现金流入量与现金流出量的差额。即现金净流量=现金流入量-现金流出量。无论是建设期还是经营期，项目都存在现金净流量，且不同时期现金净流量在数值上有所不同。

（1）建设期现金净流量，也称初始现金流量，一般包括的现金流出量主要是建设投资和垫支的流动资金；现金流入量主要是原有资产的变价收入等。

（2）经营期现金净流量，也称营业现金净流量，一般包括的现金流出量主要是付现成本和缴纳的各种税金；现金流入量主要是营业收入等。

营业现金净流量=营业收入-付现成本-企业所得税

=营业收入-（成本-折旧）-企业所得税

=营业收入-成本-企业所得税+折旧

=净利润+折旧

（3）终结现金净流量，是指项目终结日的现金净流量，一般包括原有固定资产的变价收入、回收的垫支流动资金和停止使用土地的转让费等。

二、计算投资项目现金流量时应注意的问题

（一）必须考虑现金流量的增量（相关性原则）

这里实际上是提出了相关现金流量的概念。相关现金流量，是指与某一特定项目相关联的现金流量，如果决定投资于某一项目，则会发生，如果不投资于某一项目，则不会发生。例如，某企业在投资某一项目之前，每年有营业收入100万元，投资某一项目后，营业收入为150万元，则相关现金流量就是50万元。相关现金流量表现为增量现金流量。

（二）尽量利用现有的会计利润数据

企业在进行项目论证时，一般要编制预计会计报表，尽管报表中的利润并不等于项目评价中的现金流量，但由于利润指标比较容易获得，因此，我们可以利润指标为基础，经过适当的调整，使之转化为现金流量。

（三）不能考虑沉没成本因素

沉没成本是指由于过去的决策已经发生了的，而不能由现在或将来的任何决策改变的成本。沉没成本是一种历史成本，对现有决策而言是不可控成本，不会影响当前行为或未来决策。从这个意义上说，在投资决策时应排除沉没成本的干扰。

（四）充分关注机会成本

机会成本是指在决策过程中选择某个方案而放弃其他方案所丧失的潜在收益。

三、项目投资净现金流量的计算方法

无论是单纯固定资产投资，还是完整工业投资项目，其净现金流量的计算大致相同，主要包括以下几个方面：

（1）建设期某年净现金流量=-该年原始投资额。

（2）运营期内净现金流量。如果运营期内不追加流动资金投资，则：

$$\text{运营期某年企业所得税前净现金流量}=\text{该年息税前利润}+\text{该年折旧}+\text{该年摊销}+\text{该年回收额}-\text{该年维持运营投资}$$

$$\text{运营期某年企业所得税后净现金流量}=\text{该年息税前利润}\times\left(1-\text{企业所得税税率}\right)+\text{该年折旧}+\text{该年摊销}+\text{该年回收额}-\text{该年维持运营投资}$$

（3）终结点企业所得税后净现金流量=终结点经营净现金流量+回收额。

【例 3-4】　某工业项目需要原始投资 1 250 万元，其中固定资产投资 1 000 万元，开办费投资 50 万元，流动资金投资 200 万元。建设期为 1 年，建设期发生与购建固定资产有关的资本化利息 100 万元。固定资产投资和开办费投资于建设起点投入，流动资金于完工时，即第 1 年末投入。该项目寿命期为 10 年，固定资产按直线法折旧，期满有 100 万元净残值；开办费于投产当年一次摊销完毕；流动资金于终结点一次回收。投产后每年获得的息税前利润分别为 120 万元、220 万元、270 万元、320 万元、260 万元、300 万元、350 万元、400 万元、450 万元和 500 万元。计算项目各年企业所得税前净现金流量。

依题意计算如下指标：

（1）项目计算期=1+10=11（年）

（2）固定资产原值=1 000+100=1 100（万元）

（3）固定资产年折旧=（1 100-100）/10=100（万元）（共 10 年）

（4）建设期净现金流量：

NCF_0=-（1 000+50）=-1 050（万元）　　NCF_1=-200（万元）

（5）运营期所得税前净现金流量：

NCF_2=120+100+50+0=270（万元）　　NCF_7=300+100+0+0=400（万元）

NCF_3=220+100+0+0=320（万元）　　NCF_8=350+100+0+0=450（万元）

NCF_4=270+100+0+0=370（万元）　　NCF_9=400+100+0+0=500（万元）

NCF_5=320+100+0+0=420（万元）　　NCF_{10}=450+100+0+0=550（万元）

NCF_6=260+100+0+0=360（万元）　　NCF_{11}=500+100+0+(100+200)=900(万元)

【例 3-5】　根据例 3-4 的计算结果，适用的企业所得税税率为 25%。计算项目各年企业所得税后净现金流量。

依题意计算如下指标：

（1）建设期净现金流量同例 3-4（略）。

（2）运营期所得税后净现金流量：

NCF_2=120×（1-25%）+100+50+0=240（万元）

NCF_3=220×（1-25%）+100+0+0=265（万元）

NCF_4=270×（1-25%）+100+0+0=302.5（万元）

$NCF_5=320\times(1-25\%)+100+0+0=340$（万元）

$NCF_6=260\times(1-25\%)+100+0+0=295$（万元）

$NCF_7=300\times(1-25\%)+100+0+0=325$（万元）

$NCF_8=350\times(1-25\%)+100+0+0=362.5$（万元）

$NCF_9=400\times(1-25\%)+100+0+0=400$（万元）

$NCF_{10}=450\times(1-25\%)+100+0+0=437.5$（万元）

$NCF_{11}=500\times(1-25\%)+100+0+(100+200)=775$（万元）

【例 3-6】　J 公司拟扩充生产能力，新建一条生产线，且当年投资，当年完工。现有 A、B 两个备选方案。

A 方案：需要固定资产投资 10 000 元，该资金全部为自有资金；使用寿命为 5 年。采用直线法计提折旧，5 年后设备无残值；5 年中每年营业收入为 6 000 元、付现成本为 2 000元。

B 方案：需要固定资产投资 11 800 元，其中 5 800 元为自有资金，6 000 元为长期借款，这部分借款的利息在建设期资本化的金额为 200 元，另外，在第 1 年年初需要流动资金投资 3 200 元，采用直线折旧法计提折旧，使用寿命为 5 年，5 年后的净残值为 2 000 元；5 年中每年的营业收入为 8 000 元；付现成本第 1 年为 3 000 元，以后随着设备陈旧，逐年将增加修理费 400 元。

该企业所得税税率为 25%，试计算 A、B 两个备选方案的项目现金净流量。

（1）各方案的年折旧额计算如下：

$$年折旧额=\frac{原值-净残值}{使用年限}$$

$$A 方案年折旧额=\frac{10\ 000-0}{5}=2\ 000（元）\qquad B 方案年折旧额=\frac{12\ 000-2\ 000}{5}=2\ 000（元）$$

（2）各方案的营业现金净流量。根据营业现金净流量的构成，以列表的形式测算。A 方案的营业现金净流量测算如表 3-1 所示，B 方案的营业现金净流量测算如表 3-2 所示。

表 3-1　　**A 方案的营业现金净流量测算**　　单位：元

项目＼项目期间	1	2	3	4	5
营业收入①	6 000	6 000	6 000	6 000	6 000
付现成本②	2 000	2 000	2 000	2 000	2 000
折旧③	2 000	2 000	2 000	2 000	2 000
税前利润④=①-②-③	2 000	2 000	2 000	2 000	2 000
企业所得税⑤=④×25%	500	500	500	500	500
净利润⑥=④-⑤	1 500	1 500	1 500	1 500	1 500
营业净现金流量 ⑦=①-②-⑤=③+⑥	3 500	3 500	3 500	3 500	3 500

表 3-2　　**B 方案的营业现金净流量测算**　　单位：元

项目期间 / 项目	1	2	3	4	5
营业收入①	8 000	8 000	8 000	8 000	8 000
付现成本②	3 000	3 400	3 800	4 200	4 600
折旧③	2 000	2 000	2 000	2 000	2 000
税前利润④=①-②-③	3 000	2 600	2 200	1 800	1 400
企业所得税⑤=④×25%	750	650	550	450	350
净利润⑥=④-⑤	2 250	1 950	1 650	1 350	1 050
营业净现金流量 ⑦=①-②-⑤=③+⑥	4 250	3 950	3 650	3 350	3 050

（3）各方案的项目现金净流量。项目现金净流量由 3 个部分组成，以列表的形式测算。A 方案的项目现金净流量测算如表 3-3 所示，B 方案的项目现金净流量测算如表 3-4 所示。

表 3-3　　**A 方案的项目现金净流量测算**　　单位：元

项目期间 / 项目	0	1	2	3	4	5
初始现金净流量	-10 000					
营业现金净流量		3 500	3 500	3 500	3 500	3 500
项目现金净流量	-10 000	3 500	3 500	3 500	3 500	3 500

表 3-4　　**B 方案的项目现金净流量测算**　　单位：元

项目期间 / 项目	0	1	2	3	4	5
初始现金净流量：						
固定资产投资	-11 800					
流动资金投资	-3 200					
营业现金净流量		4 250	3 950	3 650	3 350	3 050
终结现金净流量：						
固定资产残值						2 000
流动资金回收						3 200
项目现金净流量	-15 000	4 250	3 950	3 650	3 350	8 250

如果是更新改造项目，则项目净现金流量的计算如下：

$$\text{建设期期初净现金流量}=-\left(\text{新固定资产投资}-\text{旧固定资产变价净收入}\right)$$

$$\text{运营期第一年企业所得税后净现金流量}=\text{该年因更新改造增加的息税前利润}\times\left(1-\text{企业所得税税率}\right)+\text{该年因更新改造增加的折旧}+\text{该年因旧固定资产提前报废发生净损失而抵减的所得税额}$$

$$\text{运营期其他各年企业所得税后净现金流量}=\text{该年因更新改造增加的息税前利润}\times\left(1-\text{企业所得税税率}\right)+\text{该年因更新改造增加的折旧}+\text{该年回收新固定资产净残值超过假定继续使用的旧固定资产净残值的差额}$$

【例 3-7】　某企业打算变卖一套尚可使用 5 年的旧设备，另购置一套新设备来替换它。取得新设备的投资额为 180 000 元，旧设备的折余价值为 90 151 元，其变价净收入为 80 000 元，到第 5 年末新设备与继续使用旧设备的预计净残值相等。新旧设备的替换将在当年内完成（即更新设备的建设期为零）。使用新设备可使企业在第 1 年增加营业收入 50 000元，增加经营成本 25 000 元；从第 2~5 年内每年增加营业收入 60 000 元，增加经营成本 30 000 元。设备采用直线法计提折旧。适用的企业所得税税率为 25%。计算该更新设备的项目计算期内各年的差量净现金流量（ΔNCF_t）（不保留小数）。

依题意计算以下相关指标：

（1）$\text{更新设备比继续使用旧设备增加的投资额}=\text{新设备的投资}-\text{旧设备的变价净收入}$

$=180\ 000-80\ 000=100\ 000$（元）

（2）运营期第 1~5 年每年因更新改造而增加的折旧 $=100\ 000/5=20\ 000$（元）

（3）$\text{运营期第 1 年不包括财务费用的总成本费用的变动额}=\frac{\text{该年增加的}}{\text{经营成本}}+\frac{\text{该年增加}}{\text{的折旧}}$

$=25\ 000+20\ 000=45\ 000$（元）

（4）$\text{运营期第 2~5 年每年不包括财务费用的总成本费用的变动额}=30\ 000+20\ 000=50\ 000$（元）

（5）$\text{因旧设备提前报废发生的处理固定资产净损失}=\text{旧固定资产折余价值}-\text{变价净收入}$

$=90\ 151-80\ 000=10\ 151$（元）

（6）$\text{因旧固定资产提前报废发生净损失而抵减的企业所得税额}=10\ 151\times25\%\approx2\ 538$（元）

（7）运营期第 1 年息税前利润的变动额 $=50\ 000-45\ 000=5\ 000$（元）

（8）运营期第 2~5 年每年息税前利润的变动额 $=60\ 000-50\ 000=10\ 000$（元）

确定的建设期差量净现金流量为：

$\Delta NCF_0=-(180\ 000-80\ 000)=-100\ 000$（元）

计算的运营期差量净现金流量为：

$\Delta NCF_1=5\ 000\times(1-25\%)+20\ 000+2\ 538=26\ 288$（元）

$\Delta NCF_{2\sim5}=10\ 000\times(1-25\%)+20\ 000=27\ 500$（元）

项目三　投资决策评价指标及其计算方法

一、评价指标的分类

投资决策评价指标，是指用于衡量和比较投资项目可行性，以便据以进行方案决策的定量化标准与尺度。

项目投资评价指标很多，按是否考虑资金时间价值可分为非贴现指标和贴现指标。非贴现指标是指在计算过程中不考虑资金时间价值因素的指标，又称为静态指标，主要包括静态投资回收期和投资收益率。贴现指标是指在计算过程中充分考虑和利用资金时间价值的指标，又称为动态指标，主要包括净现值、净现值率、获利指数和内含报酬率等。

二、静态评价指标的含义及其计算方法

（一）静态投资回收期

静态投资回收期是指以投资项目经营净现金流量抵偿原始投资所需要的全部时间。一般以年为单位，主要包括两种形式，即包括建设期的回收期和不包括建设期的回收期，两者的关系可用公式表示如下：

包括建设期的回收期（PP）= 不包括建设期的回收期（PP′）+建设期

其计算方法主要有公式法和列表法。

1. 公式法

不包括建设期的回收期=原始投资额÷投产后前若干年每年相等的净现金流量

包括建设期的回收期=不包括建设期的回收期+建设期

说明：这种方法只适用于项目投产后前若干年内每年的净现金流量相等且这些年内的经营净现金流量之和大于或等于原始投资的投资项目。

【例 3-8】　某项目有甲乙两个投资方案，有关现金流量如表 3-5 所示。

表 3-5　**甲乙两个投资方案的现金流量**　单位：万元

年份	0	1	2	3	4	5	6
甲方案	-200	0	80	80	80	120	120
乙方案	-200	50	50	50	150	150	200

判断能否利用公式法计算静态投资回收期，若能，计算出静态投资回收期。

甲方案：初始投资 200 万元，前三年净现金流量相等，3×80=240 万元>200 万元，所以甲方案可以利用公式法计算静态投资回收期。

不包括建设期的回收期 PP′=200/80=2.5（年）

包括建设期的回收期 PP=2.5+1=3.5（年）

乙方案：前三年净现金流量也是相等的，但前三年净现金流量总和小于原始投资，所

以不能用公式法计算静态投资回收期。

2. 列表法

这种方法是在公式计算的基础上，通过列表计算出项目投资回收期，该方法适用于任何情况。其计算公式如下：

$$不含建设期的投资回收期=n+\frac{第\ n\ 年尚未收回的初始投资}{第\ n+1\ 年的净现金流量}$$

【例 3-9】 某投资项目的净现金流量为：$NCF_0=-100$ 万元，$NCF_1=0$，$NCF_2=30$ 万元，$NCF_3=30$ 万元，$NCF_4=40$ 万元，$NCF_5=60$ 万元，$NCF_6=80$ 万元。按照列表法确定该项目的静态投资回收期。

依题意列表 3-6 如下。

表 3-6　**该项目的投资回收期计算表**　单位：万元

项目计算期	0	1	2	3	4	5	6
净现金流量	-100	0	30	30	40	60	80
累计净现金流量	-100	-100	-70	-40	0	60	140

由于第 4 年的累计净现金流量为 0，所以，包括建设期的回收期=4（年），不包括建设期的回收期=4-1=3（年）。

【例 3-10】 依据例 3-6 中的资料，试计算 A、B 两个备选方案的投资回收期。

A 方案年营业现金净流量相等，用公式法计算如下：

$$A\ 方案的投资回收期=\frac{初始投资}{年营业现金净流量}=10\ 000\div 3\ 500\approx 2.857\ （年）$$

B 方案年营业现金净流量每年不相等，不能利用公式法计算，可以通过列表法计算。B 方案的投资回收期测算表如表 3-7 所示。

表 3-7　**B 方案的投资回收期测算表**　单位：元

年份	各年净现金流量	各年尚未回收的初始投资
1	4 250	10 750（15 000-4 250）
2	3 950	6 800（10 750-3 950）
3	3 650	3 150（6 800-3 650）
4	3 350	—
5	8 250	—

$$B\ 方案的投资回收期=3+\frac{3\ 150}{3\ 350}\approx 3.94\ （年）$$

静态投资回收期的优点是能够直观地反映原始投资的返本期限；便于理解，计算简单；可以直观地利用回收期之前的净现金流量信息；缺点是没有考虑资金时间价值因素；不能正确反映不同的投资方式对项目的影响；没有考虑回收期满后继续发生的净现金流量。

（二）投资收益率

投资收益率又称投资报酬率，是指达产期正常年份的年息税前利润或运营期年均息税前利润占项目总投资的百分比。其计算公式如下：

$$投资收益率（ROI）=\frac{年均息税前利润}{项目总投资}\times 100\%$$

【例 3-11】 依据例 3-6 中的资料，试计算 A、B 两个备选方案的投资收益率。

$$A方案的投资收益率=\frac{2\ 000}{10\ 000}\times 100\%=20\%$$

$$B方案的投资收益率=\frac{(3\ 000+2\ 600+2\ 200+1\ 800+1\ 400)\div 5}{15\ 000}\times 100\%\approx 14.67\%$$

投资收益率的优点是计算公式简单。缺点是没有考虑资金时间价值因素；不能正确反映建设期长短、投资方式的不同和回收额的有无等条件对项目的影响；分子、分母计算口径的可比性较差；该指标的计算无法直接利用净现金流量信息。

三、动态评价指标的含义及其计算

（一）净现值

1. 净现值的计算

净现值（NPV）是指投资项目的各年现金净流量按企业设定的必要报酬率折合成期初的现值后的总和。事实上，项目各年现金净流量在初始投资阶段是负值，即净流出；而在项目投产营运直至项目终结阶段是正值，即净流入。因此，净现值的计算也表现为投资项目现金净流入的现值与现金净流出的现值之间的净差额，故称净现值。净现值法就是按投资项目的净现值大小来分析投资方案的经济效益，评价和选择投资方案的方法。一般而言，净现值越大，投资项目或方案的效益越好，反之亦然。净现值的计算公式如下：

$$NPV=\sum_{t=0}^{n}\frac{NCF_t}{(1+i)^t}$$

式中，n 表示项目计算期；i 表示预定的贴现率或必要报酬率；NCF_t 表示第 t 年的现金净流量。

【例 3-12】 依据例 3-6 的资料，假定基准折现率为 10%，试计算 A、B 两个备选方案的净现值。

A 方案的项目现金净流量见表 3-3，则：

$NPV_A=3\ 500\times(P/A,\ 10\%,\ 5)-10\ 000=3\ 500\times 3.790\ 8-10\ 000=3\ 267.80$（元）

B 方案的项目现金净流量见表 3-4，则：

$$\begin{aligned}NPV_B &= [4\ 250\times(P/F,\ 10\%,\ 1)+3\ 950\times(P/F,\ 10\%,\ 2)+3\ 650\times(P/F,\ 10\%,\ 3)\\&\quad +3\ 350\times(P/F,\ 10\%,\ 4)+8\ 250\times(P/F,\ 10\%,\ 5)]-15\ 000\\&=(4\ 250\times 0.909\ 1+3\ 950\times 0.826\ 4+3\ 650\times 0.751\ 3+3\ 350\times 0.683\ 0\end{aligned}$$

+8 250×0.620 9）-15 000

=17 280.68-15 000=2 280.68（元）

2. 净现值法评析

净现值法评价投资项目的标准为：只要投资项目的净现值大于0就是可行的，应接受该方案；若其净现值小于0就不可行，应拒绝该方案。如果有多个方案进行优选，则应以净现值最大且为正值者作为首选。在本例中，A、B两个方案的净现值均为正值，都是可行方案。但因为A方案的净现值更大，所以应选择A方案。

净现值法是投资决策评价方法中最基本的方法，它具有广泛的适用性，在理论上也比其他方法更完善。首先，净现值法考虑了货币的时间价值，能敏感地反映未来现金流量的时间差异，使收益和成本在逻辑上具有可比基础；其次，净现值指标是一个绝对数指标，其好处在于能明确地反映出从事一项投资会使企业增值或减值的数额大小，从而为企业提供是否增加企业价值的有用信息。

净现值法也存在自身的不足，主要表现在：（1）净现值指标没能揭示投资方案所能达到的实际投资报酬率究竟是多少，所以，依据净现值的大小不能对投资获利水平作出正确判断，而必须结合其他方法作出分析评价；（2）净现值法是依据净现值的绝对数大小分析投资方案，但是如果存在几个初始投资额不相同的方案，就无法利用净现值指标说明各方案的优劣。所以，对不同投资额的投资方案进行对比，应利用其他方法，如下面将要论述的获利指数法和内含报酬率法。（3）净现值的大小与给定的贴现率反向变化，而合理确定贴现率比较困难。一般情形下使用资本成本或企业要求的最低投资利润率。如果选择的贴现率过低，则会导致一些经济效益差的项目得以通过，造成社会资源的浪费；相反也是同样的道理。

（二）净现值率

1. 净现值率的计算

净现值率（记做NPVR）是指投资项目的净现值占原始投资现值的比率，也可将其理解为单位原始投资的现值所创造的净现值。

$$净现值率=\frac{项目的净现值}{原始投资的现值合计}$$

【例3-13】 依据例3-12的资料，试计算A、B两个备选方案的净现值率。

$$NPVR_A=\frac{3\ 267.80}{10\ 000}=0.33 \qquad NPVR_B=\frac{2\ 280.68}{15\ 000}=0.15$$

2. 净现值率法评析

该指标的评价方法同净现值法类似，NPVR≥0，投资项目可行，同时还可以从动态的角度反映项目投资的资金投入与净产出之间的关系。其缺点是它无法直接反映投资项目的实际收益率。

（三）获利指数

1. 获利指数的计算

获利指数（PI）又称现值指数，是指投资项目各年现金净流入现值与各年现金净流出现值的比值。获利指数的经济意义是每元投资在未来获得的净收益，它是一个相对数指标，重在反映投资效率的高低。获利指数法就是以获利指数的大小作为评价投资项目优劣的一种方法。一般而言，投资项目的获利指数越大越好。获利指数的计算公式如下：

$$PI = \sum_{t=0}^{n} \frac{I_t}{(1+i)^t} \div \sum_{t=0}^{n} \frac{O_t}{(1+i)^t}$$

式中，I_t 表示第 t 年的现金净流入；O_t 表示第 t 年的现金净流出；其余符号含义同前。

【例 3-14】　依据例 3-12 的资料，试计算 A、B 两个备选方案的获利指数。

$$PI_A = \frac{13\ 267.80}{10\ 000} = 1.33 \qquad PI_B = \frac{17\ 280.68}{15\ 000} = 1.15$$

从上述计算可以看出，获利指数＝1+净现值率。

2. 获利指数与净现值的关系

（1）如果 NPV 大于 0，则 PI 大于 1。

（2）如果 NPV 等于 0，则 PI 等于 1。

（3）如果 NPV 小于 0，则 PI 小于 1。

3. 获利指数法评析

获利指数法的评价标准是：投资方案的获利指数大于 1，说明投资方案可行，应予接受；投资方案的获利指数小于 1，说明投资方案不可行，应予拒绝。在多个方案进行优选时，应在满足获利指数大于 1 的方案中，选择获利指数最大的方案为最优方案。本例中 A、B 两个方案的获利指数均大于 1，但 A 方案的获利指数大于 B 方案，应选择 A 方案。

获利指数法和净现值法的本质是相同的，一个方案的净现值大于 0，则其获利指数必定大于 1；反之亦然。获利指数是用相对数表示的，它有利于在原始投资额不同的投资方案之间进行对比。有时面对多个相互独立的投资方案进行优劣排序选择时，使用获利指数为决策标准有利于资金投入的总效益发挥至最大。这也是人们在使用净现值法的同时又使用获利指数法的原因。就其他方面而言，获利指数法与净现值法具有相类似的优点和不足。

（四）内含报酬率

1. 内含报酬率的计算

内含报酬率（IRR）又称内部收益率，它是指投资项目实际可望达到的收益率，在计算上表示为使投资项目净现值等于 0 的贴现率。内含报酬率法就是将计算出的投资方案的内含报酬率与企业必要投资报酬率比较以确定方案取舍的方法。内含报酬率越高，说明投资效益越好；内含报酬率越低，说明投资效益越差。内含报酬率可通过下列等式计算：

$$NPV = \sum_{t=0}^{n} NCF_t(1+IRR)^{-1} = 0$$

上面的等式是一个 n 次方程，解出其中的 IRR 值即为内含报酬率。在实际计算求解中，根据各年现金净流量是否相等，可采用不同的方法。

（1）经营期内每年的现金净流量相等。此种情况下的计算相对容易一些，只需运用年金现值系数，根据年金现值系数用插值法便可求出。

（2）经营期内每年的现金净流量不相等。此种情况下的计算相对比较复杂，要通过采用“逐步测试法”计算。首先估计一个贴现率，用它来计算方案的净现值。如果净现值为正数，则说明方案本身的报酬率超过估计的贴现率，应提高贴现率后进行进一步测试；如果净现值为负数，则说明方案本身的报酬率低于估计的贴现率，应降低贴现率后进一步测试。经过多次反复测试，可以找到一个最接近于 0 的正净现值和一个最接近于 0 的负净现值以及它们所对应的贴现率，内含报酬率就介于这两个相邻的贴现率之间。然后，再用插值法计算出该方案的实际内含报酬率。

【例 3-15】　依据例 3-6 中的资料，试计算 A、B 两个备选方案的内含报酬率。

例题中的 A 方案经营期内每年的现金净流量相等，分步计算如下：

第一步，计算年金现值系数：

$$3\,500\times(P/A,\ \text{IRR},\ 5)=10\,000$$

$$(P/A,\ \text{IRR},\ 5)=\frac{10\,000}{3\,500}=2.857\,1$$

第二步，用插值法求出内含报酬率。利用插值法进行计算，需查年金现值系数表，在其中寻找与 2.857 1 对应的年金现值系数，若有恰好相等的，则其对应的折现率即为内含报酬率。如无恰好相等的，则找出两个与所求的年金现值系数最接近的年金现值系数及其对应的折现率，内含报酬率就介于这两个相邻的折现率之间。在本例中，与 2.857 1 相邻的年金现值系数为 2.990 6 和 2.745 4，对应的折现率为 20%和 24%，则该方案的内含报酬率为：

$$\text{IRR}_A=20\%+(24\%-20\%)\times\frac{2.990\,6-2.857\,1}{2.990\,6-2.745\,4}=22.18\%$$

例题中的 B 方案经营期内每年的现金净流量不相等，只能采用“逐步测试法”计算。

第一步，取 10%的折现率进行测试，B 方案在贴现率为 10%的条件下已计算出的净现值为 2280.68 元，它可以作为进一步提高贴现率加以测算的依据。假如估计的下一个贴现率为 15%，得出相应的净现值为 99.7 元，还是正数，需要再进一步测试，估计的下一个贴现率为 16%，得出相应的净现值为−283.022 元；于是可确定内含报酬率为15%～16%。

第二步，用插值法计算内含报酬率：

$$\text{IRR}_B=15\%+(16\%\sim15\%)\times\frac{99.7-0}{99.7-(-283.022)}=15\%+0.26\%=15.26\%$$

2. 内含报酬率法评析

内含报酬率法的评价标准是：当投资方案的内含报酬率大于企业的必要投资报酬率时，可接受该方案；当投资方案的内含报酬率小于企业的必要投资报酬率时，应拒绝该方案。若对多个方案进行优选，则应在满足内含报酬率大于必要投资报酬率的方案中，选择内含报酬率最大的方案为最优方案。本例中 A、B 两个方案的内含报酬率均大于必要投资报酬率，但 A 方案的内含报酬率大于 B 方案，因此 A 方案是最优的。

内含报酬率反映投资方案内在的获利水平，如果投资项目的现金流量估计符合客观实际，那么内含报酬率就是真实而可信的。内含报酬率法的优点是不要求事先选择贴现率，而只需在计算出内含报酬率之后，再与必要投资报酬率比较，即可决定方案的取舍。多个方案选择时，也可直接按内含报酬率的大小排序进行优选。内含报酬率的不足之处在于计算比较复杂，特别是某种非常规投资方案如经营期内有追加投资时，会使得各年现金净流量时为正值、时为负值多次变号，这就会产生两个或两个以上不同的内含报酬率，给评价和选择投资方案带来困难。

项目四　项目投资决策评价指标的运用

一、独立方案财务可行性评价及投资决策

在财务管理中，将一组相互分离、互不排斥的方案称为独立方案。在独立方案中，选择某一方案并不排斥选择另一方案。

对于这方面的决策就是要判断某一个方案是否具备财务可行性。

不同的指标评价结果可能会不一致，这样就会出现评价的财务可行性程度的差异。根据差异的程度，方案的财务可行性有四种情况：即完全具备财务可行性、基本具备财务可行性、基本不具备财务可行性和完全不具备财务可行性。

（一）完全具备财务可行性的条件

如果某一投资项目的评价指标同时满足以下条件，则可以断定该投资项目无论从哪个方面看都完全具备财务可行性，应当接受此投资方案。这些条件如下：（1）净现值 NPV ≥0；（2）净现值率 NPVR≥0；（3）获利指数 PI≥1；（4）内部收益率 IRR≥i_c；（5）包括建设期的静态投资回收期 PP≤$n/2$（即项目计算期的一半）；（6）不包括建设期的静态投资回收期 PP′≤$P/2$（即运营期的一半）；（7）投资收益率 ROI≥基准投资收益率 i。

（二）基本具备财务可行性的条件

如果某一投资项目的评价指标中主要指标（贴现指标）处于可行区间，而次要或辅助指标（非贴现指标）处于不可行区间，则说明其基本具备财务可行性。

（三）基本不具备财务可行性的条件

如果某一投资项目的评价指标中主要指标处于不可行区间，而次要或辅助指标处于可行区间，则说明其基本不具备财务可行性。

（四）完全不具备财务可行性的条件

如果某一投资项目的评价指标中主要指标处于不可行区间，次要或辅助指标也处于不可行区间，则可以肯定其完全不具备财务可行性。

【例 3-16】　如果某投资项目的相关评价指标满足以下关系：NPV>0，NPVR>0，PI>1，IRR>i_c，PP>$n/2$，ROI<i，则可以得出的结论是什么？

主要指标处于可行区间（NPV≥0，NPVR≥0，PI≥1，IRR≥i_c），但是次要或者辅助指标处于不可行区间（PP>$n/2$，ROI<i），则可以判定该项目基本具备财务可行性。

二、多个互斥方案的比较决策

互斥方案是指互相关联、互相排斥的方案，即一组方案中各个方案彼此可以相互代替，采纳方案组中的某一方案，就会自动排斥该组方案中的其他方案。

多个互斥方案比较决策，是指在每一个入选方案已具备财务可行性的前提下，利用具体决策方法比较各个方案的优劣，利用评价指标从各个备选方案中最终选出一个最优方案

的过程。本教材主要介绍以下三种方法。

(一) 净现值法

所谓净现值法，是指通过比较所有已具备财务可行性的投资方案的净现值指标的大小来选择最优方案的方法。这种方法适用于原始投资相同且项目计算期相等的多方案比较决策。在此法下，净现值最大的方案为优。

【例 3-17】 某投资项目需要原始投资 1 000 万元，有 A 和 B 两个相互排斥，但项目计算期相同的备选方案可供选择，各方案的净现值指标分别为 228. 91 万元和 206. 02 万元。根据上述资料，按净现值法作出决策的程序如下：

(1) 评价各备选方案的财务可行性：由于 A、B 两个方案的净现值均大于零，故两个方案均具有财务可行性。

(2) 按净现值法进行比较决策：由于 228. 91>206. 02，所以 A 方案优于 B 方案。

(二) 净现值率法

所谓净现值率法，是指通过比较所有投资方案的净现值率指标的大小来选择最优方案的方法。在此法下，净现值率最大的方案为优。该方法适用于项目计算期相等原始投资不相同的多个互斥方案的比较决策。

在投资额相同的互斥方案比较决策中，采用净现值率法会与净现值法得到完全相同的结论；但投资额不同时，情况就可能不同。

【例 3-18】 A 项目与 B 项目为互斥方案，它们的项目计算期相同。A 项目原始投资的现值为 150 万元，净现值为 29. 97 万元；B 项目原始投资的现值为 100 万元，净现值为 24 万元。根据上述资料，计算两个项目净现值率并按净现值和净现值率进行比较。

(1) 计算净现值率：

$$A\text{项目的净现值率}=\frac{29.97}{150}=0.20 \qquad B\text{项目的净现值率}=\frac{24}{100}=0.24$$

(2) 在净现值法下，29. 97>24，故 A 项目优于 B 项目。

在净现值率法下，0. 24>0. 2，故 B 项目优于 A 项目。

由于两个项目的原始投资额不相同，所以两种方法的决策结论相互矛盾。

(三) 年等额净回收额法

年等额净回收额法是指通过比较所有方案的年等额净回收额（记做 NA）指标的大小来选择最优方案的决策方法。该法适用于原始投资不相同、特别是项目计算期不同的多个方案比较决策，在此法下，年等额回收额最大的方案为优。

某方案的年等额净回收额等于该方案净现值与相关回收系数（或年金现值系数的倒数）的乘积。其计算公式如下：

$$\text{某方案的年等额净回收额}=\text{该方案净现值}\times\text{回收系数}=\text{该方案净现值}\times\frac{1}{\text{年金现值系数}}$$

【例 3-19】 某企业拟投资一条新生产线。现有三个方案可供选择：A 方案的原始投资为 1 250 万元，项目计算期为 11 年，净现值为 958. 7 万元；B 方案的原始投资为 1 100 万元，项目计算期为 10 年，净现值为 920 万元；C 方案的净现值为-12. 5 万元。行业基准折现率为 10%。根据上述资料，按年等额净回收额法作出最终决策的程序如下：

（1）判断各方案的财务可行性：由于A方案和B方案的净现值均大于零，而C方案的净现值小于零，故A方案和B方案具有财务可行性，C方案不具有财务可行性。

（2）计算各具有财务可行性方案的年等额净回收额：

$$NA_A = NPV_A \times \frac{1}{(P/A,\ 10\%,\ 11)} = 958.7 \times \frac{1}{6.495} \approx 147.60 \text{（万元）}$$

$$NA_B = NPV_B \times \frac{1}{(P/A,\ 10\%,\ 10)} = 920 \times \frac{1}{6.1446} \approx 149.72 \text{（万元）}$$

（3）比较各方案的年等额净回收额，作出决策：由于149.72>147.60，故B方案优于A方案。

三、固定资产更新决策

随着科学技术的不断发展，固定资产的更新周期不断加快，陈旧设备尽管还能使用，但消耗原材料、燃料动力多，产量少，经济上不合算，因此，企业应适时对固定资产进行更新，用技术先进、消耗小的高效能设备替代旧设备。固定资产更新决策是更新改造项目决策的一项重要内容。

【例3-20】　A公司正在使用一台旧设备，其原始成本为100 000元，使用年限为10年，已使用5年，并计提折旧50 000元，使用期满后无残值，如果现在出售可得收入50 000元，若继续使用，每年可得收入104 000元，每年付现成本为62 000元；若更新设备，其购置成本为190 000元，使用年限为5年，使用期满后残值为10 000元，每年可得收入180 000元，每年付现成本为84 000元。假定该公司的资金成本为12%，企业所得税税率为25%，新旧设备均采用直线法计提折旧，要求作出是继续使用旧设备，还是更新设备的决策。

首先，计算两个方案的年营业现金净流量，如表3-8所示。

表3-8　**各投资方案营业现金净流量计算表**　单位：元

项　目	使用旧设备	更新设备
销售收入	104 000	180 000
付现成本	62 000	84 000
年折旧额	10 000	36 000
税前净利润	32 000	60 000
企业所得税	8 000	15 000
税后净利润	24 000	45 000
营业现金净流量	34 000	81 000

表3-8中年折旧额的计算方法如下：

使用旧设备方案的固定资产折旧额＝50 000÷5＝10 000（元）

更新设备方案的固定资产折旧额＝（190 000−10 000）÷5＝36 000（元）

两方案现金流量如表 3-9 所示。

表 3-9 **各投资方案现金流量计算表** 单位：元

项 目	0	1	2	3	4	5
使用旧设备方案 原始投资 营业现金净流量	 −50 000	 34 000	 34 000	 34 000	 34 000	 34 000
现金流量合计	−50 000	34 000	34 000	34 000	34 000	34 000
更新设备方案 原始投资 营业现金净流量 固定资产残值	 −190 000	 81 000	 81 000	 81 000	 81 000	 81 000 10 000
现金流量合计	−190 000	81 000	81 000	81 000	81 000	81 000

其次，计算两方案净现值。

使用旧设备方案的净现值 $=34\ 000\times(P/A,\ 12\%,\ 5)-50\ 000$

$=34\ 000\times3.605-50\ 000=72\ 570$（元）

更新设备方案的净现值 $=81\ 000\times(P/A,\ 12\%,\ 5)+10\ 000\times(P/F,\ 12\%,\ 5)-190\ 000$

$=81\ 000\times3.605+10\ 000\times0.567-190\ 000=107\ 675$（元）

通过计算，固定资产更新后，可增加净现值 35 105 元（107 675−72 570），因此，应进行固定资产更新，即选择更新设备方案。

【例 3-21】 依据例 3-7 中的资料，假定基准折现率为 10%，计算该企业更新设备决策是否可行。

根据题意，直接用增量的净现值比较即可，即 $\Delta NPV>0$，则更新设备决策可行。

$$\begin{aligned}\Delta NPV &= 26\ 288\times(P/F,\ 10\%,\ 1)+27\ 500\times(P/A,\ 10\%,\ 5)\\ &\quad -27\ 500\times(P/F,\ 10\%,\ 1)-100\ 000\\ &=26\ 288\times0.909+27\ 500\times3.791-27\ 500\times0.909-100\ 000\\ &=23\ 895.792+104\ 252.5-24\ 997.5-100\ 000=3\ 150.792>0\end{aligned}$$

上述计算结果说明更新设备决策可行。

思考与练习

一、单项选择题

1. 关于项目投资，下列说法中正确的是（ ）。

A. 计算期=建设期+达产期

B. 计算期=试产期+建设期

C. 达产期是指项目投入生产运营达到设计预期水平后的时间

D. 从达产日到终结点之间的时间间隔称为运营期

2. 以下不属于单纯固定资产投资项目的现金流出量的是（　　）。

A. 建筑工程费投资　　B. 设备购置费投资

C. 安装工程费投资　　D. 开办费

3. 计算投资项目现金流量时，下列说法正确的是（　　）。

A. 仅考虑项目本身的现金流量　　B. 尽量利用历史的会计利润数据

C. 需要考虑旧设备的历史成本因素　　D. 考虑项目对企业其他部门的影响

4. 下列各项中，不属于投资项目现金流出量内容的是（　　）。

A. 固定资产投资　　B. 折旧与摊销　　C. 无形资产投资　　D. 新增经营成本

5. 计算投资方案的增量现金流量时，需要考虑的项目是（　　）。

A. 沉没成本　　B. 原始价值　　C. 变现价值　　D. 账面价值

6. 不同类型的投资项目，其现金流量的具体内容存在差异，不过它们的共同之处是（　　）。

A. 现金流入量中均包括增加的营业收入

B. 现金流入量中均包括补贴收入

C. 现金流入量中均包括回收的流动资金

D. 现金流入量中均包括增加的税款

7. 下列关于营业现金流量的计算公式不正确的是（　　）。

A. 营业现金流量=营业收入-付现成本-所得税

B. 营业现金流量=税后净利润+折旧

C. 营业现金流量=营业收入-付现成本+折旧抵税

D. 营业现金流量=营业收入×（1-税率）-付现成本×（1-税率）+折旧

8. 在现金流量估算中，以营业收入替代经营性现金流入是基于（　　）的假定。

A. 在正常经营年度内每期发生的赊销额与回收的应收账款大体相同

B. 经营期与折旧期一致

C. 营业成本全部为付现成本

D. 各期销售收入能全部收回现金

9. 下列各项中，不影响项目投资收益率的是（　　）。

A. 建设期资本化利息　　B. 运营期利息费用

C. 折旧　　D. 所得税

10. 若某投资方案的净现值为正数，则该投资方案的（　　）。

A. 投资收益率小于资金成本　　B. 投资收益率等于资金成本

C. 投资收益率大于资金成本　　D. 投资收益率大于内部收益率

11. 关于内部收益率的说法不正确的是（　　）。

A. 投资人要求得到的最低收益率

B. 使未来现金流入量现值等于未来现金流出量现值的贴现率

C. 使投资方案净现值为零的贴现率

D. 方案本身的投资报酬率

12. 当某方案的获利指数大于 1 时，其内部收益率（　　）。

A. 可能小于零　　B. 一定等于零

C. 一定大于设定折现率　　D. 等于设定折现率

13. 净现值、净现值率和获利指数指标共同的缺点是（　　）。

A. 不能直接反映投资项目的实际收益率

B. 不能反映投入与产出之间的关系

C. 没有考虑资金的时间价值

D. 没有利用整个计算期净现金流量的信息

14. 下列评价指标中，其数值越小越好的是（　　）。

A. 净现值率　　B. 投资回收期　　C. 内部收益率　　D. 投资收益率

15. 下列各项中，属于项目投资决策非贴现评价指标的是（　　）。

A. 投资收益率　　B. 获利指数　　C. 净现值　　D. 内部收益率

16. 如果其他因素不变，折现率提高可以使（　　）数值将会变小。

A. 净现值　　B. 投资收益率　　C. 内部收益率　　D. 投资回收期

17. 在单一方案决策过程中，与净现值评价结果可能发生矛盾的评价指标是（　　）。

A. 净现值率　　B. 获利指数　　C. 项目计算期　　D. 内部收益率

18.（　　）属于项目评价中的辅助指标。

A. 静态投资回收期　　B. 净现值

C. 内部收益率　　D. 获利指数

19. 如果（　　），则不能认定该项目完全具备财务可行性。

A. 净现值大于 0

B. 包括建设期的静态投资回收期大于项目计算期的一半

C. 投资收益率大于基准投资收益率

D. 不包括建设期的静态投资回收期小于项目运营期的一半

20. 对于原始投资额不同、项目计算期相同的多个互斥方案的比较决策，最适用的方法是（　　）。

A. 投资回收期　　B. 净现值法　　C. 净现值率法　　D. 投资收益率

二、多项选择题

1. 项目投资是一种以特定项目为对象，直接与新建项目或更新改造项目有关的长期投资行为。通常包括（　　）。

A. 固定资产投资　　B. 无形资产投资

C. 流动资金投资　　D. 对外股权投资

2. 项目投资与其他形式的投资相比，具有以下特点（　　）。

A. 投资金额大　　B. 影响时间长

C. 变现能力差　　D. 投资风险大

3. 项目投资具有的积极意义有（　　）。
   A. 是实现社会资本积累功能的主要途径
   B. 增强投资者技术经济实力
   C. 扩大投资者生产经营规模
   D. 提升投资者市场竞争能力
4. 原始总投资包括（　　）。
   A. 固定资产投资　　B. 费用化利息
   C. 资本化利息　　D. 流动资金投资
5. 单纯固定资产投资项目的现金流出量包括（　　）。
   A. 固定资产投资　　B. 流动资金投资
   C. 新增经营成本　　D. 增加的各项税款
6. 与项目相关的经营成本等于总成本扣除（　　）后的差额。
   A. 折旧　　B. 无形资产摊销
   C. 开办费摊销　　D. 计入财务费用的利息
7. 计算项目的现金流量时，需要考虑（　　）的影响。
   A. 更新改造项目中旧设备的变现收入
   B. 因项目的投产引起的企业其他产品销售收入的减少
   C. 固定资产的折旧额
   D. 以前年度支付的研究开发费
8. 在完整的工业投资项目中，经营期期末发生的回收额可能包括（　　）。
   A. 原始投资　　B. 回收流动资金
   C. 折旧与摊销额　　D. 回收资产余值
9. 下列关于评价投资项目的回收期法的说法中，正确的是（　　）。
   A. 它忽视了时间价值　　B. 没有考虑回收期后的收益
   C. 主要用来测度项目的营利性　　D. 主要用来测度项目的流动性
10. 计算净现值时的折现率可以是（　　）。
    A. 投资项目的资金成本　　B. 投资的机会成本
    C. 国库券利率　　D. 银行存款利率
11. 净现值指标的优点是（　　）。
    A. 考虑了资金时间价值
    B. 能够利用项目计算期的全部净现金流量信息
    C. 考虑了投资风险
    D. 可从动态的角度反映投资项目的实际投资收益率水平
12. 获利指数法与内含报酬法的共同之处在于（　　）。
    A. 都是相对数指标
    B. 都可以用于相互独立方案的比较
    C. 都不能反映投资方案的实际投资收益率

D. 都考虑了货币时间价值因素

13. 确定一个投资方案可行的必要条件是（　　）。

A. 内部收益率大于0　　B. 净现值大于0

C. 获利指数大于1　　D. 内部收益率不低于贴现率

14. 投资决策分析使用的贴现指标有（　　）。

A. 净现值　　B. 投资回收期

C. 投资收益率　　D. 内部收益率

15. 在进行是继续使用旧设备还是购置新设备决策时，如果这两个方案的未来使用年限相同，且只有现金流出，没有流入。则合适的评价方法是（　　）。

A. 比较两个方案现金流出量的总现值

B. 计算方案的年平均成本

C. 内部收益率法

D. 获利指数法

三、判断题

1. 项目投资是以建设项目（包括特定建设项目和一般建设项目）为投资对象的一种长期投资行为。(　　)

2. 投资总额就是初始投资，是指企业为使项目完全达到设计的生产能力、开展正常经营而投入的全部现实资金。(　　)

3. 完整的项目计算期由试产期和达产期组成。(　　)

4. 对于单纯固定资产投资项目来说，如果项目的建设期为0，则说明固定资产投资方式是一次投入。(　　)

5. 项目投资决策中所使用的现金仅是指各种货币资金。(　　)

6. 基于项目投资的假设，企业归还借款本金不作为现金流出处理，但是企业支付利息需要作为现金流出处理。(　　)

7. 流动资金投资，是指项目投产前后分次或一次投放于流动资产项目的投资额，又称垫支流动资金或营运资金投资。(　　)

8. 原始投资的资金投入方式包括一次投入和分次投入。如果投资行为只涉及一个年度，则一定属于一次投入。(　　)

9. 在计算项目的现金流入量时，以营业收入替代经营现金流入是由于假定年度内没有发生赊销。(　　)

10. 甲企业的净收益低于乙企业的净收益，则甲企业的现金流量也低于乙企业的现金流量。(　　)

11. 机会成本虽然已经实际发生，但它并不是真正意义上的成本费用，而是一种收益的丧失。(　　)

12. 对于更新改造投资项目而言，在计算“运营期第一年所得税后净现金流量”时，该年因更新改造而增加的息税前利润中应包括“旧固定资产提前报废发生的净损

失”。(　　)

13. 根据“所得税后净现金流量=所得税前净现金流量-所得税”可知：所得税前净现金流量=所得税后净现金流量+所得税，所以，如果所得税发生变化，则所得税前净现金流量也会发生变化。(　　)

14. 投资回收期既考虑了资金的时间价值，又考虑了回收期后现金流量状况。(　　)

15. 投资项目评价的获利指数法和内部收益率法都是根据相对比率来评价投资方案，因此都可用于独立投资方案获利能力的比较，不过两种方法的评价结论不一定相同。(　　)

16. 因为净现金流量等于税后利润加折旧，这说明折旧越多，现金净流量越大，投资项目的净现值也就越大。(　　)

17. 在全部投资均于建设起点一次投入，建设期为零，投产后每年净现金流量相等的情况下，为计算内部收益率所求得的年金现值系数应等于该项目的投资回收期。(　　)

18. 只要经营期的前几年经营净现金流量相等，均可用原始投资额除以年度经营净现金流量计算出不包含建设期的投资回收期。(　　)

19. 在评价投资方案优劣时，如果贴现指标的评价结果与非贴现指标产生矛盾，应以贴现指标的评价分析为准。(　　)

20. 在应用差额投资内部收益率法对固定资产更新改造投资项目进行决策时，如果差额内部收益率大于基准折现率或设定的折现率，就应当进行更新改造。(　　)

四、计算分析题

1. 某企业拟进行一项固定资产投资（均在建设期内投入），该项目的现金流量表（部分）如表3-10所示。

表3-10　　**现金流量表（部分）**　　单位：万元

	建设期		运营期			
	0	1	2	3	4	5
净现金流量	-800	-200	100	600	C	1 000
累计净现金流量	-800	-1 000	-900	B	100	1 100
折现净现金流量	-800	-180	A	437.4	262.44	590.49

要求：（1）计算表中用英文字母表示的项目的数值；

（2）计算或确定下列指标：静态投资回收期、净现值、原始投资以及原始投资现值。

2. 某企业准备投资一个单纯固定资产投资项目，采用直线法计提折旧，固定资产投资均在建设期内投入。所在的行业基准折现率（资金成本率）为10%，企业所得税税率为25%。有关资料见表3-11。

表 3-11　　　　　　　　　　　　　　　　　　　　　　　　　单位：元

项目计算期	息税前利润	税后净现金流量
0		-100 000
1		0
2	20 000	35 000
3	30 000	42 500
4	30 000	42 500
5	30 000	42 500
6	20 000	38 000

要求：计算该项目的下列指标：

（1）初始投资额；（2）年折旧额；（3）回收的固定资产净残值；（4）建设期资本化利息；（5）投资收益率。

3. 某企业在建设起点投入固定资产 420 万元，建设期末投入无形资产 50 万元，投入开办费 8 万元，并垫支流动资金 52 万元，建设期为 2 年，建设期资本化利息为 12 万元。预计项目使用寿命为 6 年，固定资产净残值为 12 万元。项目投产后每年预计外购原材料、燃料和动力费为 50 万元，工资及福利费为 10 万元，修理费 1 万元，其他费用 4 万元，开办费在投产后第一年全部摊销，无形资产使用期限 5 年；每年预计营业收入（不含增值税）为 200 万元，适用增值税税率 17%、城建税税率为 7%、教育费附加率为 3%。企业所得税税率为 25%。

要求：（1）判断题中所述的项目属于哪种类型的投资项目，并计算初始投资额；

（2）计算每年的经营成本；

（3）计算每年的营业税金及附加；

（4）计算投产后各年不包括财务费用的总成本费用；

（5）计算投产后各年的息税前利润；

（6）计算各年所得税后的现金净流量。

4. A 公司有甲、乙两种长期投资方案。甲方案一次投资额为 20 万元，乙方案一次投资额为 18 万元，有效使用期均为 4 年，甲方案期满无残值，乙方案期满有残值 2 万元。假定资金成本为 14%，两个方案的有关现金流量资料见表 3-12。

表 3-12　　　　　　　　　　**现金流量情况表**　　　　　　　　　　单位：元

年　　份	甲方案的现金净流量	乙方案的现金净流量
1	70 000	50 000
2	70 000	60 000
3	70 000	60 000
4	70 000	70 000

要求：采用净现值法和获利指数法分别评定哪个方案较优。

5. 某企业拟建造一项生产设备。预计建设期为1年，所需原始投资200万元于建设起点一次投入。该设备预计使用寿命为5年，使用期满报废清理时无残值。该设备折旧方法采用直线法。该设备投产后每年增加净利润60万元。假定适用的行业基准折现率为10%。

要求：(1) 计算项目计算期内各年净现金流量。

(2) 计算项目净现值，并评价其财务可行性。

6. A公司投资41 000元购入一台设备，该设备预计最终的残值为2 000元，可使用3年，税法规定的折旧按直线法计算，折旧年限为4年，税法预计残值为1 000元。设备投产后可以每年为公司增加40 000元销售收入和20 000元的付现成本。公司所得税税率为25%，要求的最低投资报酬率为10%，目前年税后利润为30 000元。

要求：(1) 假定公司经营无其他变化，预测未来3年每年的税后利润；

(2) 计算该方案的净现值；

(3) 评价该方案是否可行。

7. 某项目初始投资60 000元，在第一年末现金流入25 000元，在第二年末现金流入30 000元，在第三年末现金流入35 000元。

要求：(1) 计算该项投资的内部收益率。

(2) 如果资金成本为10%，计算该投资的净现值。

8. B公司有一投资项目，初始投资250万元，其中：设备投资220万元，开办费6万元，垫支流动资金24万元。该项目建设期为1年，建设期资本化利息10万元。设备投资和开办费于建设起点投入，流动资金于设备投产日垫支。该项目使用期为5年，按直线法折旧，预计残值为10万元；开办费于投产后第1年承担。预计项目投产后第1年可获净利60万元，以后每年递增5万元。该公司要求的最低报酬率为10%。

要求：(1) 计算该项目各年现金净流量；(2) 计算该项目净现值。

9. 某企业打算变卖一套尚可使用5年的旧设备，另购置一套新设备来替换它。新设备的投资额为180 000元，旧设备的折余价值为90 000元，其变现净收入为80 000元，到第5年末新设备与继续使用旧设备届时的预计净残值相等。新旧设备的替换将在当年内完成（更新设备的建设期为零）。使用新设备可使企业在第一年增加营业收入50 000元，增加付现成本25 000元；从第2年至第5年内每年增加营业收入60 000元，增加付现成本30 000元。设备采用直线法计提折旧。企业所得税税率为25%。

要求：(1) 计算项目各年现金流量（旧设备折旧按变现净收入确定）；

(2) 用净现值法评价该企业应否投资此项目。

10. C公司正面临印刷设备的选择决策。它可以购买10台甲型印刷机，每台价格8 000元，且预计每台设备每年的修理费为2 000元。甲型设备将于第四年末更换，预计无残值收入。另一个选择是购买11台乙型设备来完成同样工作，每台价格5 000元，每台各年末的修理费用分别为2 000元、2 500元、3 000元。乙型设备需于3年后更换，在第3年末预计有500元/台的残值变现收入。

该公司此项投资的机会成本为10%；所得税税率为30%（该公司一直盈利），税法规定的该类设备折旧年限为3年，残值率为10%；预计选定设备型号后，公司将长期使用该设备，更新时不会随意改变设备型号，以便与其他作业环节协调。

要求：(1) 依据所学知识，分析可以采用哪些分析方法；

(2) 分别计算甲、乙设备的年平均成本；

(3) 根据计算结果判断应购买哪一种设备。

五、案例分析

【案例1】

别在“沉没成本”中沉没

N钢铁厂是一家已开办了10年的乡镇企业，以生产生铁为主。2012年，该厂成为该县第一纳税大户。因此，厂领导当机立断，制定了更为宏伟的发展目标。2013年高考一过，立即贴出招工启事，以优惠条件招收当年高考落榜生500人，使职工人数猛增至1 300人。然后他们又把新招职工高价送至上海、成都、沈阳等钢铁技术学校培训。

2013年底，厂领导横下一条心，从银行贷款2.4亿元，分别从上海、哈尔滨、沈阳三地低价购买设备进行组装，拟建轧钢厂，生产东南亚及国内西南地区市场上紧缺的建筑用钢筋。同时，新厂厂址已破土动工，预计在设备运抵前竣工。然而，天有不测风云。2014年8月，新厂设备安装完毕，进行试运行阶段，虽有哈尔滨、上海、沈阳三家钢铁厂技师的协助，仍不能正常生产，试产产品质量很差。在无法改变这一局面的情况下，面对新招员工，厂领导只得把他们先分配到职工已过剩的炼铁厂，职工工资年内全部减半。这造成了一人的活三人做的局面，职工怨声载道，做事互相推诿。而与此同时，本县及邻县上马的几家小钢铁厂陆续投产，致使生铁价格猛跌。

至2015年8月，N钢铁厂已累计欠款达5.7亿元，轧钢厂仍不能投产，生铁却由于质量低劣严重滞销。此时钢铁厂的技术人员提出利用现有的设备进行改造，生产附属产品。可是，这意味着以前的大投入就彻底打了水漂。厂领导依然犹豫不决，他们希望通过改造，再次利用这些设备，从而挽回数亿元的损失，并重新杀入生铁市场，但由于资金问题一直不能落实。拖到2015年底，这套设备已经成了一堆废铜烂铁，一点利用价值都没有了，N钢铁厂不得不以破产告终。

阅读上述资料，请分析讨论以下问题：

(1) 为什么说沉没成本是投资决策的非相关成本？

(2) N钢铁厂是如何在沉没成本中沉没的？

【案例2】

X公司新增生产能力投资额预测

X公司是一家历史悠久的钢铁生产企业，生产规模较大，市场产销两旺，公司发展前景非常乐观。2015年元旦过后的第一个工作日，公司经理召开第一次会议，动员全体职工积极行动起来，充分挖掘内部潜力，大搞技术革新，并号召大家献计献策，为完成全年生产任务努力工作。

在会上，经理介绍了今年的销售形势，认为对公司非常有利。根据市场调查资料测算，市场需求的趋势使公司每年的销售量有所增加，预计今年钢铁销售量可达480 000吨，比去年增加20%；如果公司能在较短期间增加固定资产投入，尽快形成生产能力，就能为公司创造可观的经济效益。同时，公司经理根据市场需求量，结合自身实际，又做了进一步分析。公司现在具体情况为：

（1）现有生产设备10台，其中冷轧机4台，热轧机6台。每台设备台班产量均为40吨，每天开工三班，全年计划设备检修15天。

（2）如果按市场订单组织生产，计划年度冷轧机应生产钢材280 000吨，热轧机应生产钢材200 000吨。

（3）公司通过内部挖潜，充分利用原有旧设备，还可修复一台冷轧机，大约需要修理费用58 000元。

（4）现有市场价格：每台热轧机230 850元，每台冷轧机180 500元。

（5）公司劳动力充足。

（6）如果公司需要新增生产能力，其投资所需资金，公司能够通过合理的渠道加以解决。

最后，公司经理提出，大家商量商量，如果以销定产的计划可行，就请有关部门制订一个计划，测算一下新增设备的投资额。

根据上述资料，请分析讨论以下问题：

（1）根据X公司的2015年计划生产任务和现有生产设备，分析、计算生产能力是否充足。

（2）根据生产设备余缺情况，测算新增投资设备额。

（3）根据资料，综合测算X公司新增生产能力投资额。

【案例3】

东方日用品公司的新产品决策

2015年4月15日上午，东方日用品公司召开会议讨论产品开发及其资本支出预算等有关问题。目前公司正在生产A洗涤剂和B洗涤剂。

面对日益激烈的商业竞争和层出不穷的科技创新，东方日用品公司投入大量资金进行新产品的研究和开发工作，经过两年不懈努力，终于试制成功出一种新型高浓缩液体洗涤剂——C洗涤剂。该产品采用国际最新技术、生物可解配方制成，具有用量少、去污力强、使用方便的优点。

参加会议的有公司董事长、总经理、研究开发部经理、财务部经理等有关人员。会上，研发部经理首先介绍了新产品的特点、作用，研究开发费用以及开发项目的现金流量等。研发部经理指出，生产C洗涤剂的原始投资为500 000元，其中新产品市场调研费用

100 000 元，购置专用设备、包装用品设备等需投资 400 000 元，预计设备使用年限 15 年，期满无残值。按 15 年计算新产品的现金流量，与公司一贯奉行的经营方针是一致的，在公司看来，15 年以后的现金流量具有极大的不确定性，与其预计误差，不如不予预计。

研发部经理列示了 C 洗涤剂投产后的公司现金流量，并解释新产品投产后会冲击原来两种产品的销量。C 洗涤剂投产后的增量现金流量，见表 3-13、表 3-14。

表 3-13　　**开发 C 洗涤剂后公司预计现金流量（年）**

年份	现金流量（元）	年份	现金流量（元）
1	56 000	9	70 000
2	56 000	10	70 000
3	56 000	11	50 000
4	56 000	12	50 000
5	56 000	13	50 000
6	70 000	14	50 000
7	70 000	15	50 000
8	70 000		

表 3-14　　**开发 C 洗涤剂公司增量现金流量（年）**

年份	现金流量（元）	年份	现金流量（元）
1	50 000	9	63 000
2	50 000	10	63 000
3	50 000	11	45 000
4	50 000	12	45 000
5	50 000	13	45 000
6	63 000	14	45 000
7	63 000	15	45 000
8	63 000		

研发部经理介绍完毕，会议展开了讨论，在分析了市场状况、投资机会以及同行业发展水平的基础上，确定公司投资机会成本为 10%。

公司财务部经理首先提出：C 洗涤剂开发项目资本支出预算中为什么没有包括厂房、其他房产和其他设备的支出？

研发部经理认为，目前，A 洗涤剂的生产设备利用率仅为 60%，由于这些设备完全适用于生产C洗涤剂，故除专用设备和加工包装用品所用的设备外，不需再增加其他设备。预计C洗涤剂生产线全部开机后，只需要10%的工厂生产能力。

公司总经理问到：开发新产品投产后是否应考虑流动资金？研发部经理说：新产品投产后，每年需追加流动资金40 000元，由于这项资金每年年初借、年末还，一直保留在公司，所以不需将此项费用列入项目现金流量中。

接着，公司董事长提问：生产新产品占用了公司的剩余生产能力，如果将这部分剩余能力出租，公司每年将得到20 000元的租金收入，因此新产品投资收入应该与租金收入相对比。

根据上述资料，请分析讨论以下问题：

（1）如果你是财务经理，你认为新产品市场调研费属于该项目的现金流量吗？

（2）关于生产新产品所追加的流动资金，应否算作项目的现金流量？

（3）投资项目现金流量中是否应该反映由于新产品上市使原来老产品的市场份额减少而丧失的收入？如果不引进新产品，是否可以减少竞争？

（4）如果投资项目所需资金是银行借入的，那么与此相关的利息支出是否应在投资项目现金流量中得以反映？

（5）你认为是接受该项目还是放弃该项目？

学习情境四

营运资金管理

学习任务：

1. 了解企业持有现金、应收账款、存货的目的；
2. 掌握最佳现金持有量的确定方法；
3. 熟悉与应收账款管理相关的成本，掌握信用政策的制定方法；
4. 掌握与存货管理相关的成本及存货控制的方法。

能力目标：

1. 能根据企业实际现金管理的要求，进行相关成本分析，确定最佳的现金持有数量；
2. 能结合企业现行信用政策，分析利弊，制定合理的应收账款信用政策；
3. 会分析企业与存货相关的成本，确定合理的存货控制方法。

知识目标：

1. 熟悉企业持有现金、应收账款、存货的目的；
2. 了解现金日常管理的重点及现金预算的基本程序；
3. 掌握最佳现金持有量的确定方法；
4. 掌握与应收账款管理相关的成本及信用政策的制定依据和方法；
5. 掌握与存货管理相关的成本及存货经济批量控制法、存货储存期控制法和 ABC 分类法。

情境导入：

S 电脑公司是 1995 年成立的，现已由起初只有几十万元资金发展为拥有上亿元资产的公司。该公司过去为了扩大销售，占领市场，一直采用比较宽松的信用政策，客户拖欠的款项数额越来越大，时间越来越长，严重影响了资金的周转循环，公司不得不依靠追加负债筹集资金。最近，主要贷款人开始不同意进一步扩大债务，所以公司财务经理非常忧虑。如果你是公司财务经理该怎么办？

营运资金的概念有广义与狭义之分。广义营运资金通常指流动资产占用的资金，即流动资金；而狭义营运资金指流动资产减去流动负债后的余额，即净营运资金。

流动资产是指可以在 1 年以内或者超过 1 年的一个营业周期内变现或运用的资产，具有占有时间短、周转快、易变现等特点。主要包括现金、应收账款和存货，它们占用了绝大部分的流动资金。

项目一　现金管理

现金是可以立即投入流动的交换媒介。它的首要特点是普遍的可接受性，可以有效地立即用来购买商品、货物、劳务或偿还债务。这里讲的现金包括企业的库存现金、银行存款和其他货币资金。

保持合理的现金水平是企业管理的重要内容。现金是变现能力最强的资产之一，可以用来满足生产经营开支的各种需要，也是还本付息和履行纳税义务的保证，拥有足够的现金对于降低企业风险，增强企业资产的流动性和债务的可清偿性有着重要意义。但库存现金是不创造价值的资产，对其持有量不是越多越好。因此，企业必须建立一套科学的现金管理方法，持有合理的现金数额，在保证企业经营活动所需现金的同时，尽量减少企业的现金数量，提高资产收益率。

一、持有现金的动机

企业持有现金的动机，主要是满足交易性需求、预防性需求和投机性需求。

(1) 交易性需求，是指企业为了维持日常周转及正常商业活动所需持有的现金额。企业经常得到收入，也经常发生支出，两者不可能同步同量。收入多于支出，形成现金置存；收入少于支出，需要借入现金。企业必须维持适当的现金数额，才能使业务活动正常地进行下去。

(2) 预防性需求，是指置存现金以防发生意外的支付。企业有时会出现料想不到的开支，现金流量的不确定性越大，预防性现金的数额也就越大；反之，企业现金流量的可预测性强，预防性现金数额则可小一些。此外，预防性现金数额还与企业的借款能力有关，如果企业能够很容易地随时借到短期资金，则可以减少预防性现金的数额；若非如此，则应扩大预防性现金的数额。

(3) 投机性需求，是指企业为了抓住突然出现的获利机会而持有的现金，如遇有廉价原材料或其他资产供应的机会，便可用手头现金大量购入；在适当时机购入价格有利的股票和其他有价证券等。当然，除了金融和投资公司外，一般而言，其他企业专为投机性需要而特殊置存现金的不多，遇到不寻常的购买机会，也常设法临时筹集资金。但拥有相当数额的现金，确实为突然的大批采购提供了方便。

企业缺乏必要的现金，将不能应付各种需要，使企业蒙受损失或丧失更多的盈利机会。但是，如果企业置存过量的现金，又会因这些资金不能投入周转无法取得盈利而遭受另一些损失。此外，在市场正常的情况下，一般说来，流动性强的资产，其收益性较低，这意味着企业应尽可能少地置存现金，即使不将其投入本企业的经营周转，也应尽可能投资于能产生高收益的其他资产，避免资金闲置或用于低收益资产而带来损失。这样，企业便面临现金不足和现金过量两方面的威胁。

二、最佳现金持有量的确定

基于现金的交易、预防、投机三方面动机的需要，企业必须保持一定数量的现金余额。最佳现金持有量是企业在正常的生产经营情况下所保持现金的最低限额。下面介绍几种常用的确定最佳现金持有量的方法。

（一）成本分析模式

成本分析模式，是根据对企业持有现金的机会成本、管理成本和短缺成本来确定最佳现金持有量的方法。其计算公式为：

现金总成本＝机会成本+管理成本+短缺成本

机会成本，是指因持有一定现金余额而丧失的再投资收益，一般可用企业投资收益率来表示。假设某企业的投资收益率为10%，年平均持有现金50万元，则该企业每年现金的机会成本为5万元（50万元×10%）。机会成本与现金持有量正相关，即现金持有量越多，机会成本越高。

管理成本，是指企业为管理现金而发生的管理费用。如管理人员工资和安全措施费等。管理成本具有固定成本的性质，它与现金持有量之间无明显的比例关系。

短缺成本，是指企业因现金短缺而遭受的损失。如不能按时支付购料款而造成的信用损失；不能按期缴纳税款而被罚滞纳金等。短缺成本随现金持有量的增加而下降，即与现金持有量负相关。

成本分析模式就是对以上三种不同的现金成本进行分析，找出三种成本之和最小时的现金持有量，此现金持有量就是最佳现金持有量。机会成本、管理成本、短缺成本和现金持有量之间的关系如图4-1所示。

【例4-1】　某企业为寻求最佳现金持有量，现拟订四种现金持有方案，如表4-1所示。

表4-1　**现金持有方案**　单位：元

	甲方案	乙方案	丙方案	丁方案
现金持有量	25 000	50 000	75 000	100 000
机会成本	3 750	7 500	11 250	15 000
管理成本	10 000	10 000	10 000	10 000
短缺成本	12 000	6 500	2 500	0
总成本	25 750	24 000	23 750	25 000

注：该企业的投资收益率为15%。

由表4-1可知，四个方案中丙方案的总成本最低，因此，该企业的最佳现金持有量是75 000元。

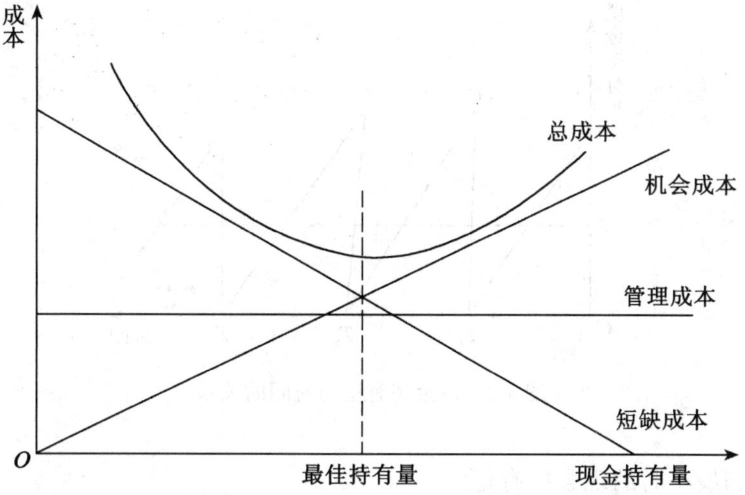

图 4-1　机会成本、管理成本、短缺成本和现金持有量之间的关系

成本分析模式适用范围广泛，尤其适用于现金收支波动较大的企业，但是持有现金的短缺成本较难准确预测。

（二）存货模式

存货模式是将现金看做企业的一种特殊存货，按照存货管理中的经济批量法的原理，确定企业现金最佳持有量的方法。这一模式是由美国经济学家威廉 · J. 鲍莫于 1952 年首先提出的，故又称为“鲍莫模型”。

采用存货模式测算最佳现金持有量是建立在下列假设基础上的：（1）企业未来年度的现金需求总量可以预测；（2）可通过出售短期有价证券来获得所需现金；（3）现金支出是均匀的，而且每当现金余额接近于零时，短期证券就可转换为现金。现金持有量与时间的关系如图 4-2 所示。

在图 4-2 中，企业现金支出在某一时期内是比较稳定的，C 为企业最高的现金持有量，在每隔时间 T 内，C 元现金被均匀地消耗掉，企业便可通过出售短期有价证券获得 C 元现金来补足，如此不断反复。

存货模式的目的是要计算出能使现金管理总成本最小的 C 值。在此模式中，现金管理总成本包括两个方面：

（1）现金持有成本，是指持有现金所放弃的收益，即持有现金就不能获得有价证券的利息收益，又称机会成本，它与现金持有量正相关。

（2）现金转换成本，是指现金与有价证券转换过程中所发生的交易成本，如经纪人佣金，税金和其他管理成本，一般只与交易的次数有关，而与现金持有量的多少无关。

如果现金持有量大，则持有成本较高，但由于减少了转换次数，所以转换成本可降低；反之，现金持有量小，则持有成本较低，但转换成本又会上升。最佳现金持有量就是

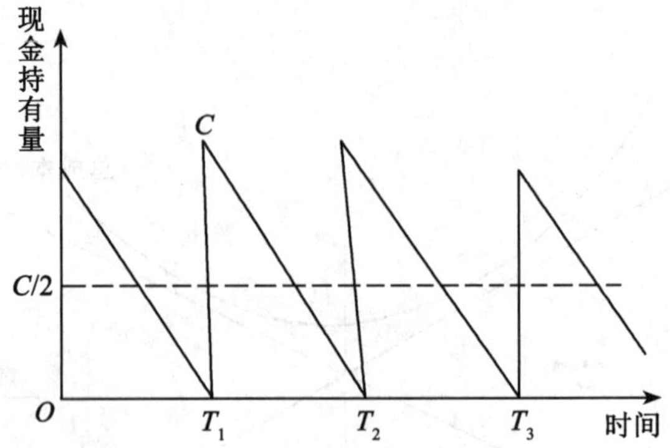

图 4-2　现金持有量与时间的关系

使两种成本之和最小时的现金持有量。

假设 TC 为现金管理总成本；C 为现金持有量；R 为短期有价证券的利率；F 为每次的转换成本；T 为一定时期的现金总需求量，则有：

$$\mathrm{TC}=\frac{C}{2}R+\frac{T}{C}F$$

总成本、持有成本和转换成本与现金持有量的关系如图 4-3 所示。

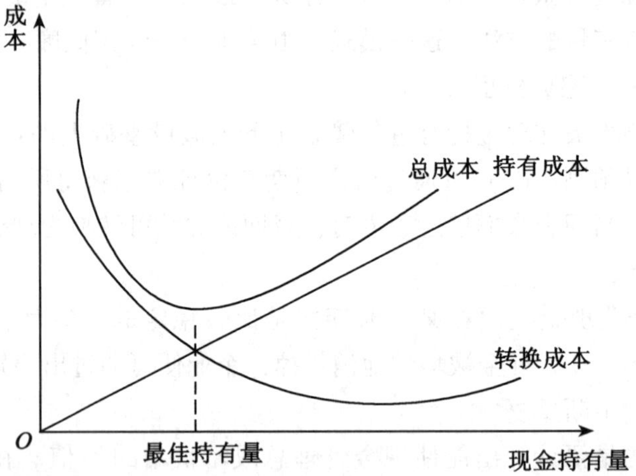

图 4-3　总成本、持有成本和转换成本与现金持有量的关系

图 4-3 中，现金管理总成本与现金持有量呈 U 形曲线关系，可用导数的方法求出其最小值，即最佳现金持有量 C。其计算公式为：

$$C=\sqrt{\frac{2TF}{R}}$$

【例 4-2】　某企业预计全年现金需求量为 16 000 元，现金与有价证券的转换成本为每次 50 元，有价证券的年利率为 10%，计算其最佳现金持有量。

$$C=\sqrt{\frac{2\times 16\ 000\times 50}{10\%}}=4\ 000\text{（元）}$$

存货模式的优点是计算结果比较精确，但它是以现金支出均匀发生，现金持有成本和转换成本易于预测为前提条件的，当企业现金收支波动较大时，这种方法的应用就受到了限制。

三、现金收支预算

现金收支预算也是企业现金管理的一项重要内容，其目的在于进行有效和准确的现金需求预测及尽量做到现金收支的匹配与均衡，从而确保现金的使用效益。现金收支预算由四部分组成：现金收入、现金支出、现金溢余或不足、资金的筹措和运用。

现金收入包括期初现金余额和预算期现金收入，销货取得的现金收入是其主要来源。期初现金余额是在编制预算时结合最佳现金持有量预计的，销货取得的现金收入是根据销售预算预计的。现金支出包括预算期的生产经营费用、企业所得税费用、购置设备及股利分配等各项支出，有关数据分别来自有关的预算。现金溢余或不足主要反映现金收入合计与现金支出合计的差额，即现金收支差额。当出现现金收支差额时，则要通过协调资金筹措和运用来调整，以解决收支不平衡问题，并保证期末余额达到最佳持有量状态。若收支差额为正值，在偿还了利息和借款本金之后仍超过最佳现金持有量时，就应拿出一部分现金用于有价证券投资；若收支差额为负值，可采取延缓还本付息、抛售有价证券或向银行借款等措施。

【例 4-3】　某企业现着手编制 2015 年 6 月的现金收支计划。预计 2015 年 6 月初现金余额为 8 000 元；月初应收账款为 4 000 元，预计月内可收回 80%；本月销货 50 000 元，预计月内销售的收款比例为 50%；本月需要采购材料的成本为 8 000 元，企业每月采购的 70%当月付现；月初应付账款余额 5 000 元需在月内全部付清；月内以现金支付职工薪酬 8 400 元；本月制造费用等间接费用付现 16 000 元；其他经营性现金支出为 900 元；购买设备支付现金 10 000 元。企业现金不足时，可向银行借款，借款金额为 1 000 元的倍数；现金多余时可购买有价证券。要求月末现金余额不低于 5 000 元，增值税税率为 17%，附加费率为 10%，假设各月销售税金与附加均在当月月末付清。（1）计算经营现金收入；（2）计算经营现金支出；（3）计算现金余缺；（4）确定最佳资金筹措和运用数额；（5）确定月末现金余额。

（1）计算经营现金收入：

经营现金收入 $=4\ 000\times 80\%+50\ 000\times(1+17\%)\times 50\%=32\ 450$（元）

（2）计算经营现金支出：

采购材料支出 $=8\ 000\times(1+17\%)\times 70\%+5\ 000=11\ 552$（元）

支付职工薪酬 8 400 元，本月制造费用等间接费用付现 16 000 元，其他经营性现金支出为 900 元。

应交增值税额 = 50 000×17% − 8 000×17% = 7 140（元）

应交附加费 = 7 140×10% = 714（元）

经营现金支出 = 11 552+8 400+16 000+900+7 140+714 = 44 706（元）

（3）计算现金余缺：

现金余缺 = 8 000+32 450−（44 706+10 000）= −14 256（元）

（4）确定最佳资金筹措和运用数额：

银行借款数额 = 15 000+5 000 = 20 000（元）

借款金额必须为 1 000 元的倍数，故14 256元现金余缺需筹措 15 000 元。

（5）确定月末现金余额：

月末现金余额 = 20 000−14 256 = 5 744（元）

四、现金的日常管理

（一）建立完善的现金管理内控制度

1. 现金收支岗位分离，责任分工

现金管理要遵循不相容职务分离的原则，具体收支业务必须由两个或两个以上的人员分工负责，钱账分管，出纳和会计不得相互兼任。现金收支必须凭证齐全，当面点清；库存现金要日清月结，并做到账账相符、账实相符。

2. 严格执行现金管理的有关规定

企业在现金收支的日常业务中，应当严格按照《现金管理暂行条例》、《银行结算办法》的有关规定和结算纪律办理相关事宜，不准“白条顶库”、“公款私存”、不准设置“小金库”、不准谎报用途套取现金、不准用银行账户代其他单位和个人存取现金。

（二）采用适当的管理策略，有效控制现金收支

1. 努力提高收款速度

为了提高款项收取的速度，企业一般可以适当采用以下方法：

（1）折扣、折让激励法：在双方协商的前提下一次性给予客户一定的折让，也可以根据不同的付款期限，给出不同的现金折扣。

（2）邮政信箱法：企业在各主要城市租用专门的邮政信箱，并开设分行存款户，授权当地银行定期开箱，在取得客户票据后立即予以结算，并通过电子汇兑等最快捷的汇兑方式将货款及时拨回企业总部所在地银行。

（3）银行业务集中法：企业指定一个主要开户行（通常是指定企业总部所在地的基本结算开户行）为集中银行，然后在收款额较为集中的各营业网点所在区域设立收款中心，客户收到账单后直接与当地收款中心联系，办理货款结算，收款中心收到货款后立即存入当地银行，当地银行在进行票据交换后，立即转给企业总部所在地的集中银行。

（4）大额款项专人处理法：企业通过设立专人负责制度，将现金收取的职责明确落实到具体的责任人，在责任人的努力下，提高办事效率，从而加快现金流转速度。

2. 尽量推迟付款时间

(1) 推迟支付应付账款法：企业在不影响信誉的前提下，尽量推迟支付给供应商货款的时间。

(2) 汇票付款法：在支付账款时，可以采用商业汇票付款的尽量使用商业汇票，而不采用支票或银行本票，更不直接支付现钞。

(3) 合理利用现金“浮游量”：浮游量是指企业银行存款账户上存款金额与银行账户上所示的存款额之间的差额。这笔资金，虽然企业已开出票据，但银行尚未付账，如能合理利用，则可有助于企业运营。

(4) 分期付款法：在企业出现现金周转困难时，采用大额分期付款，小额按时足额支付的方法；另外，采用分期付款方法时，一定要妥善拟订分期付款计划，并将计划告之客户，且必须确保按计划履行付款义务，这样就不会失信于客户。

(三) 闲置现金投资管理

可将闲置现金投入流动性高、风险性低、交易期限短，且变现及时的项目上，如金融债券、可转让大额存单、回购协议等，以获取更多的利益。不提倡投资于风险较大的股票、基金、期货等。

项目二 应收账款管理

一、应收账款的功能及管理目标

这里所说的应收账款是指由于对外销售产品、材料、供应劳务及其他原因，应向购货单位或接受劳务的单位及其他单位收取的款项，包括应收销售款、其他应收款、应收票据等。

(一) 应收账款产生的原因

发生应收账款的原因，主要有以下两种：

第一，商业竞争。这是发生应收账款的主要原因。在社会主义市场经济条件下，存在着激烈的商业竞争。竞争机制的作用迫使企业以各种手段扩大销售。除了依靠产品质量、价格、售后服务、广告等外，赊销也是扩大销售的手段之一。对于同等的产品价格、类似的质量水平、一样的售后服务，实行赊销的产品或商品的销售额将大于现金销售的产品或商品的销售额。这是因为顾客将从赊销中得到好处。出于扩大销售的竞争需要，企业不得不以赊销或其他优惠方式招揽顾客，于是就产生了应收账款。由竞争引起的应收账款，是一种商业信用。

第二，销售和收款的时间差距。商品成交的时间和收到货款的时间常常不一致，这也导致了应收账款的产生。当然，现实生活中现金销售是很普遍的，特别是零售企业更常见。不过就一般批发企业和大量生产企业来讲，发货的时间和收到货款的时间往往不同。这是因为货款结算需要时间。结算手段越是落后，结算所需时间就越长，因此销售企业只能接受这种现实并承担由此引起的资金垫支。由于销售和收款的时间差而造成的应收账款，不属于商业信用，也不是应收账款的主要内容，本书只论述属于商业信用的应收账款的管理。

（二）应收账款的功能

应收账款的功能是指其在生产经营中的作用，主要有以下两个方面：

（1）增加销售。在激烈的市场竞争中，通过赊销可以有效地促进销售。企业实行赊销不仅向顾客提供了商品，也在一定时间内向顾客提供了购买该商品的资金，顾客将从中得到好处，企业也会因此带来收入和利润。

（2）减少存货。企业持有一定产成品存货时，会相应地占用资金，形成仓储费用、管理费用等，而赊销则可避免这些成本的产生。所以当企业的产成品存货较多时，一般会采用优惠的信用条件进行赊销，将存货转化为应收账款，以节约支出。

（三）应收账款管理目标

既然企业发生应收账款的主要原因是扩大销售，增强竞争力，那么其管理的目标就是力求利润最大化。应收账款是企业的一项资金投放，是为了扩大销售和盈利而进行的投资，而投资肯定要发生成本，这就需要在应收账款信用政策所增加的盈利和这种政策的成本之间作出权衡。只有当应收账款所增加的盈利超过所增加的成本时，才应当实施赊销；如果赊销有着良好的盈利前景，就应当放宽信用条件增加赊销量。

二、应收账款的成本

应收账款的成本主要表现为：

（一）机会成本

应收账款是销货企业向购货企业提供的一种商业信用，其实质上是让购货企业占用销货企业的资金，从而使销货企业无法利用这笔资金从事其他生产经营和投资活动，创造收益。这种资金利用机会的损失，构成了应收账款的机会成本。这一成本的大小与企业维持赊销业务所占用的资金数量和资金成本有关。其计算公式为：

$$\text{应收账款机会成本}=\text{应收账款占用资金}\times\text{资金成本}$$

资金成本一般可按有价证券利息率计算。

$$\text{应收账款占用资金}=\text{应收账款平均余额}\times\text{变动成本率}$$

$$\text{应收账款平均余额}=\text{日销售额}\times\text{平均收现期}$$

$$\text{变动成本率}=\frac{\text{变动成本}}{\text{销售收入}}$$

【例4-4】　某公司预测的年度赊销收入净额为2 400万元，应收账款周转期为30天，变动成本率为75%，资金成本为8%。则该公司应收账款的机会成本计算如下：

应收账款平均余额＝（2400÷360）×30＝200（万元）

应收账款占用资金＝200×75%＝150（万元）

应收账款机会成本＝150×8%＝12（万元）

（二）管理成本

有了应收账款就要对它进行管理，制定和实施应收账款政策，所有这些活动（如进行客户的信用调查，进行账龄分析，采取催款行动等）都要付出一定的人力、物力和财力，这些构成应收账款的管理成本。

（三）坏账成本

由于客户的信用程度不同，支付能力各异，企业的部分应收账款会因少数客户无力支付而最终不能收回，成为坏账。这种坏账损失是应收账款产生的成本之一。

三、信用政策的确定

赊销的效果，依赖于企业的信用政策，企业必须保持恰当的信用政策，明确地规定信用标准、信用条件和收账政策。

（一）信用标准

信用标准，是指顾客获得企业的交易信用所应具备的条件。如果顾客达不到信用标准，就不能享受企业的信用或只能享受较低的信用优惠。

企业在设定某一顾客的信用标准时，往往先要评估他赖账的可能性。这可以通过“5C”系统来进行。所谓“5C”系统，就是评估顾客信用的5个方面，即品质（Character）、能力（Capacity）、资本（Capital）、抵押（Collateral）和条件（Conditions）。

（1）品质。品质指顾客的信誉，即履行偿债义务的愿望。企业必须设法了解顾客过去的付款记录，看其是否有按期如数付款的一贯做法以及与其他供货企业的关系是否良好。这一点经常被视为评价顾客信用的首要因素。

（2）能力。能力指顾客的偿债能力，即其流动资产的数量和质量以及与流动负债的比例。顾客的流动资产越多，其转换为现金支付款项的能力就越强。同时，应注意顾客流动资产的质量，看是否有存货过多、过时或质量下降，影响其变现能力和支付能力的情况。

（3）资本。资本指顾客的财务实力和财务状况，表明顾客可能偿还债务的背景。

（4）抵押。抵押指顾客拒付款项或无力支付款项时能被用做抵押的资产。这对于不知底细或信用状况有争议的顾客尤为重要。一旦收不到这些顾客的款项，便以抵押品抵补。如果这些顾客提供足够的抵押，就可以考虑向他们提供相应的信用。

（5）条件。条件指可能影响顾客付款能力的经济环境。比如，万一出现经济不景气，会对顾客的付款产生什么影响，顾客会如何做等，这需要了解顾客在过去困难时期的付款历史。

（二）信用条件

如果顾客达到信用标准，便能享受企业的信用优惠，一旦企业决定给予客户信用优惠，就需要考虑具体的信用条件。所谓信用条件就是指企业接受客户信用订单时所提出的付款要求，主要包括信用期间、现金折扣。

1. 信用期间

信用期间是企业给予顾客的付款期间。例如，若某企业允许顾客在购货后50天内付款，则信用期为50天。信用期过短，不足以吸引顾客，在竞争中会使销售额下降；信用期过长，对销售额增加固然有利，但只顾及销售增长而盲目放宽信用期，所得的收益有时会被增长的费用抵消，甚至造成利润减少。因此，企业必须慎重考虑恰当的信用期。

信用期的确定，主要是分析改变现行信用期对收入和成本的影响。延长信用期，会使销售额增加，产生有利影响；与此同时，应收账款、收账费用和坏账损失增加，会产生不利影响。当前者大于后者时，可以延长信用期，否则不宜延长。如果缩短信用期，情况与此相反。

【例 4-5】 某公司采用 30 天按发票金额付款的信用政策，现在拟将信用期放宽至 60 天，仍按发票金额付款即不给折扣。假设风险投资的最低报酬率为 15%，其他有关的数据见表 4-2。采用 60 天的应用期是否可行？

表 4-2 **不同信用期的有关数据表**

项目 \ 信用期	30 天	60 天
销售量（件）	100 000	120 000
销售额（元）（单价 5 元）	500 000	600 000
销售成本（元）		
其中：变动成本（每件 4 元）	400 000	480 000
固定成本（元）	50 000	50 000
毛利（元）	50 000	70 000
可能发生的收账费用（元）	3 000	4 000
可能发生的坏账损失（元）	50 000	9 000

在分析时，先计算放宽信用期得到的收益，然后计算增加的成本，最后根据两者比较的结果作出判断。

（1）计算收益的增加：

收益的增加＝销售量的增加×单位边际贡献

＝（120 000－100 000）×（5－4）＝20 000（元）

（2）应收账款占用资金的应计利息（机会成本）增加：

$$30\text{ 天信用期应计利息}=\frac{500\ 000}{360}\times 30\times \frac{400\ 000}{500\ 000}\times 15\%=5\ 000\text{（元）}$$

$$60\text{ 天信用期应计利息}=\frac{600\ 000}{360}\times 60\times \frac{480\ 000}{600\ 000}\times 15\%=12\ 000\text{（元）}$$

应计利息增加＝12 000－5 000＝7 000（元）

（3）收账费用和坏账损失增加：

收账费用增加＝4 000－3 000＝1 000（元）

坏账损失增加＝9 000－5 000＝4 000（元）

（4）分析改变信用期的税前损益：

净收益=收益增加-成本费用增加=20 000-（7 000+1 000+4 000）= 8 000（元）

由于收益的增加大于成本，故采用60天信用期可行。

2. 现金折扣

现金折扣是企业对顾客在商品价格上所做的扣减。向顾客提供这种价格上的优惠，主要目的在于吸引顾客为享受优惠而提前付款，缩短企业的平均收款期。另外，现金折扣也能招揽一些视折扣为减价出售的顾客来购货，借此扩大销售量。折扣的表示常采用如5/10、3/20、*n*/30这样一些符号形式。这三种符号的含义为：5/10表示10天内付款，可享受5%的价格优惠，即只需支付原价的95%，如原价为10 000元，只支付9 500元；3/20表示20天内付款，可享受3%的价格优惠；*n*/30表示付款的最后期限为30天，此时付款无优惠。

企业采用什么程度的现金折扣，要与信用期间结合起来考虑。比如，要求顾客最迟不超过30天付款，若希望顾客在20天、10天付款，能给予多大折扣？或者给予5%、3%的折扣，能吸引顾客在多少天内付款？不论是信用期间还是现金折扣，都可能给企业带来收益，但也会增加成本。现金折扣带给企业的好处前面已讲过，它使企业增加的成本，则指的是价格折扣损失。当企业给予顾客某种现金折扣时，应当考虑折扣所能带来的收益与成本孰高孰低，权衡利弊后决断。

因为现金折扣是与信用期间结合使用的，所以确定折扣程度的方法与程序实际上与前述确定信用期间的方法与程序一致，只不过要把所提供的延期付款时间和折扣综合起来，看各方案所提供的延期付款时间与折扣能取得多大的收益增量，再计算各方案带来的成本变化，最终确定最佳方案。

【例4-6】　沿用例4-5，假定该公司在放宽信用期的同时，为了吸引顾客尽早付款，提出了0. 8/30，*n*/60的现金折扣条件，估计会有一半的顾客（按60天信用期所能实现的销售量计）将享受现金折扣的优惠。是否应当放宽信用期，提供现金折扣？

（1）收益的增加：

收益的增加=销售量的增加×单位边际贡献

=（120 000-100 000）×（5-4）= 20 000（元）

（2）应收账款占用资金的应计利息增加：

$$30\text{天信用期应计利息}=\frac{500\ 000}{360}\times30\times\frac{400\ 000}{500\ 000}\times15\%=5\ 000\text{（元）}$$

提供现金折扣的应计利息

$$=\left(\frac{600\ 000\times50\%}{360}\times60\times\frac{480\ 000\times50\%}{600\ 000\times50\%}\times15\%\right)+\left(\frac{600\ 000\times50\%}{360}\times30\times\frac{480\ 000\times50\%}{600\ 000\times50\%}\times15\%\right)$$

=6 000+3 000=9 000（元）

应计利息增加=9 000-5 000=4 000（元）

（3）收账费用和坏账损失增加：

收账费用增加=4 000-3 000=1 000（元）

坏账损失增加=9 000-5 000=4 000（元）

（4）估计现金折扣成本的变化：

现金折扣成本增加 = 新的销售水平 × 新的现金折扣率 × 享受现金折扣的顾客比例 − 旧的销售水平 × 旧的现金折扣率 × 享受现金折扣的顾客比例

$= 60\ 000 \times 0.8\% \times 50\% - 500\ 000 \times 0 \times 0 = 2\ 400$（元）

（5）提供现金折扣后的税前损益：

收益增加-成本费用增加 = 20 000-（4 000+1 000+4 000+2 400）= 8 600（元）

由于可获得税前收益，故应当放宽信用期，提供现金折扣。

（三）收账政策

收账政策是指当企业的应收账款不能如期收回时，企业所采取的收账策略和方法。对于短期拖欠的账款，企业可以采取发函、打电话催收的方法；对于拖欠期较长的账款可以采取派人上门催款，请公司法律顾问协助等方法；对于长期拖欠的账款企业可以采取请有关代理机构帮助催收，以至上法院起诉等方法。一般来讲，积极的收账政策会产生较好的收账效果，减少坏账损失，但积极的收账政策也必然产生较高的收账费用。如出差人员的差旅费、聘请律师的费用、交付给代理机构的费用等显性费用以及一些难以量化的隐性费用（如与客户关系的破裂，与地方保护主义的矛盾等，这些很可能影响企业以后的经营活动，这些隐性费用在我国有时表现得尤为明显）。因此，应在权衡增加的收账费用和减少的应收账款机会成本和坏账损失之后制定合理的收账政策。

【例 4-7】　某企业如果改变收账政策会有如下结果：年赊销额1 200 000元不变，年收账费用将由20 000元增至30 000元，应收账款年周转率由 8 次升至 12 次，坏账损失占销售收入的比率由 4%降至 3%，该企业资金成本为 20%。该企业是否应该改变收账政策？

计算分析该企业两种收款政策的不同情况，如表 4-3 所示。

表 4-3　**收账政策决策分析表**

项目 \ 收账政策	当前收账政策	改变后的收账政策
赊销额（元）	1 200 000	1 200 000
应收账款周转率（次）	8	12
应收账款平均占用额（元）	150 000	100 000
改变后的收账政策节约的机会成本（元）	—	10 000
坏账损失（元）	48 000	36 000
改变后的收账政策减少的坏账损失（元）	—	12 000
收账费用（元）	20 000	30 000
改变后的收账政策增加的收款费用（元）	—	10 000

从表 4-3 可以看出，该企业如果采用改变后的收账政策，计划节约的应收账款机会成本和坏账损失为 22 000 元（10 000+12 000），大于增加的收账费用 10 000 元，对企业有

利，因此，应该改变收账政策。

四、应收账款的日常管理

（一）及时建立客户信用档案

企业应该为每一个客户建立信用档案，定期进行信用调查和评估，以便掌握客户信用的动态情况，随时调整更新信用档案。客户信用档案是企业制定、修改信用政策的基本依据。

（二）实施应收账款的跟踪分析

1. 分析影响应收账款按期收回的因素

客户的信用品质、财务状况、客户是否可以实现该产品的价值转换或增值是影响应收账款按期收回的主要因素。

2. 跟踪分析的原因

应收账款问题并不仅仅是交易双方的问题，常常会涉及第三方。在企业经营循环过程中，有一个环节出了问题，将可能导致一系列的信用危机。因此应将主要精力集中在那些交易金额大、交易次数频繁或信用品质有疑问的客户身上，并且时刻关注客户及其交易伙伴以上三个因素的变化情况，以便及时作出决策。

（三）应收账款账龄分析

企业发生的应收账款，其时间长短各不相同，有的在信用期内，而有的已经超出了信用期，形成逾期拖欠。一般而言，逾期拖欠账款时间越长，账款催收的难度越大，发生坏账损失的可能性也越高。因此，企业需要做好应收账款的账龄分析工作，且分析的重点是已超过信用期拖欠的应收账款。

将应收账款按账龄分类，尤其是按被拖欠的时间分类，密切关注应收账款的回收情况；还可从应收账款账龄结构分析入手，通过各类不同账龄的应收账款余额占应收账款总余额的百分比，可以清楚地看出企业应收账款的分布和被拖欠情况，便于企业加强对应收账款的管理。如果账龄分析显示企业应收账款的账龄开始延长或者逾期金额所占比例逐渐增加，那就必须及时采取措施，调整企业的信用政策，努力提高应收账款的收现率。

（四）应收账款收现保证率分析

应收账款收现保证率是指在一定会计期间内必须收现的应收账款占全部应收账款的比重。

必须收现的应收账款是指在一定会计期间内，为了保证企业正常的现金流转，特别是满足具有刚性约束的纳税及偿付不能展期的到期债务的需要，而必须通过应收账款收现来补充的现金，其数值等于当期必要现金支付总额与当期其他稳定可靠的现金流入总额之间的差额。

应收账款收现保证率是为了适应企业现金收支匹配关系的需要，所确定的必须收现的应收账款占全部应收账款的百分比，是二者应当保持的最低比例。其计算公式为：

必须收现的应收账款＝当期必要现金支付总额－当期其他稳定可靠的现金流入总额

应收账款收现保证率＝必须收现的应收账款÷当期应收账款总额

当期其他稳定可靠的现金流入总额是指从应收账款收现以外可以取得的其他稳定可靠

的现金流入数额，主要包括短期有价证券变现净额、可随时取得的银行贷款额等。

项目三　存货管理

一、存货的功能

存货是指企业在生产经营过程中为销售或者耗用而储备的物资，包括材料、燃料、低值易耗品、在产品、半成品、产成品、协作件、商品等。存货管理水平的高低直接影响企业的生产经营能否顺利进行，并最终影响企业的收益、风险等状况。

存货管理目标，就是要尽量在各种存货成本与存货效益之间作出权衡，在充分发挥存货功能的基础上，降低存货成本，实现两者的最佳结合。存货的功能是指存货在企业生产经营过程中起到的作用，具体包括：

（1）保证生产或销售的经营需要。实际上，企业很少能做到随时购入生产或销售所需的各种物资，即使是市场供应充足的物资也如此，这不仅是因为不时会出现某种材料的市场断档，而且还因为企业距供货点较远而需要必要的途中运输及可能出现运输故障。一旦生产或销售所需物资短缺，生产经营将被迫停顿，造成损失。为了避免或减少出现停工待料、停业待货等事故，企业需要储存存货。

（2）降低存货取得成本。一般情况下，当企业进行采购时，进货总成本与采购物资的单价和采购次数有密切关系。而许多供应商为鼓励客户购买其产品，往往在客户采购量达到一定数量时，给予价格折扣，所以企业通过大量集中进货，既可以享受价格折扣，降低购置成本，也因此减少了订货次数，降低了订货成本，使总的进货成本降低。

（3）防止意外事件发生。企业在采购、运输、生产和销售过程中，都可能发生意料之外的事故，保持必要的存货储备，可以避免和减少意外事件的损失。

二、持有存货的有关成本

与持有存货有关的成本，包括以下三种：

（一）取得成本

取得成本是指为取得某种存货而支出的成本，通常用 TC_a 来表示。它又分为订货成本和购置成本。

（1）订货成本，指取得订单的成本，如办公费、差旅费、邮资、电报电话费、运输费等支出。订货成本中有一部分与订货次数无关，如常设采购机构的基本开支等，称为订货的固定成本，用 F_1 表示；另一部分与订货次数有关，如差旅费、邮资等，称为订货的变动成本。每次订货的变动成本用 K 表示；订货次数等于存货年需要量 D 与每次进货量 Q 之商。订货成本的计算公式为：

$$订货成本=F_1+\frac{D}{Q}K$$

（2）购置成本，指存货本身的价值，经常用数量与单价的乘积来确定。年需要量用 D 表示，单价用 U 表示，于是购置成本为 DU。

订货成本加上购置成本，就等于存货的取得成本。其公式可表达为：

取得成本=订货成本+购置成本=订货固定成本+订货变动成本+购置成本

$$TC_a = F_1 + \frac{D}{Q}K + DU$$

（二）储存成本

储存成本指为保持存货而发生的成本，包括存货占用资金所应计的利息（若企业用现有现金购买存货，便放弃了现金存放银行或投资于证券本应取得的利息，此为“放弃利息”；若企业借款购买存货，便要支付利息费用，此为“付出利息”）、仓库费用、保险费用、存货破损和变质损失等，通常用TC_C来表示。

储存成本也分为固定成本和变动成本。固定成本与存货数量的多少无关，如仓库折旧、仓库职工的固定月工资等，常用F_2表示。变动成本与存货的数量有关，如存货资金的应计利息、存货的破损和变质损失、存货的保险费用等，单位储存变动成本用K_C来表示。用公式表达的储存成本为：

储存成本=储存固定成本+储存变动成本

$$TC_C = F_2 + K_C\frac{Q}{2}$$

（三）缺货成本

缺货成本指由于存货供应中断而造成的损失，包括材料供应中断造成的停工损失、产成品库存缺货造成的拖欠发货损失和丧失销售机会的损失及造成的商誉损失等；如果生产企业紧急采购代用材料以解决库存材料中断之急，那么缺货成本就表现为紧急额外购入成本（紧急额外购入的开支会大于正常采购的开支）。缺货成本用TC_S表示。缺货量用S表示，单位缺货成本用K_U表示。缺货成本计算公式为：

$$TC_S = SK_U\frac{D}{Q}$$

如果以TC来表示储备存货的总成本，它的计算公式为：

$$TC = TC_a + TC_C + TC_S = F_1 + \frac{D}{Q}K + DU + F_2 + K_C\frac{Q}{2} + SK_U\frac{D}{Q}$$

企业存货的最优化，即是使TC值最小。

三、存货控制

存货控制涉及的内容是多方面的，诸如决定进货项目、选择供应单位、决定进货时间、决定进货的批量等，这些工作涉及的部门也较多，如企业的供应部门、生产部门、销售部门、财务部门等。财务部门实施对存货的控制，实现存货管理的目标，要在与其他有关部门的协调配合中完成。财务部门要做的主要工作是决定进货时间和进货数量从而有效地控制存货数量。在企业存货管理和控制的实践中，逐步形成了一些有效的存货控制方法。以下介绍三种常用的方法：

（一）存货经济批量控制法

企业在确定了计划采购总量后，还要确定每次的合理进货批量，以防止盲目采购造成损失。合理的进货批量也就是经济进货批量，是指能够使一定时期存货的总成本达到最低点的进货数量。通过上述对存货成本的分析可知，不同的成本项目与进货批量呈现着不同的变动关系。减少进货批量，增加进货次数，在影响储存成本降低的同时，也会导致订货变动成本与缺货成本提高；相反，增加进货批量，减少进货次数，尽管有利于降低订货变动成本与缺货成本，但同时会导致变动储存成本提高。因此，如何协调各项成本费用间的关系，使其总和保持最低水平，是企业组织进货时需要解决的主要问题。

存货经济批量控制法需要依据具体情况而加以实施。以下分别就不允许缺货且无数量折扣、不允许缺货但有数量折扣、允许缺货情况下如何确定经济进货批量作较为详细的介绍。

1. 不允许缺货且无数量折扣情况下经济进货批量的确定

不允许缺货且无数量折扣情况下确定的进货批量，也就是基本经济进货批量。因为与存货总成本有关的变量很多，即影响的因素很多，为了解决较复杂的问题，有必要简化或舍弃一些因素，先研究解决基本的、简单的问题。基本经济进货批量的确定，是以如下假设为前提的：

（1）企业一定时期的进货总量可以较为准确地予以预测。

（2）存货的耗用或者销售比较均衡。

（3）存货的价格稳定，且不存在数量折扣，进货日期完全由企业自行决定，并且每当存货量降为零时，下一批存货均能马上一次到位。

（4）仓储条件及所需现金不受限制。

（5）不允许出现缺货情形。

（6）所需存货市场供应充足，不会因买不到所需存货而影响其他方面。

由于企业不允许缺货，即每当存货数量降至零时，下一批订货便会随即全部购入，故不存在缺货成本。此时与存货订购批量、批次直接相关的就只有订货变动成本和变动储存成本两项。这样，订货变动成本与变动储存成本总和最低水平下的进货批量，就是经济进货批量。其计算公式为：

$$\text{经济进货批量}（Q）= \frac{\sqrt{2KD}}{K_C}$$

$$\text{经济进货批量的相关存货总成本}（\mathrm{TC_Q}）= \sqrt{2KDK_C}$$

$$\text{经济进货批量的平均占用资金}（W）= \frac{QU}{2}$$

$$\text{年度最佳进货批次}（N）= \frac{D}{Q}$$

【例 4-8】　D 公司每年需耗用甲材料 8 000 千克，该材料的单位采购成本为 15 元，单位储存成本为 5 元，平均每次订货成本为 50 元，试确定其经济进货批量。

$Q = \sqrt{2 \times 8\,000 \times 50/5} = 400$（千克）

$\mathrm{TC_Q} = \sqrt{2 \times 8\,000 \times 50 \times 5} = 2\,000$（元）

$W = 400 \times 15/2 = 3\,000$（元）　　$N = 8\,000/400 = 20$（次）

上述计算表明，当进货批量为400千克时，进货费用与储存成本总额最低。

2. 不允许缺货但有数量折扣情况下经济进货批量的确定

不允许缺货但有数量折扣情况下的经济进货批量，就是实行数量折扣的经济进货批量。为了鼓励客户购买更多的商品，销售企业通常会给予不同程度的价格优惠，即实行数量折扣或称价格折扣。购买越多，所获得的价格优惠越大。此时，进货企业对经济进货批量的确定，除了考虑订货成本与变动储存成本外，还应考虑存货的进价成本，因为此时存货进价成本已经与进货数量的大小有了直接的联系，属于决策的相关成本。其计算的基本步骤为：首先按照基本模式确定无数量折扣情况下的经济进货批量及其相关总成本，然后加进不同批量的进价成本差异因素，通过比较确定成本总额最低的进货批量，即不允许缺货但有数量折扣时的经济进货批量。

【例4-9】　D公司甲材料的年需要量为8 000千克，每千克标准进价为15元。销售企业规定：客户每批购买量不足1 000千克的，按照标准价格计算；每批购买量1 000千克以上、2 000千克以下的，价格优惠2%；每批购买量2 000千克以上的，价格优惠3%。已知每批变动订货成本为50元，单位材料的年储存成本为5元。试计算其经济进货批量。

在没有数量折扣（即进货批量在1 000千克以下）时的经济进货批量和相关存货成本总额：

经济进货批量 = $\sqrt{2\times 8\ 000\times 50/5}$ = 400（千克）

相关存货成本总额 = 8 000×15+8 000/400×50+400/2×5 = 122 000（元）

进货批量在1 000~1 999千克，可以享受2%的价格优惠。在此范围内，进价成本总额是相同的，逐项计算可发现，越是接近价格优惠的进货批量，成本总额就越低，这是一个规律。所以，在可享受2%的价格优惠的批量范围内，成本总额最低的进货批量是1 000千克，存货成本总额计算如下：

存货成本总额 = 8 000×15×（1−2%）+8 000/1 000×50+1 000/2×5 = 120 500（元）

同理，在享受3%价格优惠的进货批量（即进货批量在2 000千克以上）范围内，成本总额最低的进货批量为2 000千克，存货成本总额计算如下：

存货成本总额 = 8 000×15×（1−3%）+8 000/2 000×50+2 000/2×5 = 121 600（元）

通过比较可以发现，在各种价格条件下的批量范围内，成本总额最低的进货批量为1 000千克。当然这一结论是建立在基本经济进货模式的其他各种假设条件均能具备的前提之上的。

3. 允许缺货情况下经济进货批量的确定

允许缺货情况下，企业对经济进货批量的确定，就不仅要考虑进货费用与储存费用，而且还必须对可能的缺货成本加以考虑，即能够使三项成本总和最低的进货批量便是允许缺货情况下的经济进货批量。

存货相关总成本 = 相关进货成本+相关储存成本+缺货成本

在存货相关总成本最低且允许缺货情况下经济进货批量及每次缺货量的计算公式为：

$$Q = \sqrt{\frac{2KD}{K_C} \times \frac{K_C + K_U}{K_U}} \qquad S = \frac{QK_C}{K_C + K_U}$$

【例 4-10】 某企业甲材料年需要量为 32 000 千克，每次变动订货成本为 60 元，单位储存成本为 4 元，单位缺货成本为 8 元。试计算其经济进货批量。

$$Q = \sqrt{\frac{2 \times 32\ 000 \times 60}{4} \times \frac{4 + 8}{8}} = 1\ 200(\text{千克})$$

$$S = 1\ 200 \times \frac{4}{4 + 8} = 400(\text{千克})$$

上述计算表明，当单位缺货成本为 8 元时，经济进货批量为 1 200 千克，每次缺货量为 400 千克。

4. 保险储备量与再订货点

在许多情况下，企业的存货会受存货需求与耗用以及每次订货的保障程度等不确定因素的影响而发生短缺，因此，企业就不能等到存货全部用尽后才去订货，而必须留有一定的保险储备量，并确定合理的订货点。

（1）保险储备量的确定。订货间隔期是指为保证生产经营的顺利进行，而测定出的要提前购入存货的天数。影响保险储备量的因素主要是存货需求量和订货间隔期。其计算公式为：

保险储备量＝（预计每天最大耗用量−平均每天正常耗用量）×订货间隔期

【例 4-11】 某企业存货的经济进货批量为 270 千克，30 天订货一次，订货间隔期为 10 天，每天最大耗用量为 12 千克。该企业的保险储备量是多少？

保险储备量＝（12−270÷30）×10＝30（千克）

企业增加保险储备量，可以有效减少缺货所造成的损失，但会使存储费用增加。因此，企业必须在减少缺货损失和增大存储费用之间权衡得失，使二者之和达到最小，这时的保险储备量才是最合理的。

（2）再订货点的确定。再订货点是指当企业存货降低到某一数量时，采购部门就应立即再一次订货。一般企业再订货点的确定方法是企业订货间隔期内正常耗用量加保险储备量之和。其计算公式为：

再订货点＝（平均每天正常耗用量×订货间隔期）+保险储备量
＝预计每天最大耗用量×订货间隔期

当企业达到再订货点时，便立即发出订货单，等到下批订货到达，原有库存正好用到保险储备量，此时新购入的存货恰好接上，保证了正常的生产经营。

【例 4-12】 某企业甲材料的经济订货批量为 300 件，平均每天正常耗用 25 件，最高耗用量为 40 件，订货间隔期为 6 天。该企业何时再订货？

再订货点＝25×6+（40−25）×6＝40×6＝240（件）

上述计算说明，该企业在甲材料库存量降至 240 件时，就需要进行再一次订货。

（二）存货储存期控制法

存货储存期控制法，是根据存货的有关费用与存货储存时间的依存关系，通过控制存货储存时间，加速存货周转，实现存货管理目标的一种控制方法。无论是商品流通企业还是生产制造企业，其商品或产品一旦入库，便面临着如何尽快销售出去的问题。且不考虑未来市场供求关系的不确定性，仅是存货储存本身就会给企业造成较多的资金占用费

（如利息成本或机会成本）和仓储管理费。因此尽力缩短存货储存时间、加速存货周转，是节约资金占用、降低成本费用、提高企业获利水平的重要保证。

企业进行存货投资所发生的费用支出，按照与储存时间的关系可以分为固定储存费与变动储存费两类。前者数额的大小与存货储存期的长短无直接联系，如各项进货费用、管理费用等。后者即变动储存费则随着存货储存期的延长或缩短成正比例增减变动，如存货资金占用费（贷款购置存货的利息或现金购置存货的机会成本）、存货仓储管理费、仓储损耗（为计算方便，如果仓储损耗较小，可将其并入固定储存费）等。

基于上述分析，引入本量利的平衡关系原理，可以将企业经营商品的毛利、销售税金及附加、固定储存费、变动储存费以及商品储存期（天数）的相关联系用图 4-4 表示。

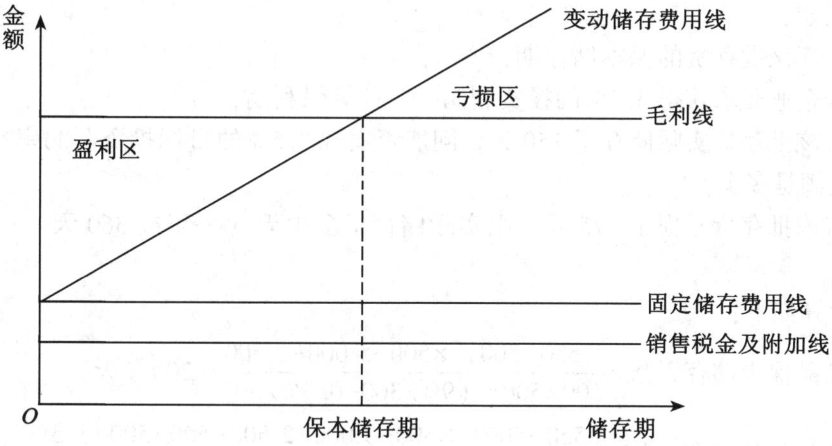

图 4-4　商品储存盈亏关系图

利润的计算公式调整如下：

利润＝毛利－固定储存费用－销售税金及附加－每日变动储存费用×储存天数

可见，存货的储存成本之所以会不断增加，主要是变动储存费用随着存货储存期的延长而不断增加的结果，因此利润与费用之间此增彼减的关系实际上是利润与变动储存费之间此增彼减的关系。这样，随着储存期的延长，利润将日渐减少。当毛利扣除固定储存费和销售税金及附加后的余额被变动储存费抵消到恰好等于企业目标利润时，就表明存货已经到了保利期。当它完全被变动储存费抵消时，便意味着存货已经到了保本期。无疑，存货如果能够在保利期内售出，所获得的利润便会超过目标值。反之将难以实现既定的利润目标。倘若存货不能在保本期内售出的话，企业便会蒙受损失。其具体计算公式如下：

$$存货保本储存天数=\frac{毛利-固定储存费用-销售税金及附加}{每日变动储存费用}$$

$$存货保利储存天数=\frac{毛利-固定储存费用-销售税金及附加-目标利润}{每日变动储存费用}$$

在整批购进又整批卖出的情况下，经销某批存货获利或亏损的计算公式如下：

获利或亏损额＝每日变动储存费×（保本储存天数－实际储存天数）

在批进零售的情况下，经销某批存货获利或亏损的计算公式如下：

获利或亏损额=每日变动储存费×（平均保本储存天数-平均实际储存天数）

其中：平均实际储存天数$=\frac{1}{2}\times$（购进批量/日均销量+1）

$=\frac{1}{2}\times$（实际零售完天数+1）

当保本储存天数大于实际储存天数时获利，反之亏损。

【例 4-13】　某商品流通企业购进丙商品 500 件，单位进价（不含增值税）为 500 元，单位售价为 550 元（不含增值税），经销该商品固定储存费用为 5 000 元，若货款均来自银行贷款，年利率为 9%，该批存货的月保管费用率为 0.3%，销售税金及附加为 2 500元。要求：

（1）计算该批存货的保本储存期；

（2）若企业要求获得 3.5%的投资利润率，计算保利期；

（3）若该批存货实际储存了 150 天，问能否实现 3.5%的目标投资利润率？若不能实现，则其差额是多少？

（4）若该批存货亏损了 875 元，则实际储存了多少天（一年按 360 天、一个月按 30 天计算）？

分别计算如下：

（1）商品保本储存天数$=\frac{(550-500)\times500-5\ 000-2\ 500}{500\times500\times(9\%/360+0.3\%/30)}=200$（天）

（2）商品保利储存天数$=\frac{(550-500)\times500-5\ 000-2\ 500-500\times500\times3.5\%}{500\times500\times(9\%/360+0.3\%/30)}$

$=\frac{8\ 750}{87.5}=100$（天）

（3）储存 150 天的实际利润额=87.5×（200-150）= 4 375（元）

实际利润小于目标利润 8 750 元（500×500×3.5%），未达到 3.5%的目标投资利润率，其差额为 4 375 元（8 750-4 375）。

（4）亏损 875 元的实际储存天数$=200-\frac{-875}{87.5}=210$（天）

从财务管理的角度看，需要分析哪些存货基本能在保利期内销售出去，哪些存货介于保利期与保本期之间售出，哪些存货直至保本期已过才能售出或根本就没有市场需求。通过分析，财务部门应当通过调整资金供应政策，促使经营部门调整产品结构和投资方向，推动企业存货结构的优化，提高存货的投资效率。

（三）ABC 分类法

ABC 分类法是意大利经济学家巴雷特（Pareto）于 19 世纪首创的，以后经过不断发展和完善，现已广泛用于存货管理、成本管理和生产管理。对于企业尤其是大型企业而言，它们拥有成千上万种存货项目，其数量价值各不相同，甚至相差很远。如果不分清主次，面面俱到，就抓不住重点，不能有效地控制主要存货资金。ABC 分类法就是遵循

“保证重点，照顾一般”的原则，采用科学的分析方法，将重点存货与一般存货加以划分，分别进行管理的一种有效管理方法。

ABC 分类法是按照一定标准，将企业的存货划分为 A、B、C 三类，分别实行按品种重点管理，按类别一般控制和按总额灵活掌握的存货管理方法。

1. ABC 分类的标准

分类标准主要有两个：一是金额标准；二是品种数量标准。其中金额标准是最基本的，品种数量标准仅作为参考。具体做法是：

A 类：金额巨大，但品种数量较少的存货（品种数量占总品种数量的 10%左右，金额占总金额的 70%左右）；

B 类：介于 A、C 两类之间的存货（品种数量占总品种数量的 20%左右，金额占总金额的 20%左右）；

C 类：金额微小，但品种数量众多的存货（品种数量占总品种数量的 70%左右，金额占总金额的 10%左右）。

存货 ABC 分类标准如表 4-4 所示。

表 4-4 **存货 ABC 分类标准**

存货类别	标准	存货金额占整个存货金额的比重	品种数量占整个存货品种数量的比重
A 类	存货金额很大，存货的品种数量很少	60%~80%	5%~20%
B 类	存货金额较大，存货的品种数量较多	15%~30%	20%~30%
C 类	存货金额较小，存货的品种数量繁多	5%~15%	60%~70%

2. ABC 分类法的运用

把存货划分为 ABC 三大类，其目的是实现最经济最有效的管理。其具体内容如表 4-5 所示。

表 4-5 **存货 ABC 分类管理**

管理项目	A 类存货	B 类存货	C 类存货
管理要求	严格控制	一般控制	简便控制
控制方法	按品种严格控制	按类别控制	按总额控制
采购批量	按经济订购量控制	适当放宽	简单估算
盘点要求	实行永续盘存制	定期检查	实行实地盘存制

续表

管理项目	A 类存货	B 类存货	C 类存货
记录要求	序时记录	定期记录	定期汇总记录
领用方式	限额领料	一般掌握	一般掌握
保险储备	按品种确定	按类别确定	视情况而定

【例 4-14】　某企业共有材料 15 种，共占用资金 80 000 元，该企业存货控制采用 ABC 分类法，各种材料的归类情况详见表 4-6。

表 4-6　**存货归类情况表**

类　别	品种数量	品种比重（%）	资金总额（元）	资金比重（%）
A 类存货	2	13.3	58 000	72.5
B 类存货	4	26.7	17 200	21.5
C 类存货	9	60.0	4 800	6.0
合计	15	100.0	80 000	100.0

根据以上分类，该企业分别确定对 A、B、C 三类存货采取以下不同的控制措施：

A 类存货品种少，资金占用大，其管理的好坏关系极大，是存货管理的重点。抓好 A 类存货的管理，有利于降低成本，节约资金占用，对于 A 类存货要实行分品种重点规划和管理，科学确定其经济订购批量；经常检查其库存情况，严格控制库存数量，对存货的收、发、存进行详细记录定期盘点，并努力加快其周转速度。

C 类存货品种繁多，资金占用较少，一般可以采用比较简化的方法进行管理，通常采用总额控制的方式。可根据经验确定其资金占用量，或者规定一个订货点。当存货低于这个订货点时就组织进货，酌量增大每次订货量，减少订货次数。

B 类存货介于 A、C 两类之间，实行次重点管理，一般可按存货类别进行控制，可适当放宽经济采购量，尽量节约人力、物力，以降低其成本。

综上所述，ABC 分类法的特点在于使企业分清主次，突出重点，照顾一般，提高存货资金管理的整体效果。

四、存货的日常管理

（一）建立科学的存货内部控制制度

企业要严格按照相关财务制度的规定，办理各种存货的收发业务，定期不定期地对存货组织盘点，对于盘盈、盘亏和报废的存货要查明原因，并分别按不同情况，经过批准后及时进行账务处理，保证存货的实有数与账存数相符。

（二）加强存货的采购管理

企业应该定期根据生产计划、成本计划和销售计划，结合存货的库存情况，认真审核材料物资供应计划，审查汇编材料物资采购计划并严格按照采购计划执行，防止盲目采购，并控制材料物资的采购成本。

（三）分析存货储备，减少存货积压

企业应随时了解各项存货的储备情况，并针对不同情况采取不同措施。一般情况，凡是已经超过保本期的存货，大多属于积压呆滞的存货，应对其积极促销，尽量降低损失；对于超过保利期而未超过保本期的存货，应检查其销售状况，密切关注，并尽早采取措施；至于尚未超过保利期的存货，则需密切监督和控制，以防发生过期损失。

思考与练习

一、单项选择题

1. 各种持有现金的动机中，属于应付未来现金流入和流出随机变动的动机是（　　）。
   A. 交易动机　　B. 预防动机
   C. 投机动机　　D. 长期投资动机
2. 持有过量现金可能导致的不利后果是（　　）。
   A. 财务风险加大　　B. 收益水平下降
   C. 偿债能力下降　　D. 资产流动性下降
3. 成本分析模式和存货模式确定最佳货币资金持有量，须考虑的成本是（　　）。
   A. 机会成本　　B. 短缺成本
   C. 管理成本　　D. 转换成本
4. 下列项目中属于持有现金的机会成本的是（　　）。
   A. 现金管理人员工资　　B. 现金安全措施费用
   C. 现金被盗损失　　D. 现金的再投资收益
5. 下列各项成本中与现金的持有量成正比例关系的是（　　）。
   A. 管理成本　　B. 机会成本
   C. 转换成本　　D. 短缺成本
6. 通常情况下，企业持有现金的机会成本（　　）。
   A. 与现金余额成反比　　B. 可以用有价证券的收益率表示
   C. 与持有时间成反比　　D. 不影响与现金有关的决策
7. 下列各项中，属于应收账款机会成本的是（　　）。
   A. 应收账款占用资金的应计利息　　B. 现金折扣成本
   C. 坏账损失　　D. 收账费用
8. （　　）反映了客户的经济实力与财务状况的优劣，是客户偿付债务的最终保证。
   A. 品质　　B. 经济环境　　C. 资本　　D. 抵押品
9. 对现金折扣的表述，正确的是（　　）。
   A. 又叫商业折扣　　B. 折扣率越低，企业付出的代价越高
   C. 目的是为了加快账款的回收　　D. 为了增加利润，应当取消现金折扣

10. 在其他因素不变的情况下，企业采用积极的收账政策，可能导致的后果是(　　)。

A. 坏账损失增加　　B. 机会成本增加

C. 收账费用增加　　D. 平均收账期延长

11. 存货的取得成本是（　　）。

A. 购置成本　　B. 订货成本

C. 购置成本+订货成本　　D. 购置成本+储存成本

12. 储存成本是指保管存货过程中发生的支出，储存成本（　　）。

A. 一部分是固定的　　B. 全部是固定的

C. 全部是变动的　　D. 一部分是固定的，一部分是变动的

13. 下列各项中属于存货变动性储存成本的是（　　）。

A. 仓储管理人员的基本工资　　B. 储存存货仓库的折旧费

C. 存货的保险费用　　D. 存货占用资金的应计利息

14. 存货决策的经济批量是指（　　）。

A. 使订货成本最低的进货量　　B. 使储存成本最低的进货量

C. 使缺货成本最低的进货量　　D. 使存货总成本最低的进货量

15. 在允许缺货的情况下，经济进货批量是使（　　）的进货批量。

A. 订货成本与储存成本之和最小

B. 订货费用等于储存成本

C. 订货费用、储存成本与短缺成本之和最小

D. 订货成本等于储存成本之和

16. 在供货企业不提供数量折扣的情况下，影响经济订货量的因素是（　　）。

A. 采购成本　　B. 储存成本中的固定成本

C. 进货成本中的固定成本　　D. 进货成本中的变动成本

17. （　　）是指企业订购下一批存货时存货的储备量。

A. 每日正常耗用量　　B. 再订货点

C. 每日最大耗用量　　D. 保险储备量

18. 在计算存货保本储存天数时，以下各项中不需要考虑的因素是（　　）。

A. 销售税金　　B. 变动储存费

C. 所得税　　D. 固定储存费

19. 下列说法正确的是（　　）。

A. 存货保本储存天数和存货保利储存天数均与每日变动储存费成正比

B. 存货保本储存天数和存货保利储存天数均与目标利润正方向变动

C. 存货保利储存天数与固定储存费用正方向变动

D. 存货保利储存天数与毛利同方向变动

20. 在对存货实行 ABC 分类管理的情况下，ABC 三类存货的金额比重大致为(　　)。

A. 0.7：0.2：0.1　　B. 0.1：0.2：0.7

C. 0.5：0.3：0.2　　D. 0.2：0.3：0.5

二、多项选择题

1. 企业营运资金由（　　）共同决定。
   A. 流动资产　　B. 流动负债　　C. 总资产　　D. 总负债
2. 企业的流动资产主要由（　　）构成。
   A. 现金　　B. 存货　　C. 应收账款　　D. 长期股权投资
3. 与固定资产投资相比，流动资产投资的特点包括（　　）。
   A. 投资回收期短　　B. 流动性强
   C. 多种类型流动资产同时存在　　D. 收益性高
4. 下列说法正确的有（　　）。
   A. 营运资金的管理既包括流动资产的管理，也包括流动负债的管理
   B. 流动资产是指可以在一年以内或超过一年的一个营业周期内变现或运用的资产
   C. 流动资产的数量会随着企业内外条件的变化而变化，时高时低，不断波动
   D. 企业占用在流动资产上的资金，通常会在一年内收回
5. 企业预防性现金数额大小（　　）。
   A. 与企业现金流量的可预测性成反向变动
   B. 与企业借款能力成反向变动
   C. 与企业业务交易量成反向变动
   D. 与现金流量的不确定性成反向变动
6. 企业持有现金的成本中与现金持有量相关的有（　　）。
   A. 机会成本　　B. 管理成本　　C. 短缺成本　　D. 折扣成本
7. 用存货模式分析确定最佳现金持有量时，应予考虑的成本费用项目有（　　）。
   A. 现金管理费用　　B. 现金与有价证券的转换成本
   C. 持有现金的机会成本　　D. 现金短缺成本
8. 现金支出管理的方法包括（　　）。
   A. 合理利用“浮游量”　　B. 推迟支付应付款
   C. 采用汇票付款　　D. 分期付款法
9. 应收账款的功能包括（　　）。
   A. 促进销售　　B. 减少存货　　C. 增加现金　　D. 减少借款
10. 下列各项中，属于应收账款成本构成要素的是（　　）。
    A. 机会成本　　B. 管理成本　　C. 坏账成本　　D. 短缺成本
11. 与应收账款机会成本有关的因素是（　　）。
    A. 应收账款平均余额　　B. 变动成本率
    C. 销售成本率　　D. 资金成本率
12. 下列各项中，属于信用政策的有（　　）。
    A. 信用条件　　B. 信用标准　　C. 收账政策　　D. 现销政策
13. 信用标准过高的可能结果包括（　　）。
    A. 丧失很多销售机会　　B. 降低违约风险

C. 扩大市场占有率　　　　　　　　D. 减少坏账费用

14. 应收账款信用条件的组成要素有（　　）。

A. 信用期限　　B. 现金折扣期　　C. 现金折扣　　D. 商业折扣

15. 不适当的延长信用期限给企业带来的后果包括（　　）。

A. 机会成本增加　　　　　　　　B. 坏账损失减少

C. 坏账损失增加　　　　　　　　D. 收账费用增加

16. 企业制定收账政策可以解决的问题是（　　）。

A. 最大限度地防止客户拖欠账款　　B. 控制坏账损失

C. 控制应收账款的机会成本　　　　D. 控制收账费用

17. 缺货成本是指存货不能及时满足生产经营需要而给企业带来的损失，它们包括(　　)。

A. 信誉损失

B. 延期交货支付的违约金

C. 采取临时采购行为而发生的超额采购费用

D. 停工待料损失

18. 下列各项中属于存货经济进货批量基本模式假设条件的是（　　）。

A. 不存在数量折扣　　　　　　　B. 存货的耗用是均衡的

C. 商品采购不受限制　　　　　　D. 可能出现缺货的情况

19. 在基本模型假设前提下确定经济订货量时，下列表述正确的有（　　）。

A. 随每次进货批量的变动，相关进货费用和相关储存成本呈反方向变化

B. 相关储存成本的高低与每次进货批量成正比

C. 相关订货成本的高低与每次进货批量成反比

D. 年相关储存成本与年相关进货费用相等时的采购批量，即为经济订货量

20. 一般而言，存货保本储存天数取决于以下因素（　　）。

A. 目标利润　　　　　　　　　　B. 固定储存费用

C. 销售税金及附加　　　　　　　D. 每日变动储存费

三、判断题

1. 企业为满足交易动机所持有的现金余额主要取决于企业的日常开支水平。(　　)

2. 如果企业的借款能力较强，保障程度较高，则可适当增加预防性现金的数额。(　　)

3. 若现金持有量超过总成本线最低点时，表明机会成本上升的代价大于短缺成本下降的好处。(　　)

4. 现金与有价证券的变动性转换成本与证券交易次数有关，属于决策相关成本。(　　)

5. 在正常业务活动现金需要量的基础上，追加一定数量的现金余额以应付未来现金流入和流出的随机波动，这是出于投机动机。(　　)

6. 企业现金管理的目的首先是使得现金获得最大的收益，其次是保证日常生产经营

业务的现金需求。(　　)

7. 在5C信用评价系统中，能力是指如果企业或个人当前的现金流不足以还债，他们在短期和长期内可供使用的财务资源。(　　)

8. 信用条件是客户获得商业信用所应具备的最低条件，通常以预期的坏账损失率表示。(　　)

9. 如果企业执行的信用标准过于严格，可能会限制公司的销售机会。如果企业执行的信用标准过于宽松，可能会增加随后还款的风险并增加坏账费用。(　　)

10. 现金折扣是企业为了鼓励客户多买商品而给予的价格优惠，每次购买的数量越多，价格也就越便宜。(　　)

11. 一般说来，企业收账的支出越大，收账措施越有力，可收回的账款也越多，坏账损失也越小。所以，企业应不惜一切代价催收欠款。(　　)

12. 能够使企业的进货成本、储存成本和缺货成本之和最低的进货批量，便是经济进货批量。(　　)

13. 在年需要量确定的情况下，经济订货批量越大，进货间隔期越长。(　　)

14. 一般来讲，当某种存货品种数量比重达到70%左右时，可将其划分为A类存货，进行重点管理和控制。(　　)

15. 在存货的ABC分类管理法下，应当重点管理的是虽然品种数量较少，但金额较大的存货。(　　)

四、计算分析题

1. 某企业有四种现金持有方案，各方案有关成本资料如表4-7所示。

表4-7　**现金持有方案**　单位：元

	甲	乙	丙	丁
现金持有量	30 000	40 000	50 000	60 000
机会成本率	8%	8%	8%	8%
短缺成本	3 000	1 000	500	0

要求：计算该企业的最佳现金持有量。

2. 某企业每月平均现金需要量为10万元，有价证券的月利率为10‰，假定企业现金管理相关总成本控制目标为600元。

要求：(1) 计算有价证券转换成本的限额；(2) 计算最低现金余额；(3) 计算现金持有期。

3. 已知：某公司2015年第1—3月实际销售额分别为38 000万元、36 000万元和40 000万元，预计4月销售额为40 000万元。每月销售收入中有70%能于当月收现，20%于次月收现，10%于第3个月收讫，不存在坏账。假定该公司销售的产品在流通环节只需缴纳消费税，税率为10%，并于当月以现金缴纳。该公司3月末现金余额为80万元，应付账款余额为 5 000 万元（需在 4 月付清），不存在其他应收应付款项。

4 月有关项目预计资料如下：采购材料 8 000 万元（当月付款 70%）；工资及其他支出 8 400 万元（用现金支付）；制造费用 8 000 万元（其中折旧费等非付现费用为 4 000 万元）；营业费用和管理费用 1 000 万元（用现金支付）；预交所得税 1 900 万元；购买设备 12 000 万元（用现金支付）。现金不足时，通过向银行借款解决。4 月末现金余额要求不低于 100 万元。

要求：根据上述资料，计算该公司 4 月的下列预算指标：

（1）经营性现金流入；（2）经营性现金流出；（3）现金余缺；（4）应向银行借款的最低金额；（5）4 月末应收账款余额。

4. 某企业只生产销售一种产品，每年赊销额为 240 万元，该企业产品变动成本率为 80%，资金利润率为 25%。企业现有 A、B 两种收账政策可供选用。有关资料如表 4-8 所示。

表 4-8　**A、B 收账政策资料**

项　目	A 政策	B 政策
平均收账期（天）	60	45
坏账损失率（%）	3	2
应收账款平均余额（万元）		
应收账款机会成本（万元）		
坏账损失（万元）		
年收账费用（万元）	1. 8	7
收账成本合计		

要求：（1）计算填列表中的空白部分（一年按 360 天计算）；

（2）对上述收账政策进行决策；

（3）若企业倾向于选择 B 政策，判断在其他条件不变的情况下，B 政策的收账费用上限。

5. A 公司是一个商业企业。由于目前的信用政策过于严厉，不利于扩大销售，且收账费用较高，该公司正在研究修改现行的政策。现有甲和乙两个放宽信用政策的备选方案，有关数据如表 4-9 所示。

表 4-9　**甲、乙备选方案资料**

项　目	现行政策	甲方案	乙方案
年销售额（万元/年）	2 400	2 600	2 700
收账费用（万元/年）	40	20	10

续表

项　目	现行政策	甲方案	乙方案
所有账户的平均收账期	2个月	3个月	4个月
所有账户的坏账损失率	2%	2.5%	3%

已知A公司的销售毛利率为20%，若投资要求的最低报酬率为15%。坏账损失率是指预计年度坏账损失占销售额的百分比。假设不考虑所得税的影响。

要求：通过计算分析回答，是否应改变现行的收账政策？如果要改变，应选择甲方案还是乙方案？

6. 某公司目前的年度赊销收入为5 500万元，总成本4 850万元（其中，固定成本1 000万元），信用条件为（n/30），资金成本率为10%。该公司为扩大销售，拟订了A、B两个信用条件方案。

A方案：将信用条件放宽到（n/60），预计坏账损失率为4%，收账费用为80万元，预计赊销收入会增加10%。

B方案：将信用条件放宽为（2/10　1/20　n/60），预计赊销收入会增加20%，估计约有70%的客户（按赊销额计算）会利用2%的现金折扣，10%的客户会利用1%的现金折扣，平均坏账损失率为3%，收账费用60万元。

要求：通过计算评价公司是否应改变目前的信用条件。若改变，该公司应选择何种信用条件方案？

7. 已知A公司与存货有关的信息如下：（1）年需要量为30 000吨（每年360天）；（2）购买价格每吨100元；（3）存储成本是商品买价的0.3%；（4）订货成本每次60元；（5）公司希望的安全储备是750吨；（6）订货数量只能按照1 000的倍数；（7）订货至到货的时间为15天。

要求：（1）计算最佳经济批量；（2）计算存货水平为多少时补充订货；（3）计算存货平均占用多少资金；（4）计算与存货有关的总成本。

8. 企业全年需从外部购入某零件1 200件，每批进货费用400元，单位零件的年储存成本6元，该零件每件进价10元。销售企业规定：客户每批购买量不足600件，按标准价格计算，每批购买量超过600件（含600件），价格优惠3%。

要求：（1）计算该企业进货批量为多少时，才是有利的；

（2）计算该企业最佳的进货次数；

（3）计算该企业经济进货批量的平均占用资金。

9. 某公司每年需用某种材料8 000吨，每次订货成本400元，每件材料的年储存成本为40元，该种材料买价为1 500元/吨。

要求：（1）每次购入多少吨，可使全年与进货批量相关的总成本达到最低？此时相关总成本为多少？

（2）若一次订购量在500吨以上时可获2%的折扣，在1 000吨以上时可获3%折扣，填写表4-10，并判断公司最经济订货量为多少。

表 4-10　　**经济订货量计算表**　　单位：元

每次订货量（吨）	平均库存（吨）	储存变动成本	订货次数	订货变动成本	进价成本	相关总成本
400						
500						
1 000						

10. 某批发企业购进商品 1 000 件，单位进价（不含增值税）90 元，单位售价 120 元（不含增值税），经销该商品的固定性费用为 5 000 元。若货款均来自银行贷款，年利率为 9%，该批存货的月保管费用率为 2%，销售税金及附加为 1 400 元。

要求：(1) 计算该批存货的保本储存天数；

(2) 计算在投资利润率为 6%时的保利储存天数；

(3) 计算储存天数为 180 天时的实际投资利润率。

五、案例分析题

【案例 1】

Y 电器商品采购批量的确定

Y 电器有限公司是一家以经营各类家用电器为主的全国性家电零售连锁企业。本着“创新务实、精益求精”的企业理念，依靠准确的市场定位和薄利多销的经营策略，得以蓬勃发展。

6 月中旬，空调订货销售时机，分公司主管业务工作的副经理陶某刚走进自己的办公室，营业部主任李某就匆匆忙忙地来到办公室，请示海尔空调的订货事宜。李某说：“采购员张某从青岛海尔空调器有限公司打来电话，说海尔空调有现货供应，规格型号正好是本市畅销的那几种。进货价格平均下来约合每台 2 800 元，若一次订购 500 台，还可以得到 4%的价格优惠，是否按折扣价格购进，请速回电话告知。”

近来空调市场需求旺盛，海尔空调已库存量不多，正考虑此事的陶副经理听后高兴地说：“这是个好消息！李主任，你算一下账，看怎样订购更合适，然后把你的意见告诉我。”

李某是从商学院毕业分配到电器有限公司的，先后做过采购员、销售员、营业部副主任及营业部主任等职务。他既懂得商品采购、保管、推销的一些基本理论，又有着较丰富的商品采购、保管与推销的实践经验，几年来经他采购或由他决策订购的电器商品，不仅质量上有保证、数量上比较适中，而且价格上比较合理。由于经营得当，公司在激烈的市场竞争中一直处于有利的地位，业务得到较大的发展。

李某根据陶副经理的意见，首先从计算机中调出了有关海尔空调的财务数据资料：公司近几年中每年销售海尔空调近 4 000 台，每次进货费用平均需要 800 元，平均每台空调年储存费用为 160 元。然后，他利用自己所掌握的方法，迅速进行了有关数据的测算，李某计算完后，心里有了数，于是立即向陶副经理做了汇报。

阅读上述资料，分析讨论以下问题：

（1）企业在存货决策中需要考虑哪些相关成本？

（2）李某通过计算是否会决定按折扣价格进货？

【案例 2】

S 轮胎厂存货 ABC 管理法的应用

S 轮胎厂是以汽车轮胎为主导产品的企业，有多种系列产品。丁某从学校毕业被分配到该厂做材料管理工作。经理给他分配任务时说："公司以前规模不大，材料一直没有进行规范管理。现在公司业务一天比一天壮大，材料所占资金也在不断增加，因此，应对材料进行规范管理。你看看如何管理，尽快拿出方案来。"丁某走到仓库开始琢磨起来，看着上百种材料，他想到学校所学的 ABC 分类管理法，于是，根据年度生产任务及材料供应的特点，丁某对生产所需的主要原料进行了 ABC 分类排队，区分主次，并提出相应的管理控制措施。主要做法如下：

1. 分类方法

首先根据年度生产任务所需每种材料的平均价格和储存量，分别计算每种主要材料占用的资金额及其占全部资金额的比重，然后按金额比重大小顺序排列，按预定标准划分出 A、B、C 三类并编制成表格，见表 4-11。

表 4-11 **S 轮胎厂主要材料 ABC 分类表**

材料名称（用编号代替）	占用资金额（元）	金额比重（%）	类别
1	78 000	39. 96	A
2	60 500	30. 99	A
3	15 200	7. 79	B
4	12 100	6. 20	B
5	7 600	3. 89	B
6	5 400	2. 76	B
7	3 200	1. 64	C
8	2 200	1. 12	C
9	2 100	1. 08	C
10	1 800	0. 93	C
11	1 600	0. 82	C

续表

材料名称（用编号代替）	占用资金额（元）	金额比重（%）	类别
12	1 350	0. 69	C
13	1 020	0. 52	C
14	880	0. 45	C
15	770	0. 39	C
16	660	0. 34	C
17	560	0. 29	C
18	270	0. 14	C
合计	195 210	100	C

根据以上分类归纳统计分类结果见表 4-12。

表 4-12　**S 轮胎厂主要材料 ABC 分类统计表**

分　类	各类材料品种数	品种数量比重（%）	资金额（元）	金额比重（%）
A 类	2	11. 11	138 500	70. 95
B 类	4	22. 22	40 300	20. 64
C 类	12	66. 67	16 410	8. 41
合计	18	100	195 210	100

2. ABC 三类材料的具体管理和控制方法

A 类材料：作为管理和控制的重点，实施按每一个品种严格管理。

（1）要求严格注意库存量，储存量必须掌握准确，保证材料及时足额的供应。

（2）旬、月、季都要进行详细的库存统计记录，根据领用部门的用料计划与实际消耗进行平衡，定期进行检查分析。

（3）建立严格的收、耗、存记录，及时分析资金占用情况，发现问题及时处理。

（4）确定每种材料的进货期和经济进货批量，按经济进货批量组织进货。遇到特殊的情况报经领导批准。

B 类材料：通过划分类别实施控制和管理。

（1）按类别每月填制库存情况统计报表并进行检查。

（2）按类别大体保证收、耗、存的计划与实际平衡。

（3）统筹安排进货量与进货期。

C 类材料：实施按总体把握一个总金额控制管理。

（1）制定总体控制金额数，制定材料消耗控制标准。

（2）采购下放部门根据实际情况自行掌握，可适当增大一次进货量，减少采购费用。

根据上述资料，请分析讨论如下问题：

（1）对材料怎么进行分类？ABC 分类管理法一般要求对每类原材料如何管理？

（2）ABC 分类管理法的工作重点是分类方法，还是控制管理？

收益分配管理

学习任务：

1. 熟悉收益分配的内容和原则；
2. 掌握销售预测分析的方法；
3. 对成本差异进行分析；
4. 确定股利支付的程序。

能力目标：

1. 能进行销售预测及制定产品定价策略；
2. 能计算成本差异并进行差异分析；
3. 能确定股利支付形式与程序。

知识目标：

1. 了解收益分配的原则；
2. 熟悉销售预测分析的内容及方法；
3. 掌握标准成本管理的内容及成本分析方法；
4. 掌握股利支付形式与程序。

情境导入：

A 公司在海外市场进行公开募股，计划于当年 11 月 7 日在纽约和香港两地挂牌交易。然而，截至募股的最后期限，A 公司面向机构投资者配售的股票仅获得 80%的认购，由于认购率不足，首次募股遭遇失败，11 月 1 日，A 公司宣布将重新募股，一时舆论哗然。同时，此次承销失败在国际某著名投资银行的股票承销史上也是第一次，从而令这一事件更加引人关注。

A 公司此次募股失败，虽与当时全球市场的低迷不无关系，但其招股策略的失当也是重要原因之一，为吸引投资者，A 公司推出了高派息率策略，计划以其预期收益的 1/3 回报投资者，使股息收益率达到 3.8%~4.4%，然而这一策略的实际效果却适得其反。

A 公司计划募集的股份中，95%是面向机构投资者的，而机构投资者不同于散户，它们看重的是股票长期升值潜力，寻求的是股价的差值，它们认为 A 公司过高的派息率会影响到其投资其他业务，如此一来，反而降低了购买该公司股票的热情。

项目一　企业收益分配基本知识

企业的收益有广义和狭义两种。广义的收益是指对企业的收入和净利润进行分配，包括两个层次的内容：第一个层次：对企业收入的分配（是对成本费用的补偿，是一种初次分配）；第二个层次：对企业净利润的分配（是一种再分配）。狭义的收益分配，仅仅指对企业净利润的分配。本学习情境所指收益分配采用广义概念。

一、收益分配管理的内容

管理学大师彼得·德鲁克说过：企业经营者只需做两件事，第一是销售，第二是控制成本。每个企业的运作都要遵循这样一个公式，那就是：收入-成本费用=利润。可以看出，收入的取得、成本费用的发生以及利润的形成与流向便构成了企业收益与分配的主要内容。因此，收益与分配管理包括收入管理、成本费用管理和利润分配管理三个部分。

（一）收入管理

收入是企业收益分配的首要对象。企业的收入多种多样，其中，销售收入是指企业在日常经营活动中，由于销售产品、提供劳务等所形成的货币收入。这是企业收入的主要构成部分，是企业能够持续经营的基本条件。

销售收入的制约因素主要是销量与价格。由于企业一般按照“以销定产”的原则组织生产，对于销售量的预测便显得尤为重要。科学的销售预测可以加速企业的资金周转，提高企业的经济效益。产品价格是企业获得市场占有率、提升产品竞争能力的重要因素。产品价格的制定直接或间接地影响着销售收入。

一般来说，价格与销售量呈反向变动关系：价格上升，销量减少；反之，销量增加。企业可以通过不同的价格制定方法与运用策略来调节产品的销售量，进而作用于销售收入。所以，销售预测分析与销售定价管理便构成了收入管理的主要内容。

（二）成本费用管理

企业取得的收入首先应当弥补成本费用。成本费用有多种不同的分类，比如，按照经济用途可以分为生产成本和期间费用；按照成本性态可以分为固定成本、变动成本和混合成本等。

成本费用管理对于提高经营效率、增加企业收益具有重要意义，主要的成本费用管理模式包括成本性态分析、标准成本管理和责任成本管理等。

（三）利润分配管理

利润是收入弥补成本费用后的余额。根据我国《公司法》及相关法律制度的规定，公司净利润的分配应按照下列顺序进行：

1. 弥补以前年度亏损

企业在提取法定盈余公积金之前，应先用当年利润弥补亏损。企业年度亏损可以用以下年度的税前利润弥补，下一年度不足弥补的，可以在五年之内用税前利润连续弥补，连续五年未弥补的亏损则用税后利润弥补。其中，税后利润弥补亏损可以用当年实现的净利润，也可以用盈余公积金转入。

2. 提取法定盈余公积金

提取法定盈余公积金的目的是增加企业内部积累，以利于企业扩大再生产。根据《公司法》的规定，法定盈余公积金的提取比例为当年税后利润（弥补亏损后）的10%。当年法定盈余公积金的累积额已达注册资本的50%时，可以不再提取。法定盈余公积金提取后，根据企业的需要，可用于弥补亏损或转增资本，但企业用盈余公积金转增资本后，法定盈余公积金的余额不得低于转增前公司注册资本的25%。

3. 提取任意盈余公积金

根据《公司法》的规定，公司从税后利润中提取法定盈余公积金后，经股东会或股东大会决议，还可以从税后利润中提取任意盈余公积。这是为了满足企业经营管理的需要，控制向投资者分配利润的水平以及调整各年度利润分配的波动。

4. 向股东（投资者）分配股利（利润）

公司弥补亏损和提取盈余公积金后所余税后利润，可以向股东（投资者）分配股利（利润）。其中，有限责任公司股东按照实缴的出资比例分配，股份有限公司按照股东持有的股份比例分配。

二、收益分配的原则

收益分配作为一项重要的财务活动，应当遵循以下原则：

（1）依法分配原则。企业的收益分配必须依法进行。为了规范企业的收益分配行为，维护各利益相关者的合法权益，国家颁布了相关法规。这些法规规定了企业收益分配的基本要求、一般程序和重要比例，企业应当认真执行，不得违反。

（2）分配与积累并重原则。企业的收益分配必须坚持积累与分配并重的原则。企业通过经营活动赚取收益，既要保证企业简单再生产的持续进行，又要不断积累企业扩大再生产的财力基础。恰当处理分配与积累之间的关系，留存一部分净收益以供未来分配之需，能够增强企业抵抗风险的能力，同时，也可以提高企业经营的稳定性与安全性。

（3）兼顾各方利益原则。企业的收益分配必须兼顾各方面的利益。企业是经济社会的基本单元，企业的收益分配涉及国家、企业股东、债权人、职工等多方面的利益。正确处理它们之间的关系，协调其矛盾，对企业的生存、发展是至关重要的。企业在进行收益分配时，应当统筹兼顾，维护各利益相关者的合法权益。

（4）投资与收益对等原则。企业进行收益分配应当体现“谁投资谁受益”、收益大小与投资比例相对等的原则。这是正确处理投资者利益关系的关键。企业在向投资者分配收益时，应本着平等一致的原则，按照投资者投资额的比例进行分配，不允许任何一方随意多分多占，以从根本上实现收益分配中的公开、公平和公正，保护投资者的利益。

项目二　收入管理

广义的企业收入，是指企业在日常活动中形成的、会导致所有者权益增加的、与所有者投入资本无关的经济利益的总流入。由于销售收入应当是企业收入的主体，故本项目所指收入主要指销售收入（或营业收入），即企业在日常经营活动中，由于销售产品、提供劳务等所形成的收入。

企业销售收入是企业的主要财务指标，在资金运动过程中处于起点和终点的地位，具有重要的经济意义。销售收入大小的制约因素主要是产品的销售数量和销售价格，因此，企业在经营管理过程中一定要做好销售预测分析以及销售定价管理。

一、销售预测分析

销售预测分析是指通过市场调查，以有关的历史资料和各种信息为基础，运用科学的预测方法或管理人员的实际经验，对企业产品在计划期间的销售量或销售额作出预计或估量的过程。销售预测的方法主要包括定性分析法和定量分析法。

（一）销售预测的定性分析法

定性分析法，即非数量分析法，是指由专业人员根据实际经验，对预测对象的未来情况及发展趋势作出预测的一种分析方法。它一般适用于预测对象的历史资料不完备或无法进行定量分析的情况，主要包括推销员判断法、专家判断法和产品寿命周期分析法。

（1）推销员判断法，又称意见汇集法，是由企业熟悉市场情况及相关变化信息的经营管理人员对由推销员调查得来的结果进行综合分析，从而作出较为正确的预测的方法。这种方法用时短、耗费小，比较实用。在市场发生变化的情况下，能很快地对预测结果进行修正。

（2）专家判断法，是由专家根据他们的经验和判断能力对特定产品的未来销售量进行判断和预测的方法。

（3）产品寿命周期分析法，就是利用产品销售量在不同寿命周期阶段上的变化趋势，进行销售预测的一种定性分析方法，它是对其他预测分析方法的补充。产品寿命周期是指产品从投入市场到退出市场所经历的时间，一般要经过萌芽期、成长期、成熟期和衰退期四个阶段。判断产品所处的寿命周期阶段，可根据销售增长率指标进行。一般而言，萌芽期增长率不稳定，成长期增长率最大，成熟期增长率稳定，衰退期增长率为负数。

（二）销售预测的定量分析法

定量分析法，也称数量分析法，是指在预测对象有关资料完备的基础上，运用一定的数学方法，建立预测模型作出预测。它一般包括趋势预测分析法和因果预测分析法两大类。

1. 趋势预测分析法

趋势预测分析法主要包括算术平均法、加权平均法、移动平均法和指数平滑法等。

（1）算术平均法，即将若干历史时期的实际销售量或销售额作为样本值，求出其算术平均数，并将该平均数作为下期销售量的预测值。算术平均法适用于每月销售量波动不大的产品的销售预测。

（2）加权平均法，同样是将若干历史时期的实际销售量或销售额作为样本值，将各个样本值按照一定的权数计算得出加权平均数，并将该平均数作为下期销售量的预测值。一般地，由于市场变化较大，离预测期越近的样本值的影响越大，而离预测期越远的样本值的影响越小，所以权数的选取应遵循“近大远小”的原则。加权平均法较算术平均法更为合理，计算也较方便，因而在实践中应用较多。

（3）移动平均法，是从 n 期的销售量时间数列中选取 m 期（m 数值固定，且 $m<n/2$）数据作为样本值，求其 m 期的算术平均数，并不断向后移动计算观测期平均值。这种方法假设预测值主要受最近 m 期销售量的影响。

（4）指数平滑法，实质上是一种加权平均法，是以事先确定的平滑指数 a 及（$1-a$）作为权数进行加权计算，预测销售量的一种方法。一般地，平滑指数的取值通常为 0.3~0.7，其取值大小决定了前期实际值与预测值对本期预测值的影响。在销售量波动较大或进行短期预测时，可选择较大的平滑指数；在销售量波动较小或进行长期预测时，可选择较小的平滑指数。该方法运用比较灵活，适用范围较广，但在平滑指数的选择上具有一定的主观随意性。

2. 因果预测分析法

因果预测分析法是指通过影响产品销售量（因变量）的相关因素（自变量）以及它们之间的函数关系进行产品销售预测的方法。因果预测分析法最常用的是回归分析法。下面主要介绍回归直线法。

回归直线法，也称一元回归分析法。它假定影响预测对象销售量的因素只有一个，根据直线方程 $y=a+bx$，按照最小二乘法原理，来确定一条误差最小的、能正确反映自变量 x 和因变量 y 之间关系的直线，其常数项 a 和系数 b 的计算公式为：

$$b=\frac{n\sum xy-\sum x\sum y}{n\sum x^2-\left(\sum x\right)^2}\qquad a=\frac{\sum y-b\sum x}{n}$$

待求出 a、b 的值后，将其代入 $y=a+bx$，结合自变量 x 的取值，即可求得预测对象 y 的预测销售量或销售额。

【例 5-1】　某公司 2008—2015 年的产品销售量资料如表 5-1 所示。

表 5-1　**某公司产品销售量资料**

年　度	2008	2009	2010	2011	2012	2013	2014	2015
销售量（吨）	3 250	3 300	3 150	3 350	3 450	3 500	3 400	3 600

假定产品销售量只受广告费支出大小的影响，2016 年度预计广告费支出为 155 万元，以往年度的广告费支出资料如表 5-2 所示。

表 5-2　**某公司广告费资料**

年　度	2008	2009	2010	2011	2012	2013	2014	2015
广告费（万元）	100	105	90	125	135	140	140	150

根据上述资料，用回归直线法预测公司2016年的产品销售量，相关数据的计算结果如表5-3所示。

表5-3　**相关数据的计算结果**

年度	广告费支出 x（万元）	销售量 y（吨）	xy	x^2	y^2
2008	100	3 250	325 000	10 000	10 562 500
2009	105	3 300	346 500	11 025	10 890 000
2010	90	3 150	283 500	8 100	9 922 500
2011	125	3 350	418 750	15 625	11 222 500
2012	135	3 450	465 750	18 225	11 902 500
2013	140	3 500	490 000	19 600	12 250 000
2014	140	3 400	476 000	19 600	11 560 000
2015	150	3 600	540 000	22 500	12 960 000
$n=8$	$\sum x=985$	$\sum y=27\ 000$	$\sum xy=3\ 345\ 500$	$\sum x^2=124\ 675$	$\sum y^2=91\ 270\ 000$

根据公式，有：

$$b=\frac{n\sum xy-\sum x\sum y}{n\sum x^2-\left(\sum x\right)^2}=\frac{8\times3\ 345\ 500-985\times27\ 000}{8\times124\ 675-(985)^2}=6.22$$

$$a=\frac{\sum y-b\sum x}{n}=\frac{27\ 000-6.22\times985}{8}=2\ 609.16$$

将 a、b 代入公式，得出结果，即2015年的产品预测销售量为：

$y=a+bx=2\ 609.16+6.22x=2\ 609.16+6.22\times155=3\ 573.26$（吨）

二、销售定价管理

销售定价不仅影响产品的边际贡献，而且影响产品的销售数量与市场地位，从而对企业收入产生复杂而直接的影响，正确制定销售定价策略，直接关系到企业的生存和发展。

（一）销售定价管理的含义

销售定价管理是指在调查分析的基础上，选用合适的产品定价方法，为销售的产品制定最为恰当的售价，并根据具体情况运用不同的价格策略，以实现经济效益最大化的过程。

企业销售各种产品都必须确定合理的产品销售价格。产品价格的高低直接影响到销售量的大小，进而影响到企业的盈利水平。单价水平过高，导致销售量降低，如果达不到保本点，企业就会亏损；单价水平过低，虽然会起到促销作用，但单位毛利降低，使企业的盈利水平下降。因此，产品销售价格的高低，价格策略运用的恰当与否，都会影响到企业正常的生产经营活动，甚至影响到企业的生存和发展。

（二）产品定价方法

1. 完全成本加成定价法

该法是在完全成本的基础上，加合理利润来定价。合理利润的确定，在工业企业一般是根据成本利润率，而在商业企业一般是根据销售利润率。在考虑税金的情况下，有关计算公式为：

（1）成本利润率定价：

$$成本利润率=\frac{预测利润总额}{预测成本总额}\times 100\%$$

$$单位产品价格=\frac{单位成本\times（1+成本利润率）}{1-适用税率}$$

（2）销售利润率定价：

$$销售利润率=\frac{预测利润总额}{预测销售总额}\times 100\%$$

$$单位产品价格=\frac{单位成本}{1-销售利润率-适用税率}$$

上述公式中，单位成本是指单位完全成本，可以用单位制造成本加上单位产品负担的期间费用来确定。

完全成本是指企业为生产、销售一定种类和数量的产品所发生的费用总额，包括制造成本和管理费用、销售费用及财务费用等各种期间费用。完全成本加成定价法可以保证全部生产耗费得到补偿，但它很难适应市场需求的变化，往往导致定价过高或过低。并且，当企业生产多种产品时，间接费用难以准确分摊，从而会导致定价不准确。但当前产品定价的基础，仍然是产品的完全成本。

2. 保本点定价法

保本点，又称盈亏平衡点，是指企业在经营活动中既不盈利也不亏损的销售水平，在此水平上利润等于零。在这种方法下，成本需按其性态，即随产量变动而变动的关系，分为固定成本和变动成本。保本点定价法的基本原理就是根据产品销售量计划数和一定时期的成本水平、适用税率来确定产品的销售价格。采用这一方法确定的价格是最终销售价格。其计算公式为：

$$单位产品价格=\frac{单位完全成本}{1-适用税率}=\frac{单位固定成本+单位变动成本}{1-适用税率}$$

3. 目标利润法

目标利润是指企业在预定时期内应实现的利润水平。目标利润定价法是根据预期目标利润和产品销售量、产品成本、适用税率等因素来确定产品销售价格的方法。其计算公式为：

$$单位产品价格=\frac{目标利润总额+完全成本总额}{产品销量\times（1-适用税率）}=\frac{单位目标利润+单位完全成本}{1-适用税率}$$

4. 变动成本定价法

变动成本是指企业在生产能力有剩余的情况下增加生产一定数量的产品所应分担的成本。这些增加的产品可以不负担企业的固定成本，只负担变动成本。在确定价格时产品成本仅以变动成本计算。此处所指变动成本是指完全变动成本，包括变动制造成本和变动期间费用。其计算公式为：

$$单位产品价格=\frac{单位变动成本\times（1+成本利润率）}{1-适用税率}$$

【例 5-2】 某企业生产 C 产品，本期计划销售量为 5 000 件，目标利润总额为 100 000元，完全成本总额为 256 250 元，适用的消费税税率为 5%，根据上述资料，运用目标利润法测算单位 C 产品的价格。

$$单位 C 产品价格=\frac{100\ 000+256\ 250}{5\ 000\times（1-5\%）}=75（元）$$

项目三　成本费用管理

成本费用是企业生产经营过程中资金消耗的反映，主要包括制造成本和期间费用等。成本费用是衡量企业内部运行效率的重要指标，在收入一定的情况下，它直接决定了公司的盈利水平。

成本费用管理是指企业对在生产经营过程中全部费用的发生和产品成本的形成所进行的计划、控制、核算、分析和考核等一系列科学管理工作的总称。

一、成本性态分析

成本性态，又称成本习性，是指成本的变动与业务量（产量或销售量）之间的依存关系。

按照成本性态，通常可以把成本分为固定成本、变动成本和混合成本。

（一）固定成本

1. 固定成本的基本特征

固定成本是指其总额在一定时期及一定产量范围内，不直接受业务量变动的影响而保持固定不变的成本。例如，固定折旧费用、房屋租金、行政管理人员工资、财产保险费、广告费、职工培训费、办公费、产品研究开发费用等，均属于固定成本。其基本特征是：固定成本总额不因业务量的变动而变动，但单位固定成本（单位业务量负担的固定成本）会与业务量的增减呈反向变动。固定成本习性模型如图 5-1 所示。

2. 固定成本的分类

固定成本按其支出额是否可以在一定期间内改变而分为约束性固定成本和酌量性固定成本。

约束性固定成本是指管理当局的短期经营决策行为不能改变其具体数额的固定成本。例如：保险费、房屋租金、管理人员的基本工资等。这些固定成本是企业的生产能力一经形成就必然要发生的最低支出，即使生产中断也仍然要发生。由于约束性固定成本一般是

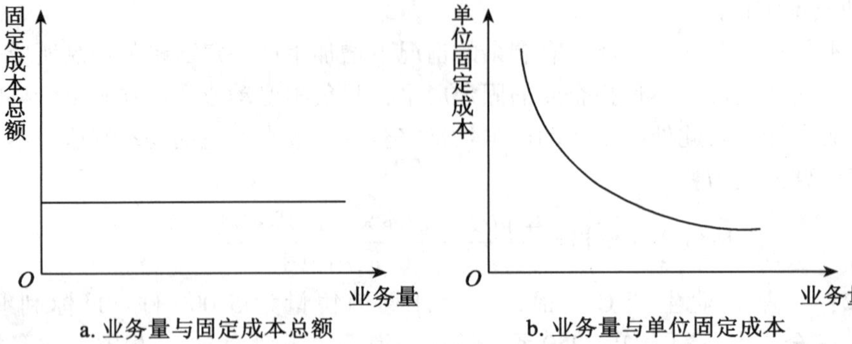

图 5-1　固定成本习性模型

由既定的生产能力所决定的，是维护企业正常生产经营必不可少的成本，所以也称为“经营能力成本”，它最能反映固定成本的特征。降低约束性固定成本的基本途径，只能是合理利用企业现有的生产能力，提高生产效率，以取得更大的经济效益。

酌量性固定成本是指管理当局的短期经营决策行为能改变其数额的固定成本。例如，广告费、职工培训费、新产品研究开发费用等。这些费用发生额的大小取决于管理当局的决策行为。一般是由管理当局在会计年度开始前，斟酌计划期间企业的具体情况和财务负担能力，对这类固定成本项目的开支情况分别作出决策。酌量性固定成本并非可有可无，它关系到企业的竞争能力，因此，要想降低酌量性固定成本，只有厉行节约、精打细算，编制出积极可行的费用预算并严格执行，以防止浪费和过度投资等。

（二）变动成本

1. 变动成本的基本特征

变动成本是指在特定的业务量范围内，其总额会随业务量的变动而成正比例变动的成本。如直接材料、直接人工，按销售量支付的推销员佣金、装运费、包装费以及按产量计提的固定设备折旧等都是和单位产品的生产直接相联系的，其总额会随着产量的增减成正比例增减。其基本特征是：变动成本总额因业务量的变动而成正比例变动，但单位变动成本（单位业务量负担的变动成本）不变。变动成本习性模型如图 5-2 所示。

2. 变动成本的分类

变动成本也可以分为两大类：技术变动成本和酌量性变动成本。

技术变动成本是指与产量有明确的技术或实物关系的变动成本。如生产一台汽车需要耗用一台引擎、一个底盘和若干个轮胎等，这种成本只要生产就必然会发生，若不生产，其技术变动成本便为零。

酌量性变动成本是指通过管理当局的决策行为可以改变的变动成本。如按销售收入的一定百分比支付的销售佣金、技术转让费等。这类成本的特点是其单位变动成本的发生额可由企业最高管理层决定。

（三）混合成本

1. 混合成本的基本特征

从成本习性来看，固定成本和变动成本只是两种极端的类型。在现实经济生活中，大

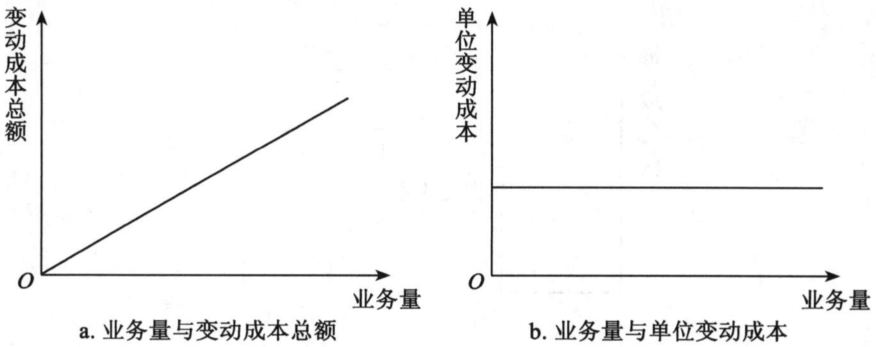

图 5-2　变动成本习性模型

多数成本与业务量之间的关系处于两者之间，即混合成本。一方面，它们要随业务量的变化而变化；另一方面，它们的变化又不能与业务量的变化保持着纯粹的正比例关系。

2. 混合成本的分类

混合成本兼有固定与变动两种性质，可进一步将其细分为半变动成本、半固定成本、延期变动成本。

（1）半变动成本。半变动成本是指在有一定初始量的基础上，随着产量的变化而成正比例变动的成本。这些成本的特点是：它通常有一个初始的固定系数，在此基数内与业务量的变化无关，这部分成本类似于固定成本；在此基数之上的其余部分，则随着业务量的增加成正比例增加。如固定电话座机费、水费、煤气费等均属于半变动成本。半变动成本习性模型如图 5-3 所示。

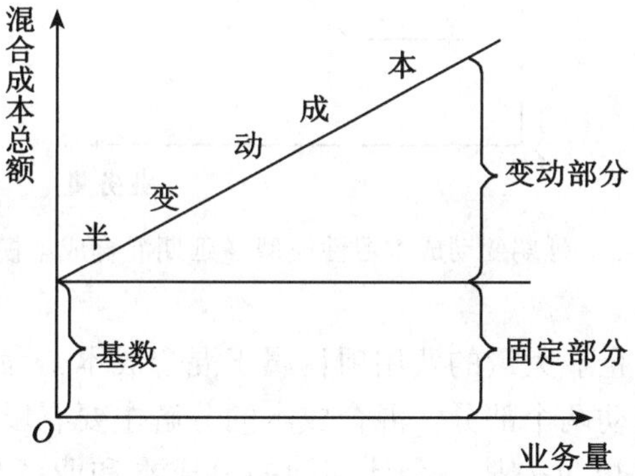

图 5-3　半变动成本习性模型（标准混合成本模型）

（2）半固定成本。半固定成本也称阶梯式变动成本，这类成本在一定业务量范围内的发生额是固定的，但当业务量增长到一定限度，其发生额就突然跳跃到一个新的水平，然后在业务量增长的一定限度内，发生额又保持不变，直到另一个新的跳跃。例如，企业的管理员、运货员、检验员的工资等成本项目就属于这一类。半固定成本习性模型如图 5-4 所示。

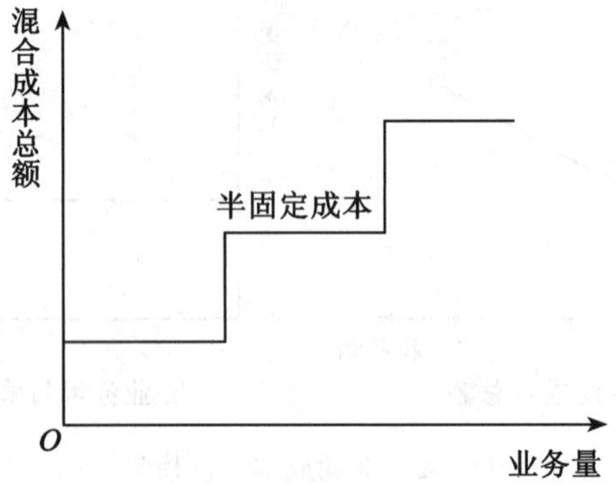

图 5-4　半固定成本习性模型（阶梯式混合成本模型）

（3）延期变动成本。延期变动成本在一定的业务量范围内有一个固定不变的基数，当业务量增长超出了这个范围，它就与业务量的增长成正比例变动。例如，职工的基本工资，在正常工作时间情况下是不变的；但当工作时间超出正常标准，则需按加班时间的长短成比例地支付加班薪金。延期变动成本习性模型如图 5-5 所示。

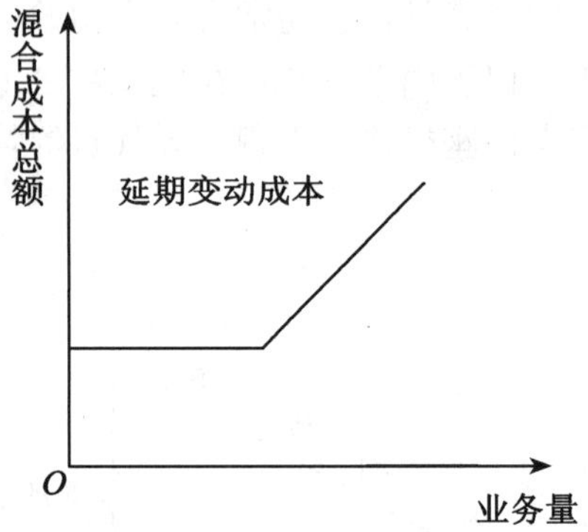

图 5-5　延期变动成本习性模型（延期混合成本模型）

在实际经济生活中，企业大量的费用项目属于混合成本，为了经营管理的需要，必须把混合成本分为固定与变动两个部分。混合成本的分解主要有以下几种方法：

（1）高低点法。它是以过去某一会计期间的总成本和业务量资料为依据，从中选取业务量最高点和业务量最低点，将总成本进行分解，得出成本性态的模型。其计算公式为：

$$单位变动成本=\frac{最高点业务量成本-最低点业务量成本}{最高点业务量-最低点业务量}$$

$$\begin{aligned}固定成本总额&=最高点业务量成本-单位变动成本\times最高点业务量\\&=最低点业务量成本-单位变动成本\times最低点业务量\end{aligned}$$

采用高低点法计算较简单，但它只采用了历史成本资料中的高点和低点两组数据，故代表性较差。

（2）回归分析法。这是一种较为精确的方法。它是根据过去一定期间的业务量和混合成本的历史资料，应用最小二乘法原理，求出最能代表业务量与混合成本关系的回归方程，借以确定混合成本中固定成本和变动成本的方法。

（四）根据成本性态建立总成本公式

在将混合成本按照一定的方法分为固定成本和变动成本之后，根据成本性态，企业的总成本公式就可以表示为：

总成本＝固定成本总额+变动成本总额

＝固定成本总额+（单位变动成本×业务量）

这个公式在变动成本计算、本量利分析、正确制定经营决策和评价各部门工作业绩等方面具有不可或缺的重要作用。

【例 5-3】 某企业采用高低点法分解混合成本，其产销量和产品成本情况如表 5-4 所示。

表 5-4 **产品销售与产品成本分析表**

年度	产销量（万件）	产品成本（万元）
2010	290	250
2011	275	230
2012	250	240
2013	300	275
2014	325	270

若 2015 年产销量为 400 万件，请计算 2015 年产品成本是多少？

高低点法是根据业务量最高和最低两点的资料来进行计算的，所以本题应根据 2014 年的 325 万件和 2012 年的 250 万件的销售量数据进行分析计算。

根据总成本公式 $y = a + bx$ 可得：

$b = (270 - 240)/(325 - 250) = 0.4$

$a = 270 - 0.4 \times 325 = 140$

$y = 140 + 0.4 \times x = 140 + 0.4 \times 400 = 300$(万元)

从上述计算可以得出 2011 年产品成本是 300 万元。

上述分析方法可以用图 5-6 表示。

二、标准成本管理

标准成本，是指通过调查分析、技术测定等方法制定的，在有效经营条件下所能达到的目标成本。标准成本主要用来控制成本开支，衡量实际工作效率。

标准成本管理，又称标准成本控制，是以标准成本为基础，将实际成本与标准成本进行对比，揭示成本差异形成的原因和责任，进而采取措施，对成本进行有效控制的管理方

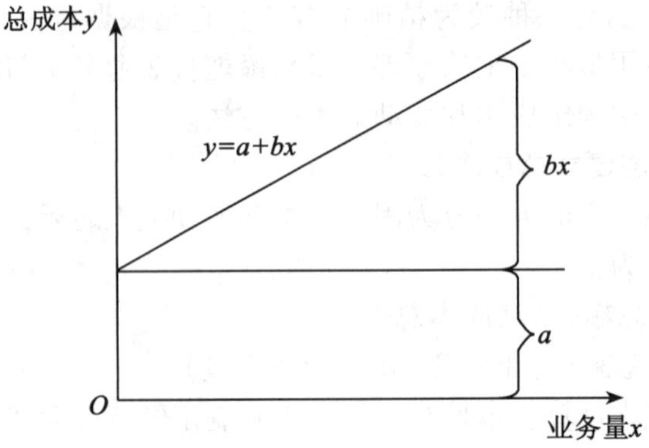

图 5-6 总成本习性模型

法。标准成本管理以标准成本的确定作为起点，通过差异的计算、分析等得出结论，然后据以采取有效措施，巩固成绩或克服不足。

（一）标准成本的确定

企业在确定标准成本时，可以根据自身的技术条件和经营水平，在以下类型中进行选择：

一是理想标准成本，这是一种理论标准，它是指在现有条件下所能达到的最优成本水平，即在生产过程无浪费、机器无故障、人员无闲置、产品无废品的假设条件下制定的成本标准。

二是正常标准成本，这是指在正常情况下，企业经过努力可以达到的成本标准，这一标准考虑了生产过程中不可避免的损失、故障和偏差等。

通常来说，正常标准成本大于理想标准成本。由于理想标准成本的要求异常严格，一般很难达到，而正常标准成本具有客观性、现实性和激励性的特点，所以，正常标准成本在实践中得到了广泛应用。

产品成本由直接材料、直接人工和制造费用三个项目组成。无论是确定哪一个项目的标准成本，都需要分别确定其用量标准和价格标准，两者的乘积就是每一成本项目的标准成本，将各项目的标准成本汇总，即得到单位产品的标准成本。其计算公式为：

单位产品的标准成本 = 直接材料标准成本 + 直接人工标准成本 + 制造费用标准成本

$$= \sum（用量标准 \times 价格标准）$$

1. 直接材料标准成本的制定

单位产品耗用的直接材料的标准成本是由材料的价格标准和用量标准来确定的。

材料的价格标准通常采用企业编制的计划价格，它通常是以订货合同的价格为基础，并考虑到未来物价、供求等各种变动因素后按材料种类分别计算的。一般由财务部门和采购部门等共同制定。

材料的用量标准是指在现有生产技术条件下，生产单位产品所需的材料数量。它包括构成产品实体的材料和有助于产品形成的材料以及生产过程中必要的损耗和难以避免的损失所耗用的材料。材料的用量标准一般应进行科学的统计调查，以技术分析为基础计算确定。

在制定直接材料的标准成本时，其基本程序是：首先，区分直接材料的种类；其次，逐一确定它们在单位产品中的标准用量和标准价格；再次，按照种类分别计算各种直接材料的标准成本；最后，汇总得出单位产品的直接材料标准成本。其计算公式是：

$$直接材料的标准成本 = \sum(直接材料用量标准 \times 直接材料价格标准)$$

【例 5-4】　假定某企业 A 产品耗用甲、乙、丙三种直接材料，其直接材料标准成本的计算如表 5-5 所示。

表 5-5　**A 产品直接材料的标准成本**

项　目	标　准		
	甲材料	乙材料	丙材料
价格标准①	45 元/千克	15 元/千克	30 元/千克
用量标准②	3 千克/件	6 千克/件	9 千克/件
成本标准③=①×②	135 元/件	90 元/件	270 元/件
单位产品直接材料标准成本④= ∑ ③	495 元		

2. 直接人工标准成本的制定

直接人工标准成本是由直接人工的价格和直接人工用量两项标准决定的。

直接人工的价格标准就是标准工资率，它通常由劳动工资部门根据用工情况制定。当采用计时工资时，标准工资率就是小时工资率标准，它是由标准工资总额与标准总工时的商来确定的，即：

$$小时工资率标准=\frac{标准工资总额}{标准总工时}$$

直接人工用量标准，即工时用量标准，它是指现有的生产技术条件下，生产单位产品所耗用的必要的工作时间，包括产品直接加工工时，必要的间歇或停工工时以及不可避免的废次品所耗用的工时等。一般由生产技术部门、劳动工资部门等运用特定的技术测定方法并分析统计资料后确定。

因此，直接人工标准成本=标准工资率（小时工资率标准）×工时用量标准

【例 5-5】　沿用例 5-4 的资料，A 产品直接人工标准成本的计算如表 5-6 所示。

表 5-6　**A 产品直接人工标准成本**

项　目	标　准
月标准总工时①	15 600 小时
月标准总工资②	168 480 元

续表

项　　目	标　　准
标准工资率③=②÷①	10.8 元/小时
单位产品工时用量标准④	1.5 小时/件
直接人工标准成本⑤=③×④	16.2 元/件

3. 制造费用标准成本的制定

制造费用标准成本是由制造费用价格标准和制造费用用量标准两项因素决定的。

制造费用价格标准，即制造费用分配率标准。其计算公式为：

$$\text{制造费用分配率标准}=\frac{\text{标准制造费用总额}}{\text{标准总工时}}$$

制造费用的用量标准，即工时用量标准，其含义与直接人工用量标准相同。

因此，制造费用的标准成本=制造费用分配率标准×工时用量标准

成本按照其性态分为变动成本和固定成本。前者随着产量的变动而变动；后者相对固定，不随产量波动。所以，制定费用标准时，也应分别制定变动制造费用和固定制造费用的成本标准。

【例 5-6】　沿用例 5-4 的资料，甲产品制造费用的标准成本计算如表 5-7 所示。

表 5-7　**甲产品制造费用的标准成本**

项　　目		标　　准
工时	月标准总工时①	15 600 小时
	单位产品工时标准②	1.5 小时/件
变动制造费用	标准变动制造费用总额③	56 160 元
	标准变动制造费用分配率④=③÷①	3.6 小时/件
	变动制造费用标准成本⑤=②×④	5.4 元/件
固定制造费用	标准固定制造费用总额⑥	187 200 元
	标准固定制造费用分配率⑦=⑥+①	12 元/小时
	固定制造费用标准成本⑧=②×⑦	18 元/件
单位产品制造费用的标准成本⑨=⑤+⑧		23.4 元

（二）成本差异的计算及分析

在标准成本管理模式下，成本差异是指一定时期生产一定数量的产品所发生的实际成本与相关的标准成本之间的差额。凡实际成本大于标准成本的称为超支差异；凡实际成本小于标准成本的则称为节约差异。

从标准成本的制定过程可以看出，任何一项费用的标准成本都是由用量标准和价格标

准两个因素决定的，因此，差异分析就应该从这两个方面进行。实际产量下的总差异的计算公式为：

$$\text{总差异}=\text{实际价格}\times\text{实际用量}-\text{标准价格}\times\text{实际产量下标准用量}$$

$$=\left(\begin{matrix}\text{实际}\\\text{价格}\end{matrix}\times\begin{matrix}\text{实际}\\\text{用量}\end{matrix}-\begin{matrix}\text{标准}\\\text{价格}\end{matrix}\times\begin{matrix}\text{实际}\\\text{用量}\end{matrix}\right)+\left(\begin{matrix}\text{标准}\\\text{价格}\end{matrix}\times\begin{matrix}\text{实际}\\\text{用量}\end{matrix}-\begin{matrix}\text{标准}\\\text{价格}\end{matrix}\times\begin{matrix}\text{实际产量下}\\\text{标准用量}\end{matrix}\right)$$

$$=(\text{实际价格}-\text{标准价格})\times\text{实际用量}+\begin{matrix}\text{标准}\\\text{价格}\end{matrix}\times\left(\begin{matrix}\text{实际}\\\text{用量}\end{matrix}-\begin{matrix}\text{实际产量下}\\\text{标准用量}\end{matrix}\right)$$

$$=\text{价格差异}+\text{用量差异}$$

其中：价格差异＝（实际价格－标准价格）×实际用量

用量差异＝标准价格×（实际用量－实际产量下标准用量）

1. 直接材料成本差异的计算和分析

直接材料成本差异，是指直接材料的实际总成本与实际产量下标准总成本之间的差异。它可进一步分解为直接材料价格差异和直接材料用量差异两部分。有关计算公式如下：

直接材料成本差异＝实际产量下实际总成本－实际产量下标准总成本

＝实际价格×实际用量－标准价格×实际产量下标准用量

＝直接材料价格差异＋直接材料用量差异

直接材料价格差异＝（实际价格－标准价格）×实际用量

直接材料用量差异＝标准价格×（实际用量－实际产量下标准用量）

材料价格差异的形成受各种主客观因素的影响，较为复杂，如市场价格、供货厂商、运输方式、采购批量等的变动，都可以导致材料的价格差异。但由于它与采购部门的关系更为密切，所以其差异应主要由采购部门承担责任。

直接材料的用量差异形成的原因是多方面的，有生产部门的原因，也有非生产部门的原因。如产品设计结构、原料质量、工人的技术熟练程度、废品率的高低等都会导致材料用量的差异。材料用量差异的责任需要通过具体分析才能确定，但往往主要由生产部门承担。

【例 5-7】　沿用例 5-4 的资料，A 产品甲材料的标准价格为 45 元/千克，用量标准为 3 千克/件。假定企业本月投产 A 产品 8 000 件，领用甲材料 32 000 千克，其实际价格为 40 元/千克。其直接材料成本差异计算如下：

直接材料成本差异＝40×32 000－45×3×8 000＝200 000（元）（超支）

其中：材料价格差异＝（40－45）×32 000＝－160 000（元）（节约）

材料用量差异＝45×（32 000－8 000×3）＝360 000（元）（超支）

通过以上计算可以看出，A 产品本月耗用甲材料发生 200 000 元超支差异。由于生产部门耗用材料超过标准，导致超支 360 000 元，应该查明材料用量超标的具体原因，以便改进工作，节约材料。从材料价格而言，由于材料价格降低节约了 160 000 元，从而抵消了一部分由于材料超标耗用而形成的成本超支。这是材料采购部门的工作成绩，也应查明原因，巩固和发扬成绩。

2. 直接人工成本差异的计算和分析

直接人工成本差异，是指直接人工的实际总成本与实际产量下标准总成本之间的差异。它可分为直接人工工资率差异和直接人工效率差异两部分。有关计算公式如下：

直接人工成本差异＝实际总成本－实际产量下标准总成本

$$=\text{实际工资率}\times\text{实际人工工时}-\text{标准工资率}\times\begin{matrix}\text{实际产量下}\\\text{标准人工工时}\end{matrix}$$

＝直接人工工资率差异＋直接人工效率差异

直接人工工资率差异＝（实际工资率－标准工资率）×实际人工工时

直接人工效率差异＝标准工资率×（实际人工工时－实际产量下标准人工工时）

直接人工工资率差异是价格差异，其形成原因比较复杂，工资制度的变动、工人的升降级、加班或临时工的增减等都将导致工资率差异。一般地，这种差异的责任不在生产部门，劳动人事部门更应对其承担责任。

直接人工效率差异是用量差异，其形成原因也是多方面的，工人技术状况、工作环境和设备条件的好坏等，都会影响效率的高低，但其主要责任还是在生产部门。

【例 5-8】　沿用例 5-5 的资料，A 产品标准工资率为 10. 8 元/小时，工时标准为 1. 5 小时/件，工资标准为 16. 2 元/件。假定企业本月实际生产 A 产品 8 000 件，用工10 000小时，实际应付直接人工工资 110 000 元。其直接人工成本差异计算如下：

直接人工成本差异＝110 000－16. 2×8 000＝－19 600（元）（节约）

其中：直接人工工资率差异＝（110 000÷10 000－10. 8）×10 000＝2 000（元）（超支）

直接人工效率差异＝10. 8×（10 000－1. 5×8 000）＝－21 600（元）（节约）

通过以上计算可以看出，该产品的直接人工成本总体上节约 19 600 元。其中，直接人工效率差异节约 21 600 元，但直接人工工资率差异超支 2 000 元。直接人工工资率超过标准，可能是为了提高产品质量，调用了一部分技术等级和工资级别较高的工人，使小时工资率增加了 0. 2（110 000÷10 000－10. 8）元。但也因此在提高产品质量的同时，提高了效率，使工时的耗用由标准的 12 000（8 000×1. 5）小时降低为 10 000 小时，节约工时 2 000 小时，从而导致了最终的成本节约。可见生产部门在生产组织上的成绩是值得肯定的。

3. 变动制造费用成本差异的计算和分析

变动制造费用成本差异是指实际发生的总变动制造费用与实际产量下标准总变动费用之间的差异。它可以分解为变动制造费用耗费差异和变动制造费用效率差异两部分。其计算公式如下：

$$\begin{matrix}\text{变动制造费用}\\\text{成本差异}\end{matrix}=\text{实际总变动制造费用}-\text{实际产量下标准总变动制造费用}$$

$$=\frac{\text{实际变动制造费用}}{\text{分配率}}\times\frac{\text{实际}}{\text{工时}}-\frac{\text{标准变动制造费用}}{\text{分配率}}\times\frac{\text{实际产量下}}{\text{标准工时}}$$

＝变动制造费用耗费差异＋变动制造费用效率差异

$$\begin{matrix}\text{变动制造费用}\\\text{耗费差异}\end{matrix}=\left(\begin{matrix}\text{实际变动制造}\\\text{费用分配率}\end{matrix}-\begin{matrix}\text{标准变动制造}\\\text{费用分配率}\end{matrix}\right)\times\begin{matrix}\text{实际}\\\text{工时}\end{matrix}$$

$$\text{变动制造费用效率差异}=\text{标准变动制造费用分配率}\times(\text{实际工时}-\text{实际产量下标准工时})$$

其中，变动制造费用耗费差异属于价格差异，变动制造费用效率差异是用量差异。变动制造费用效率差异的形成原因与直接人工效率差异的形成原因基本相同。

【例 5-9】　沿用例 5-6 的资料，A 产品标准变动费用分配率为 3.6 元/小时，工时标准为 1.5 小时/件。假定企业本月实际生产 A 产品 8 000 件，用工 10 000 小时，实际发生变动制造费用 40 000 元。其变动制造费用成本差异计算如下：

变动制造费用成本差异＝40 000－3.6×1.5×8 000＝－3 200（元）（节约）

其中：变动制造费用耗费差异＝（40 000÷10 000－3.6）×10 000＝4 000（元）（超支）

变动制造费用效率差异＝3.6×（10 000－1.5×8 000）＝－7 200（元）（节约）

通过以上计算可以看出，A 产品变动制造费用节约 3 200 元，这是由于提高效率，工时由 12 000（1.5×8 000）小时降为 10 000 小时的结果。由于变动费用分配率由 3.6 元提高到 4（40 000÷10 000）元，使变动制造费用发生超支，从而抵消了一部分变动制造费用的节约额。应该查明变动费用分配率提高的具体原因。

4. 固定制造费用成本差异的计算分析

固定制造费用成本差异是指实际发生的固定制造费用与实际产量下标准固定制造费用的差异。其计算公式为：

$$\text{固定制造费用成本差异}=\text{实际产量下实际固定制造费用}-\text{实际产量下标准固定制造费用}$$
$$=\text{实际分配率}\times\text{实际工时}-\text{标准分配率}\times\text{实际产量下标准工时}$$

其中：标准分配率＝固定制造费用预算总额÷预算产量下标准总工时

由于固定制造费用相对固定，实际产量与预算产量的差异会对单位产品所应承担的固定制造费用产生影响，所以，固定制造费用成本差异的分析有其特殊性，分为两差异分析法和三差异分析法。

（1）两差异分析法。它是指将总差异分为耗费差异和能量差异两部分，其计算公式如下：

耗费差异＝实际固定制造费用－预算产量下标准固定制造费用

＝实际固定制造费用－标准分配率×工时标准×预算产量

＝实际固定制造费用－标准分配率×预算产量下标准工时

能量差异＝预算产量下标准固定制造费用－实际产量下固定制造费用

＝标准分配率×（预算产量下标准工时－实际产量下标准工时）

【例 5-10】　沿用例 5-6 的资料，A 产品标准固定制造费用分配率为 12 元/小时，工时标准为 1.5 小时/件。假定企业 A 产品预算产量为 10 400 件，实际生产 A 产品 8 000 件，用工 10 000 小时，实际发生固定制造费用 190 000 元。其固定制造费用的成本差异计算如下：

固定制造费用成本差异＝190 000－12×1.5×8 000＝46 000（元）（超支）

其中：耗费差异＝19 000－12×1.5×10 400＝2 800（元）（超支）

能量差异＝12×（1. 5×10 400－1. 5×8 000）＝43 200（元）（超支）

通过以上计算可以看出，该企业 A 产品固定制造费用超支 46 000 元，主要是由于生产能力不足，实际产量小于预算产量所致。

（2）三差异分析法。它是将两差异分析法下的能量差异进一步分解为产量差异和效率差异，即将固定制造费用成本差异分为耗费差异、产量差异和效率差异三个部分。其中耗费差异的概念和计算与两差异法一致。相关计算公式为：

耗费差异＝实际固定制造费用－预算产量下标准固定制造费用

＝实际固定制造费用－标准分配率×工时标准×预算产量

＝实际固定制造费用－标准分配率×预算产量下标准工时

产量差异＝标准分配率×（预算产量下标准工时－实际产量下实际工时）

效率差异＝标准分配率×（实际产量下实际工时－实际产量下标准工时）

【例 5-11】　沿用例 5-10 的资料，计算其固定制造费用的成本差异如下：

固定制造费用成本差异＝190 000－12×1. 5×8 000＝46 000（元）（超支）

其中：耗费差异＝19 000－12×1. 5×10 400＝2 800（元）（超支）

产量差异＝12×（1. 5×10 400－10 000）＝67 200（元）（超支）

效率差异＝12×（10 000－1. 5×8 000）＝－24 000（元）（节约）

通过上述计算可以看出，采用三差异法，能够更好地说明生产能力利用程度和生产效率高低所导致的成本差异情况，便于分清责任。

（三）成本差异计算要点与规律

按成本习性，以上直接材料、直接人工、变动制造费用差异的分解有共同规律，它们都属变动成本差异分析，都是采用量差分析与价差分析；而固定制造费用需采用两差异分析法或三差异分析法。

（1）变动成本差异计算的通用公式如下：

价格差异＝（实际价格－标准价格）×实际用量

用量差异＝（实际用量－标准用量）×标准价格

变动成本差异分析图、变动成本量差和价差分析图分别如图 5-7、图 5-8 所示。

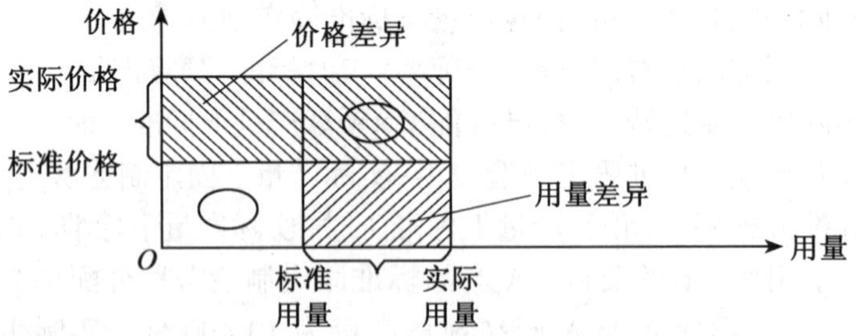

图 5-7　变动成本差异分析图

（2）固定制造费用两差异和三差异分析法如图 5-9 所示。

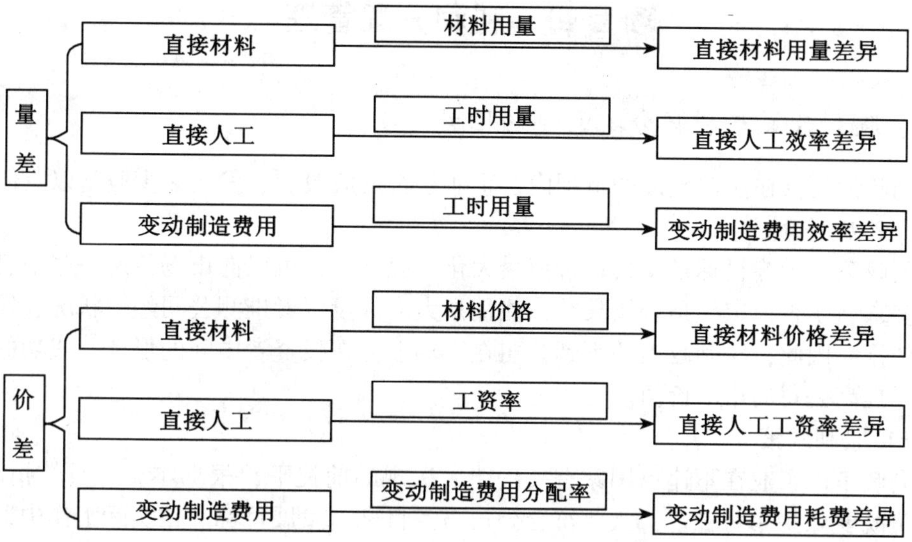

图 5-8　变动成本量差和价差分析图

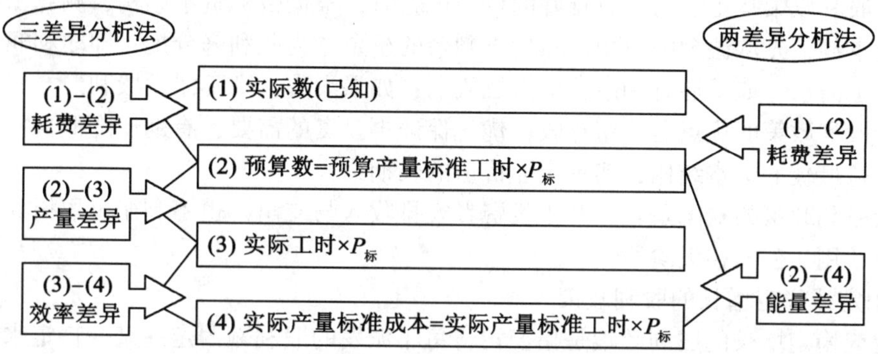

图 5-9　固定制造费用两差异和三差异分析法

三、责任成本管理

责任成本管理，是指将企业内部划分成不同的责任中心，明确责任成本，并根据各责任中心的权、责、利关系，来考核其工作业绩的一种成本管理模式。其中，责任中心也叫责任单位，是指企业内部具有一定权力并承担相应工作责任的部门或管理层次。

按照企业内部责任中心的权责范围以及业务活动的不同特点，责任中心一般可以划分为成本中心、利润中心和投资中心三类。每一类责任中心均对应着不同的决策权力及不同的业绩评价指标（具体内容及考核标准见本教材学习情境七财务控制，这里不再详述）。

项目四 利润分配管理

一、股利政策与利润分配的制约因素

股利政策是指在法律允许的范围内，企业是否发放股利、发放多少股利以及何时发放股利的方针及对策。

股利政策的最终目标是使公司价值最大化。股利往往可以向市场传递一些信息，股利的发放多寡、是否稳定、是否增长等，往往是大多数投资者推测公司经营状况、发展前景优劣的依据。因此，股利政策关系到公司在市场上、在投资者中间的形象，成功的股利政策有利于提高公司的市场价值。

(一) 股利政策

股利政策由企业在不违反国家有关法律、法规的前提下，根据本企业具体情况制定。股利政策既要保持相对稳定，又要符合公司财务目标和发展目标。在实际工作中，通常有以下几种股利政策可供选择：

1. 剩余股利政策

剩余股利政策是指公司在有良好的投资机会时，根据目标资本结构，测算出投资所需的权益资本额，先从盈余中留用，然后将剩余的盈余作为股利来分配，即净利润首先满足公司的资金需求，如果还有剩余，就派发股利；如果没有，则不派发股利。

剩余股利政策的优点是：留存收益优先保证再投资的需要，有助于降低再投资的资金成本，保持最佳的资本结构，实现企业价值的长期最大化。

剩余股利政策的缺陷是：不利于投资者安排收入与支出，也不利于公司树立良好的形象，一般适用于公司初创阶段。

2. 固定或稳定增长的股利政策

固定或稳定增长的股利政策是指公司将每年派发的股利额固定在某一特定水平或是在此基础上维持某一固定比率逐年稳定增长。公司只有在确信未来经营不会发生逆转时才会宣布实施固定或稳定增长的股利政策。在这一政策下，应首先确定股利分配额，而且该分配额一般不随资金需求的波动而波动。

因此，采用固定或稳定增长的股利政策，要求公司对未来的盈利和支付能力能作出准确的判断。一般来说，公司确定的固定股利额不宜太高，以免陷入无力支付的被动局面。固定或稳定增长的股利政策通常适用于经营比较稳定或正处于成长期的企业，且很难被长期采用。

3. 固定股利支付率政策

固定股利支付率政策是指公司将每年净利润的某一固定百分比作为股利分派给股东。这一百分比通常称为股利支付率，股利支付率一经确定，一般不得随意变更。在这一股利政策下，只要公司的税后利润一经计算确定，所派发的股利也就相应确定了。固定股利支付率越高，公司留存的净利润越少。

由于公司每年面临的投资机会、筹资渠道都不同，而这些都可以影响到公司的股利分派，所以，一成不变地奉行固定股利支付率政策的公司在实际中并不多见，固定股利支付率政策只是比较适用于那些处于稳定发展且财务状况也较稳定的公司。

4. 低正常股利加额外股利政策

低正常股利加额外股利政策，是指公司事先设定一个较低的正常股利额，每年除了按正常股利额向股东发放股利外，还在公司盈余较多、资金较为充裕的年份向股东发放额外股利。

相对来说，对那些盈利随着经济周期波动较大的公司或者当盈利与现金流量很不稳定，低正常股利加额外股利政策也许是一种不错的选择。

（二）利润分配的制约因素

企业的利润分配涉及企业相关各方的切身利益，受众多不确定因素的影响，在确定分配政策时，应当考虑各种相关因素的影响，主要包括法律、公司、股东及其他因素。

1. 法律因素

为了保护债权人和股东的利益，相关法律就公司的利润分配作出如下规定：

（1）资本保全约束。规定公司不能用资本（包括实收资本或股本和资本公积）发放股利，目的在于维持企业资本的完整性，保护企业完整的产权基础，保障债权人的利益。

（2）资本积累约束。规定公司必须按照一定的比例和基数提取各种公积金，股利只能从企业的可供分配利润中支付。此处可供分配利润包含公司当期的净利润按照规定提取各种公积金后的余额和以前累积的未分配利润。另外，在进行利润分配时，一般应当贯彻“无利不分”的原则，即当企业出现年度亏损时，一般不进行利润分配。

（3）超额累积利润约束。由于资本利得与股利收入的税率不一致，如果公司为了避税而使得盈余的保留大大超过了公司目前及未来的投资需要时，将被加征额外的税款。

（4）偿债能力约束。要求公司考虑现金股利分配对偿债能力的影响，确定在分配后仍能保持较强的偿债能力，以维持公司的信誉和借贷能力，从而保证公司的正常资金周转。

2. 公司因素

公司基于短期经营和长期发展的考虑，在确定利润分配政策时，需要关注以下因素：

（1）现金流量。由于会计规范的要求和核算方法的选择，公司盈余与现金流量并非完全同步，净收益的增加不一定意味着可供分配的现金流量的增加。公司在进行利润分配时，要保证正常的经营活动对现金的需求，以维持资金的正常周转，使生产经营得以有序进行。

（2）资产的流动性。企业现金股利的支付会减少其现金持有量，降低资产的流动性，而保持一定的资产流动性是企业正常运转的必备条件。

（3）盈余的稳定性。一般来讲，公司的盈余越稳定，其股利支付水平也就越高。

（4）投资机会。如果公司的投资机会多，对资金的需求量大，那么它就很可能会考虑采用低股利支付水平的分配政策；相反，如果公司的投资机会少，对资金的需求量小，那么它就很可能倾向于采用较高的股利支付水平的分配政策。此外，如果公司将留存收益用于再投资所得报酬低于股东个人单独将股利收入投资于其他投资机会所得的报酬时，公司就不应多留存收益，而应多发股利，这样有利于股东价值的最大化。

（5）筹资因素。如果公司具有较强的筹资能力，随时能筹集到所需资金，那么它就具有较强的股利支付能力。另外，留存收益是企业内部筹资的一种重要方式，它同发行新股或举债相比，不需花费筹资费用，同时增加了公司权益资本的比重，降低了财务风险，便于低成本取得债务资本。

（6）其他因素。由于股利的信号传递作用，公司不宜经常改变其利润分配政策，应保持一定的连续性和稳定性。此外，利润分配政策还会受到其他公司的影响，比如不同发展阶段、不同行业的公司股利支付比例会有差异，这就要求公司在进行政策选择时应考虑其发展阶段以及所处行业状况。

3. 股东因素

股东在控制权、收入和税赋方面的考虑也会对公司的利润分配政策产生影响。

（1）控制权。现有股东往往将股利政策作为维持其控制地位的工具。企业支付较高的股利导致留存收益减少，当企业为有利可图的投资机会筹集所需资金时，发行新股的可能性增大，新股东的加入必然稀释公司的控制权。所以，股东会倾向于较低的股利支付水平，以便从内部的留存收益中取得所需资金。

（2）稳定的收入。如果股东以未来现金股利维持生活，他们往往要求企业能够支付稳定的股利，而反对过多地留存。

（3）避税。由于股利收入的税率要高于资本利得的税率，一些高股利收入的股东出于避税的考虑而往往倾向于较低的股利支付水平。

4. 其他因素

（1）债务契约。一般来说，股利支付水平越高，留存收益越少，企业的破产风险越大，就越有可能损害到债权人的利益。因此，为了保证自己的利益不受侵害，债权人通常都会在债务契约、租赁合同中加入关于借款企业股利政策的限制条款。

（2）通货膨胀。通货膨胀会导致货币购买力水平下降，导致固定资产重置资金不足，此时，企业往往不得不考虑留用一定的利润，以便弥补由于购买力下降而造成的固定资产重置资金缺口。因此，在通货膨胀时期，企业一般会采取偏紧的利润分配政策。

二、股利支付形式与程序

（一）股利支付形式

股利支付形式可以分为不同的种类，主要有以下四种：

1. 现金股利

现金股利是以现金支付的股利，它是股利支付的最常见的方式。公司选择发放现金股利除了要有足够的留存收益外，还要有足够的现金，而现金充足与否往往会成为公司发放现金股利的主要制约因素。

2. 财产股利

财产股利是以现金以外的其他资产支付的股利，主要是以公司所拥有的其他公司的有价证券，如公司债券、公司股票等，作为股利发放给股东。

3. 负债股利

负债股利是以负债方式支付的股利，通常以公司的应付票据支付给股东，有时也以发行公司债券的方式支付股利。

财产股利和负债股利实际上都是现金股利的替代方式，但目前这两种股利方式在我国公司实务中极少使用。

4. 股票股利

股票股利，是公司以增发股票的方式所支付的股利，我国实务中通常也称其为“红股”。股票股利对公司来说，并没有现金流出企业，也不会导致公司的财产减少，而只是将公司的留存收益转化为股本。但股票股利会增加流通在外的股票数量，同时降低股票的每股价值。它不改变公司股东权益总额，但会改变股东权益的构成。

对股东来讲，股票股利的优点主要有：

（1）派发股票股利后，理论上每股市价会成比例下降，但实务中这并非必然结果。因为市场和投资者普遍认为，发放股票股利往往预示着公司会有较大的发展和成长，这样的信息传递会稳定股价或使股价下降比例减少甚至不降反升，股东便可以获得股票价值相对上升的好处。

（2）由于股利收入和资本利得税税率的差异，如果股东把股票股利出售，还会给他带来资本利得纳税上的好处。

对公司来讲，股票股利的优点主要有：

（1）发放股票股利不需要向股东支付现金，在再投资机会较多的情况下，公司就可以为再投资提供成本较低的资金，从而有助于公司的发展。

（2）发放股票股利可以降低公司股票的市场价格，既有利于促进股票的交易和流通，又有利于吸引更多的投资者成为公司股东，进而使股权更为分散，有效地防止公司被恶意控制。

（3）股票股利的发放可以传递公司未来发展前景良好的信息，从而增强投资者的信心，在一定程度上稳定股票价格。

（二）股利支付程序

公司股利的发放必须遵守相关的要求，按照日程安排来进行。一般情况下，先由董事会提出分配预案，然后提交股东大会决议通过才能进行分配。股东大会决议通过分配预案后，要向股东宣布发放股利的方案，并确定股权登记日、除息日和股利发放日。

（1）股利宣告日，即股东大会决议通过并由董事会将股利支付情况予以公告的日期。公告中将宣布每股应支付的股利、股权登记日、除息日以及股利支付日。

（2）股权登记日，即有权领取本期股利的股东资格登记截止日期。凡是在此指定日期收盘之前取得公司股票，成为公司在册股东的投资者都可以作为股东享受公司分派的股利。在这一天之后取得股票的股东则无权领取本次分派的股利。

（3）除息日，即领取股利的权利与股票分离的日期。在除息日之前购买的股票才能领取本次股利，而在除息日当天或是以后购买的股票，则不能领取本次股利。由于失去了“付息”的权利，除息日的股票价格会下跌。

（4）股利发放日，即公司按照公布的分红方案向股权登记日在册的股东实际支付股利的日期。

【例 5-12】　某公司现有发行在外的普通股 1 000 万股，每股面值 1 元，资本公积

6 000万元，未分配利润8 000 万元，每股市价 20 元；若按5%的比例发放股票股利并按市价折算，则公司资本公积的报表列示金额将为多少万元？

增加的股数＝1 000×5%＝50（万股）

资本公积增加额＝（20−1）×50＝950（万元）

资本公积的报表列示金额＝6 000+950＝6 950（万元）

同时：未分配利润减少额＝20×50＝1 000（万元）

股本增加额＝1×50＝50（万元）

三、股票分割和股票回购

（一）股票分割

股票分割又称拆股，即将一股股票拆分成多股股票的行为。股票分割一般只会增加发行在外的股票总数，但不会对公司的资本结构产生任何影响。股票分割与股票股利非常相似，都是在不增加股东权益的情况下增加了股份的数量，所不同的是，股票股利虽不会引起股东权益总额的改变，但股东权益的内部结构会发生变化，而股票分割之后，股东权益总额及其内部结构都不会发生任何变化，变化的只是股票面值。

股票分割的作用如下：

（1）降低股票价格。股票分割会使每股市价降低，买卖该股票所需的资金量减少，从而可以促进股票的流通和交易。流通性的提高和股东数量的增加，会在一定程度上加大对公司股票恶意收购的难度。此外，降低股票价格还可以为公司发行新股做准备，因为股价太高会使许多潜在投资者力不从心而不敢轻易地对公司股票进行投资。

（2）向市场和投资者传递“公司发展前景良好”的信号，有助于提高投资者对公司股票的信心。

与股票分割相反，如果公司认为其股票价格过低，不利于其在市场上的声誉和未来的再筹资时，为提高股票的价格，会采取反分割措施。反分割又称股票合并或逆向分割，是指将多股股票合并为一股股票的行为。反分割显然会降低股票的流通性，提高公司股票投资的门槛，它向市场传递的信息通常都是不利的。

【例 5-13】　某上市公司在 2015 年年末资产负债表上的股东权益账户情况如表 5-8 所示。

表 5-8　**股东权益账户情况**　单位：万元

普通股（面值 10 元，发行在外 1 000 万股）	10 000
资本公积	10 000
盈余公积	5 000
未分配利润	8 000
股东权益总额	33 000

（1）假定股票市价为 20 元，该公司宣布发放 10%的股票股利，即现有股东每持有 10

股即可获赠 1 股普通股。发放股票股利后，股东权益有何变化？每股净资产是多少？

（2）假设该公司按照 1 : 2 的比例进行股票分割。股票分割后，股东权益有何变化？每股净资产是多少？

根据上述资料，分析计算过程如下：

（1）发放股票股利后股东权益账户情况如表 5-9 所示。

表 5-9　**发放股票股利后股东权益账户情况**　单位：万元

普通股（面值 10 元，发行在外 1 000 万股）	11 000
资本公积	11 000
盈余公积	5 000
未分配利润	6 000
股东权益总额	33 000

每股净资产为：33 000÷（1 000+100）= 30（元）

（2）股票分割后股东权益账户情况如表 5-10 所示。

表 5-10　**股票分割后股东权益账户情况**　单位：万元

普通股（面值 5 元，发行在外 2 000 万股）	10 000
资本公积	10 000
盈余公积	5 000
未分配利润	8 000
股东权益总额	33 000

每股净资产为：33 000÷（1 000×2）= 16. 5（元）

（二）股票回购

1. 股票回购的含义及方式

股票回购是指上市公司出资将其发行在外的普通股以一定价格购买回来予以注销或作为库存股的一种资本运作方式。公司不得随意收购本公司的股份，只有满足相关法律规定的情形才允许股票回购。

股票回购的方式主要包括公开市场回购、要约回购和协议回购三种。其中，公开市场回购，是指公司在公开交易市场上以当前市价回购股票；要约回购是指公司在特定期间向股东发出的以高出当前市价回购股票。协议回购则是指公司以协议价格直接向一个或几个主要股东回购股票。

2. 股票回购的动机

在证券市场上，股票回购的动机多种多样，主要有以下几点：

（1）现金股利的替代。现金股利政策会对公司产生未来的派现压力，而股票回购不会。当公司有富余资金时，通过回购股东所持股票将现金分配给股东，这样，股东就可以根据自己的需要选择继续持有股票还是出售股票获得现金。

（2）改变公司的资本结构。无论是现金回购还是举债回购股份，都会提高公司的财务杠杆水平，改变公司的资本结构。公司认为权益资本在资本结构中所占比例较大时，为了调整资本结构而进行股票回购，可以在一定程度上降低整体资金成本。

（3）传递公司信息。由于信息不对称和预期差异，证券市场上的公司股票价格可能被低估，而过低的股价将会对公司产生负面影响。一般情况下，投资者会认为股票回购意味着公司认为其股票价值被低估而采取的应对措施。

（4）基于控制权的考虑。控股股东为了保证其控制权，往往采取直接或间接的方式回购股票，从而巩固既有的控制权。另外，股票回购使流通在外的股份数变少，股价上升，从而可以有效地防止敌意收购。

3. 股票回购的影响

股票回购对上市公司的影响主要表现在以下几个方面：

（1）股票回购需要大量资金支付回购成本，容易造成资金紧张，降低资产流动性，影响公司的后续发展。

（2）股票回购无异于股东退股和公司资本减少，也可能会使公司的发起人股东更注重创业利润的实现，从而不仅在一定程度上削弱了对债权人利益的保护，而且忽视了公司的长远发展，损害了公司的根本利益。

（3）股票回购容易导致公司操纵股价。公司回购自己的股票容易导致其利用内幕消息进行炒作，加剧公司行为的非规范化，损害投资者的利益。

思考与练习

一、单项选择题

1. 采用目标利润法制定商品的价格，是以（　　）为基础。

A. 单位变动成本　B. 单位完全成本　C. 固定成本　D. 单位生产成本

2. 加权平均法，是将各个样本值按照一定的权数计算得出加权平均数，并将该平均数作为下期销售量的预测值。其中，一般离预测期越近的样本值确定权数（　　）。

A. 越大　B. 越小　C. 相同　D. 无所谓

3. 企业在生产能力有剩余的情况下增加生产一定数量的产品一般采用（　　）。

A. 保本定价　B. 变动成本定价法

C. 目标利润法　D. 完全成本加成定价法

4. 在相关范围内，其成本总额随着产量的变动呈正比例变动的成本称作（　　）。

A. 变动成本　B. 混合成本　C. 固定成本　D. 半变动成本

5. 以下属于成本性态分析中的固定成本是（　　）。

A. 燃料费　B. 动力费　C. 广告费　D. 材料费

6. 在正常情况下，给员工支付固定的月工资，当产量超过正常水平后支付加班费，这种人工成本属于（　　）。

A. 半变动成本　B. 阶梯型成本　C. 固定成本　D. 延期型成本

7. 在混合成本分解中，计算结果最精确的方法是（　　）。

A. 高低点法　B. 最小平方法　C. 散布图法　D. 工程分析法

8. 按照变动成本法，下列项目中不计入产品成本的是（　　）。

A. 直接材料　B. 直接人工　C. 变动制造费用　D. 固定制造费用

9. 实际工作中运用最广泛的标准成本是（　　）。

A. 理想的标准成本　B. 正常的标准成本

C. 实际成本　D. 宽松的标准成本

10. 标准成本控制下的成本差异是指（　　）。

A. 实际成本与标准成本的差异　B. 实际成本与计划成本的差异

C. 预算成本与标准成本的差异　D. 实际成本与预算成本的差异

11. 一般来说，直接材料的数量差异由（　　）负责。

A. 采购部门　B. 销售部门　C. 生产部门　D. 会计部门

12. 固定制造费用的实际金额与预算金额之间的差额称为（　　）。

A. 耗费差异　B. 效率差异　C. 闲置能量差异　D. 价格差异

13. 我国上市公司不得用于支付股利的权益资本是（　　）。

A. 资本公积　B. 任意盈余公积

C. 法定盈余公积　D. 上年未分配利润

14. 企业在分配收益时，必须按一定比例和基数提取法定公积金，这一要求体现(　　)。

A. 资本保全约束　B. 企业积累约束

C. 债务合同约束　D. 超额累积利润约束

15. 下列在确定公司利润分配政策时应考虑的因素中，不属于股东因素的是（　　）。

A. 规避风险　B. 稳定股利收入

C. 防止公司控制权旁落　D. 公司未来的投资机会

二、多项选择题

1. 销售预测的定性方法有（　　）。

A. 推销员判断法　B. 专家判断法

C. 产品寿命周期分析法　D. 趋势预测分析法

2. 趋势预测分析法包括（　　）。

A. 算术平均法　B. 加权平均法　C. 移动平均法　D. 指数平滑法

3. 在相关范围内，固定成本的特点包括（　　）。

A. 成本总额不变　B. 单位成本不变

C. 成本总额的正比例变动性　D. 单位成本的反比例变动性

4. 在确定直接人工标准成本时，标准工时包括（　　）。

A. 直接加工操作时间　B. 必要的工间休息

C. 设备调整时间　　D. 不可避免的废品耗用工时

5. 形成直接材料数量差异的原因有（　　）。

A. 操作疏忽　　B. 技术改进

C. 采购时舍近求远使价格提高　　D. 机器工具不适用

6. 造成直接人工效率差异的原因有（　　）。

A. 劳动情绪不佳　　B. 产量太少无法发挥批量优势

C. 设备故障较多　　D. 工人经验不足

7. 可以套用数量差异和价格差异模式的成本项目有（　　）。

A. 直接材料　　B. 直接人工

C. 变动制造费用　　D. 固定制造费用

8. 固定制造费用成本差异可以分解为（　　）。

A. 耗费差异　　B. 生产能力利用差异

C. 效率差异　　D. 数量差异

9. 下列说法不正确的是（　　）。

A. 只要本年净利润大于0，就可以进行利润分配

B. 只要可供分配利润大于0，必须提取法定公积金

C. 不存在用资本公积支付股利的可能

D. 提取公积金的基数是本年的税后利润

10. 公司在制定利润分配政策时应考虑的因素有（　　）。

A. 通货膨胀因素　　B. 股东因素　　C. 法律因素　　D. 公司因素

三、判断题

1. 企业在生产能力有剩余的情况下，增加生产一定数量的产品，只增加变动成本，而不增加固定成本。此时，在确定价格时，产品成本仅以变动生产成本计算。(　　)

2. 在销售量波动较大或进行短期预测时，可选取较小的平滑系数；在销售量波动较小或进行长期预测时，可选择较大的平滑系数。(　　)

3. 采用高低点法分解混合成本，高低点的确定以成本大小为依据。(　　)

4. 单位变动成本一般会随业务量变化而相应变动。(　　)

5. 标准成本制度不仅可以运用于制造企业，也可以用于服务类企业。(　　)

6. 在成本差异分析中，数量差异的大小是由用量脱离标准的程度以及实际价格高低所决定的。(　　)

7. 股利政策的最终目标是使公司价值最大化。(　　)

8. 可以用资本发放股利，但不能在没有累计盈余的情况下提取公积金。(　　)

9. 以公司所拥有的其他企业的债券作为股利支付给股东属于负债股利支付方式。(　　)

10. 在除息日之前，股利权从属于股票；从除息日开始，新购入股票的人不能分享本次已宣告发放的股利。(　　)

四、计算分析题

1. 某公司2010—2015年的产品销售量资料见表5-11：

表5-11　　　　单位：万元

年度	2010	2011	2012	2013	2014	2015
销售量	3 250	3 300	3 150	3 350	3 450	3 500

要求：（1）根据以上资料，用算术平均法预测公司2016年的销售量。

（2）假设依据时间远近分别给予权数1、2、3、4、5、6，采用加权平均法预测公司2016年的销售量。

2. 假定产品销售量只受广告费支出大小的影响，2016年预计广告费支出155万元，以往年度的广告费支出及销售量的资料见表5-12：

表5-12　　　　单位：万元

年度	2010	2011	2012	2013	2014	2015
销售量	3 250	3 300	3 150	3 350	3 450	3 500
广告费	100	110	90	120	130	140

要求：用回归直线法预测公司2016年产品的销售量。

3. 某企业生产甲产品，预计单位产品的制造成本为100元，计划销售10 000件，计划期间的期间费用总额200 000元，该产品适用的消费税税率为10%，成本利润率必须达到15%。

要求：根据以上资料，采用全部成本费用加成定价法测算单位产品的价格。

4. 企业生产某产品，设计生产能力12 000件，计划生产10 000件，预计单位产品的变动成本190元，计划期的固定成本费用800 000元，该产品适用的消费税税率10%，成本利润率必须达到20%。假定本年度接到一额外订单，订购2 000件该产品，单价250元。

要求：（1）计算该企业计划内产品的单位价格。

（2）作出企业是否接受该额外订单的决策。

5. 假设甲公司的产量在5 000~20 000件相关范围内，有关成本资料见表5-13：

表5-13

产量（件）	5 000	10 000	15 000	20 000
变动成本	20 000			
固定成本	180 000			

续表

产量（件）	5 000	10 000	15 000	20 000
总成本	200 000			
单位变动成本				
单位固定成本				
单位成本				

要求：在表中空白处填写相应的数字。

6. 某企业 1—6 月使用机器的工作量和发生的维修费用如表 5-14 所示：

表 5-14

时间	1	2	3	4	5	6
工作时间（小时）	250	210	270	300	350	450
维修费用（元）	1 400	1 280	1 518	1 672	2 278	2 240

要求：(1) 利用高低点法对维修费用进行分解。

(2) 预计 7 月份机器工作时间为 480 小时，预测维修总成本。

7. P 制造厂对各项产品均建立标准成本制度，本年度甲产品每件的标准成本及实际成本资料见表 5-15、表 5-16：

表 5-15

成本项目	价格标准	用量标准	标准成本
直接材料	21 元/米	4 米	84 元
直接人工	10 元/工时	1. 6 工时	16 元
变动制造费用	5 元/工时	1. 6 工时	8 元
合计			108 元

表 5-16

成本项目	实际价格	实际用量	实际成本
直接材料	20 元/米	4. 4 米	88 元
直接人工	10. 5 元/工时	1. 4 工时	16. 8 元
变动制造费用	5. 2 元/工时	1. 4 工时	7. 28 元
合计			112. 08 元

该厂在本会计期间共生产产品 5 000 件。

要求：计算成本总差异及并分析产生差异的原因。

8. A 企业本月实际产量 500 件，发生固定制造费用 1 500 元，实际工时为 900 小时；企业生产能量为 960 小时，每件固定制造费用标准成本为 3.2 元/件，每件工时定额 2 小时。

要求：计算固定制造费用总差异，并分析差异的原因。

9. G 股份有限公司有关资料如下：

（1）公司本年年初未分配利润贷方余额为 180 万元，本年息税前利润为 820 万元，所得税税率为 25%。

（2）公司流通在外的普通股 60 万股，发行时每股面值 1 元，每股溢价收入 9 元；公司负债总额为 200 万元，均为长期负债，平均年利率为 10%，假定筹资费用忽略不计。

（3）公司股东大会决定本年度按 10% 的比例计提法定盈余公积。本年按可供投资者分配利润的 16% 向普通股股东发放现金股利。

要求：（1）计算 G 公司本年度净利润。

（2）计算 G 公司本年应计提的法定盈余公积。

（3）计算 G 公司本年末可供投资者分配的利润。

（4）计算 G 公司每股支付的现金股利。

10. 公司正在研究其股利分配政策。目前该公司发行在外的普通股共 100 万股，净资产 200 万元，今年每股支付 1 元股利。预计未来 3 年的税后利润和需要追加的资本性支出见表 5-17。

表 5-17　**税后利润及资本支出**　单位：万元

年　份	1	2	3
税后利润	200	250	200
资本支出	100	500	200

假设公司目前没有借款并希望逐步增加负债的比重，但是资产负债率不能超过 30%。筹资时优先使用留存收益，其次是长期借款，必要时增发普通股。假设上表给出的“税后利润”可以涵盖增加借款的利息，并且不考虑所得税的影响。增发股份时，每股面值 1 元，预计发行价格每股 2 元，假设增发当年不需要支付股利，下一年开始发放股利。

要求：（1）假设维持目前的每股股利，计算各年需要增加的借款和股权资金。

（2）假设采用剩余股利政策，计算各年需要增加的借款和股权资金。

11. 某上市公司在 2015 年末，其资产负债表上的股东权益账户情况如下（单位：万元）：

普通股（面值 10 元，流通在外 1 000 万股）	10 000
资本公积	16 000
盈余公积	5 200

未分配利润　7 800

股东权益合计　39 000

要求：

（1）假设该公司宣布按股票面值发放30%的股票股利，即现有股东每持10股，即可获得3股普通股。发放股票股利后，股东权益有何变化？每股净资产是多少？

（2）假设该公司按照1∶5的比例进行股票分割。股票分割后，股东权益有何变化？每股净资产是多少？

五、案例分析题

【案例1】

企业亏损产品是否停产、转产、增产的决策

甲企业生产三类产品：A产品、B产品和C产品。2016年该厂销售部门根据市场需求进行预测，计划部门初步平衡了生产能力，编制了2016年产品生产计划，财会部门打算据此进行产品生产的决策。

该厂多年生产的A产品，由于造价高、定价低，长期亏损。尽管是亏损产品，但是市场上仍有其一定的需求量，为满足市场需要，仍继续生产。财会部门根据产品生产计划预测了成本和利润，如表5-18所示。

表5-18　**2016年成本、利润预测表**　单位：万元

产品	A产品	B产品	C产品	合计
销售收入	654.6	630.7	138.3	1 423.6
销售成本	681.9	564.5	106.8	1 353.2
销售利润	−27.3	66.2	31.5	70.4

厂长阅读了该表以后，对财会部门提出了这样几个问题：

（1）2016年本厂目标利润能否达到100万元？

（2）A产品亏损27.3万元，可否考虑停产？

带着这些问题，财会部门与销售、生产等部门一起，共同研究，寻找对策。若干天后，他们提出了以下3个方案，希望有关专家分析比较，确定其中的最优方案。

方案一：停止生产A产品，按原计划生产B产品和C产品。

方案二：停止生产A产品后，根据生产能力的平衡条件，B产品最多增产40%，C产品最多增产10%。

方案三：进一步平衡生产能力，调整产品生产计划。该厂B产品系列是最近几年开发的新产品，由于技术性能好，质量高，颇受用户欢迎，目前已是市场供不应求的产品。

故根据市场预测，调整产品生产结构，压缩 A 产品生产计划 30%，B 产品在原方案基础上可增产 36%。

另外，财会人员运用回归分析法，在计算出单位产品变动成本的基础上，计算出变动成本占销售收入的比率。在 2015 年的成本资料基础上，考虑到原材料调价因素，其结果如表 5-19 所示。

表 5-19　　**各产品变动成本占销售收入的比率**

产　　品	A 产品	B 产品	C 产品
变动成本占销售收入的百分比	70%	60%	55%

企业财务人员对上述三个方案分析过程如下：

首先，计算各产品的变动成本、边际贡献和销售利润，见表 5-20。

表 5-20　　**各产品变动成本、边际贡献和销售利润计算表**　　单位：万元

项　目	A 产品	B 产品	C 产品	合计
销售收入	654. 6	630. 7	138. 3	1 423. 6
变动成本	458. 2	378. 4	76. 1	912. 7
边际贡献	196. 4	252. 3	62. 2	510. 9
固定成本	223. 7	186. 1	30. 7	440. 5
销售利润	-27. 3	66. 2	31. 5	70. 4

其次，分别进行各种方案的计算和分析。

若选择 A 方案，停止生产 A 产品，按原计划生产 B 产品和 C 产品的利润如表 5-21 所示。

表 5-21　　**A 方案的利润**　　单位：万元

项　目	B 产品	C 产品	合计
销售收入	630. 7	138. 3	769
变动成本	378. 4	76. 1	454. 5
边际贡献	252. 3	62. 2	314. 5
固定成本	440. 5		440. 5
销售利润	-126		-126

可见，由于A产品存在很大的边际贡献，A方案单纯停产A产品，停产后企业会出现亏损126万元。

若选择B方案的利润如表5-22所示。

表5-22　　**B方案的利润**　　单位：万元

项　目	B产品	C产品	合计
销售收入	883.0	152.1	1 035.1
变动成本	529.8	83.7	613.5
边际贡献	353.2	68.4	421.6
固定成本	440.5		440.5
销售利润	-18.9		-18.9

B方案仍然亏损，亏损额为18.9万元。

若选择C方案的利润如表5-23所示。

表5-23　　**C方案的利润**　　单位：万元

项　目	A产品	B产品	C产品	合计
销售收入	458.2	857.8	138.3	1 454.3
变动成本	320.7	514.6	76.1	911.4
边际贡献	137.5	343.2	62.2	542.9
固定成本	440.5			440.5
销售利润	102.4			102.4

C方案可达到目标利润100万元。

最后，综合以上分析，决策为选择C方案。

阅读上述资料，分析讨论以下问题：

（1）决定亏损产品是停产还是继续生产的主要依据是什么？从中体现了成本的哪些特性？

（2）比较变动成本法与全部成本法在利润核算上的区别。

（3）分析影响利润变动的主要因素有哪些？如何提高企业利润？

【案例 2】

H 饮料厂的股利政策

H 饮料厂创办于 20 世纪 80 年代，是当地最大的饮料企业。该厂适应市场需求，先后推出碳酸饮料、果味饮料、矿泉水、纯净水等饮品，1995 年改组为 H 饮品股份有限公司（以下简称 H 公司），总股本 1 500 万股。

1. 公司章程对股利分配的有关规定

（1）公司净利润按以下顺序进行分配：①弥补上一年度亏损；②提取 10%法定公积金；③提取 5%法定公益金；④支付股东股利。

（2）公司实行同股同权的分配政策。公司董事会在每年会计年度结束后提出分配预案，报股东大会批准实施，除股东大会另有决议外，股利每年派发一次，在每个会计年度结束后 6 个月内，按股东持股比例进行分配。当公司董事会认为必要时，在提请股东大会讨论通过后，可增派年度中期股利。

（3）在向个人股东分配股利时，按照《中华人民共和国个人所得税法》和国家税务总局发布的《征收个人所得税若干问题的规定》，代扣代缴个人所得税。

在生产经营过程中，最初由于当时的饮品包装多为玻璃瓶，不易运输，外地饮品较难打入本地市场，H 公司借助于地利人和，在本地市场中一直占有较高的市场优势，经营业绩一直稳步上升。经股东大会决议，公司制定了固定股利政策，即每年每股发放 0.2 元现金股利。

随着市场经济的不断深化，饮品行业竞争日益激烈，H 公司的市场占有率不断降低，经营业绩也逐步下降。公司管理人员对此忧心忡忡，认为应对公司的各个方面进行重新评价定位，当然也包括股利政策方面。公司拟召开董事会会议，要求公司的总会计师提出新的股利分配政策方案，以供董事会会议讨论。

2. 总会计师获取的调查资料

（1）我国饮品行业状况。近几年饮品行业在我国发展速度很快，市场竞争非常激烈，但市场并没有饱和。据有关资料统计：欧洲每年人均各类饮品消费量为 200 千克，菲律宾每年人均仅消费碳酸饮料就达 40 千克，而我国年人均消费还不到 10 千克。可见，与其他国家相比，我国饮品有巨大的市场潜力。近年来，我国桶装水、瓶装水市场需求旺盛，年产量已达到 400 吨左右，占所有饮品年产量的 1/3，尤其是家庭式桶装水，其能适应多种需求，发展势头良好，但水的合格率却不尽如人意。另外，随着人民生活质量和保健意识的提高，果味饮料、碳酸饮料市场日趋萎缩，绿色无污染保健饮品、纯果汁饮品、植物蛋白饮品以及茶饮品，成为饮品家族的新生力量，在市场上崭露头角，满足人们的高品质需求，市场潜力巨大。

（2）公司目前状况。目前公司主要生产三大类产品，其中 40%的生产能力生产传统产品——碳酸饮料和果味饮料，由于供过于求，销售情况较差，并且此类产品市场主要在农村，销售利润率比较低。公司的主要生产能力（大约50%）在生产第二大类产品，即市场需求旺盛的矿泉水和包装纯净水，此类产品是公司利润的主要来源。另外，公司年初新开发的绿色纯果汁饮品系列，比较符合消费者当前的消费趋势，已经呈现出比较旺盛的市场竞争力，预计将成为公司新的利润增长点。不过，由于H公司生产能力有限，目前只有10%的生产能力在生产此系列产品，创造的利润有限。

（3）公司广告宣传力度不够。根据市场调查表明：各种品牌的饮品销售额，与相关的广告宣传力度有极大的关系，广告做得多，消费者受到的消费提示就越多，市场份额也就越大。饮品行业中各大公司都在进行广告宣传，以扩大市场知名度，进而扩大销售，提高企业经营业绩。H公司在前些年一直未充分认识到广告宣传对公司业绩的有效作用，每年在广告宣传方面的费用比同行业平均水平低30%，致使公司产品知名度逐渐下降，市场占有率也日益萎缩。

（4）公司在饮品行业中的优势：

①公司创办以来，产品品质优良，市场形象较好，在有关的市场监督中，市场评价一直较好。

②公司有较强的科研开发能力。年初已经开发出的绿色果汁饮品系列，目前正在开发研制绿色无污染保健饮品，并积极在植物蛋白饮品的口味、质地的调试度方面进行研究。

③公司地处城乡结合处，地理位置十分优越，有充足的原材料来源，原材料和劳动力成本都比较低，还可以同时发展城市和农村两大市场。

（5）公司的投资计划：

①公司将直面竞争，抓住市场机遇，积极调整生产结构，逐步缩减碳酸饮料，特别是果味饮料的产量，将生产能力转向新开发的、市场前景看好的绿色纯果汁饮品。为此，公司将引进一条新的生产线以及相应的配套设施，预计需投资800万元资金，投产后当年即可见效，预计投资报酬率在25%左右。

②公司为适应市场竞争，将不断加强科研开发能力，继续研制开发新产品，拟在绿色无污染保健饮品、植物蛋白饮品方面有所建树。在下一年度，预计将投入研制费用200万元。

（6）H公司有关财务指标如表5-24所示。

表5-24　**H公司财务指标**　单位：万元

项　目	2013年度	2014年度
主营业务收入	1 800	2 040
主营业务成本	1 250	1 400

续表

项　　目	2013 年度	2014 年度
主营业务利润	480	566
利润总额	460	510
净利润	308.2	341.7
年初未分配利润	170.4	180
可供分配的利润	478.6	512.7
提取法定盈余公积金	30.8	34.2
提取法定公益金	15.4	17.1
可供股东分配的利润	432.4	470.4
应付普通股股利		300
未分配利润		170.4

①公司目前资产负债率为35%，当前饮品行业平均的资产负债率为40%。

②根据有关方面的调查：有30%的股东比较偏好资本收益，有20%的股东比较偏好现金收益，有50%的股东无特别偏好。

③当前股市中，如果发行新股筹资，每股发行价为5~6元，发行费率4%。公司目前的市盈率偏低，为5倍，而投资者对本行业的期望投资报酬率为20%左右。预计在调整生产结构、实现投资计划后，公司业绩会有所改善，市盈率会上升到10倍，接近于同行业水平。

④公司有较好的银企关系，银行能随时为公司提供约50万元的流动资金。如果公司准备筹集长期债务资金，经调查，可能的长期债务资本成本如表5-25所示。

表 5-25　**债务资本成本**

资产负债率	0~20%	20%~45%	45%~60%	60%~100%
资本成本	5%	6%	7%	10%

⑤公司的现金流量情况：公司每年的销售收入中，有40%为赊销收入，其中：有80%的客户信用较好，一般可于半年内付款，有15%的客户要拖到一年后付款，有2%的客户可能延至一年半付款，另有3%的客户可能形成坏账；公司于次年6月将有220万元的长期借款到期。

阅读上述资料，请分析讨论以下问题：

（1）H公司目前采用的是哪种股利政策？这种股利政策与其他股利政策相比，有什么缺点？

（2）你对H公司目前的股利政策作何评价？

（3）如果你是该公司的总会计师，你认为是否需要调整目前的股利政策？为什么？如果调整，应该考虑哪些因素？

学习情境六

财务预算

学习任务：

1. 理解财务预算的概念、分类与作用；
2. 了解弹性预算和零基预算的编制方法；
3. 掌握现金预算的编制方法和预计财务报表的编制方法。

能力目标：

1. 能编制预计财务报表；
2. 能结合企业实际，根据财务预算编制方法编制企业预算方案。

知识目标：

1. 了解财务预算的概念和作用；
2. 掌握弹性预算、零基预算和增量预算的编制方法；
3. 熟练掌握现金预算的编制方法。

情境导入：

S公司是当地一家很出名的制衣公司，公司一直发展得很好，品牌也在当地有一定的知名度。按照现代企业的财务管理方法，该公司在每年年底也编制财务预算。可是每次编制财务预算，在公司不同部门做协调工作都会有人反映自己的想法。

有些人对财务预算的科学性产生怀疑，觉得最重要的还是齐心协力，对日常使用资金进行严格的管理。还有些人认为对于这种提前一年进行编制的财务预算，很难进行准确的数据处理。管理人员认为预算是对企业进行经营运作的一个重要参考指标。

对于SF公司来说，采用什么方法、运用什么程序编制的财务预算才能够满足绝大部分人的需要?

项目一　财务预算概述及其编制方法

预算是货币形式表示的用于控制企业未来经济活动的计划，是企业经营决策所确定目标的货币表现和具体化，是计划工作的成果，是控制生产经营活动的依据。

全面预算也称企业预算，是所有以货币及其他数量形式反映的有关企业未来一段时期内全部经营活动各项目标的行动计划与相应措施的数量说明。其实质表现为一套以货币及其他数量形式反映的预计财务报表和其他附表，主要用来规划预算期内企业的全部经济活动及其成果。具体包括特种决策预算、日常业务预算与财务预算。

特种决策预算，是指企业不经常发生的、需要根据特定决策临时编制的一次性预算。特种决策预算包括经营预算（也称为一次性专门业务预算）和投资决策预算（也称为资本支出预算）两种类型。

日常业务预算，是指与企业日常经营活动直接相关的经营业务的各种预算。其主要包括：销售预算、生产预算、经营成本预算。经营成本预算又包括直接材料预算、直接人工预算、制造费用预算、销售费用预算和管理费用预算，但不包括财务费用预算，原因是财务费用预算通常被包括在现金预算中。

财务预算是一系列专门反映企业未来一定预算期内预计财务状况和经营成果以及现金收支等价值指标的各种预算的总称。具体包括现金预算、预计利润表、预计资产负债表和预计现金流量表等内容。本书主要介绍财务预算的相关内容。

一、预算的分类

（一）按预算期的长短分类

预算按预算期的长短可分为长期预算和短期预算。长期预算是指预算超过一年的预算，如资本预算和长期销售预算等。短期预算是指预算期在一年以内的预算，如业务预算等。企业长期预算对短期预算有着很重要的影响。

（二）按预算的内容分类

预算按其内容可分为财务预算、业务预算和专门预算。财务预算是关于企业在一定时期内货币资金的收支及财务状况的预算，包括短期现金收支预算和信贷预算以及长期的费用支出预算和长期资金筹措预算。业务预算用于计划企业的基本经济业务，包括销售预算和生产预算等。专门预算主要是对企业某专项投资编制的预算，如企业购置较大的固定资产预算等。三种预算在编制时各有侧重点，相互之间又密不可分，业务预算和专门预算是财务预算的基础，财务预算是业务预算和专门预算的汇总。

（三）按预算的编制方法分类

预算按其编制方法可分为固定预算法、弹性预算法、零基预算法、增量预算法、定期预算法和滚动预算法等。在企业进行的财务预算中，经常运用固定预算法与弹性预算法编制混合预算，以便能满足企业经营管理的客观需要。

二、财务管理的作用

（一）明确具体的工作目标，有助于全员管理

财务预算以价值尺度为依据，通过制定企业一定时期的总目标以及各级各部门的具体财务目标，使全体员工明确自己的工作目标，调动职工实施目标的积极性，从而达到全员管理的目的。

（二）协调各部门关系，使其能够通力合作

企业与企业内部各部门之间是联系紧密的，财务预算把企业各方面工作纳入统一计划中，为了更好地实现企业的总体目标，就需要各部门通力协作。

（三）控制日常生产经营活动，使其有章可循

编制财务预算是企业经营管理的起点，也是安排其日常生产经营活动的依据。企业各部门、各个员工都能通过预算明确各自岗位的要求及目标，有计划、有目的、有步骤地组织生产经营活动。

（四）改进提高考核业绩标准

企业财务预算本身确定的各项指标就是考核各部门工作业绩的基本标准，因为各部门日常生产活动都是按照预算进行安排的。

三、财务预算的编制方法

（一）增量预算法与零基预算法

增量预算法和零基预算法的主要区别在于编制预算的基础不同，它们主要适用于销售费用预算和管理费用预算的编制。

1. 增量预算法

增量预算法是指以基期水平为基础，分析预算期业务量水平及有关影响因素的变动情况，通过调整基期项目的历史数据，编制预算期的预算的方法。

增量预算法的前提条件是：（1）原有的各项业务都是合理的；（2）现有的业务活动是企业所必需的。

增量预算法的优点是方法比较简单，易于掌握；缺点是前提条件不适用时，如预算期的情况发生变化，预算数额受到基期不合理因素的干扰，可能导致预算的不准确，不利于调动各部门实现预算目标的积极性。

【例 6-1】　2014 年 2 月 28 日，N 公司客服部门的财务人员要编制 3 月的管理费用预算，他们拟采用增量预算法。由于 3 月的业务量增加 10%，需要增加 1 位客服人员，其固定工资为 1 800 元/月，同时电话费用也会增加 10%，根据公司历史资料统计，每增加一人，其他费用按照 2%增加。N 公司客服部门 3 月的管理费用预算如表6-1所示。

表 6-1　**N 公司客服部门 3 月的管理费用预算**　单位：元

项目	2 月费用（基期）	3 月（预算期）
人员工资	8 000	9 800
电话费	556	611. 6
电费	764	779. 28
办公费	100	102
折旧额	780	780
合计	10 200	12 072. 88

2. 零基预算法

零基预算法是指在编制费用预算时，各项费用以零为起点，不考虑以往期间的费用项目和费用数额，主要根据预算期的需要和可能分析费用项目和费用数额的合理性，综合平

衡编制费用预算的方法。运用零基预算法编制预算的具体步骤如下：

（1）根据企业预算期的利润目标，销售目标和生产指标等，分析预算期各项费用项目，并预测费用水平；

（2）拟订预算期各项费用的预算方案，权衡轻重缓急，划分费用支出的等级并排列其先后顺序；

（3）根据企业预算期预算费用控制总额目标，按照费用支出等级及顺序，分解落实相应的费用控制目标，并编制相应的费用预算。

零基预算法的优点是不受前期费用项目和费用水平的制约，能够调动各部门降低费用的积极性，有利于企业的未来发展。缺点是工作量太大，需要分析各个项目的支出情况。

【例 6-2】 每年的第一季度和第二季度是羽绒服市场的淡季，其销售量相应较小，第三季度和第四季度是羽绒服市场的旺季，其销售量相应较多。C 羽绒服生产厂每个季度的销售目标不同，因此，该厂每个月的销售费用的支出预算也会大不相同，表 6-2 是预算部门做出的销售部的全年预算方案。

表 6-2 **销售部的全年预算方案** 单位：元

项目		第一季度	第二季度	第三季度	第四季度
销售目标		3 000	2 000	9 000	13 000
销售人员工资	固定工资	3 000	3 000	3 000	3 000
	计件工资（$b=2$）	6 000	4 000	18 000	26 000
广告费		1 000	1 000	3 000	10 000
差旅费（$b=0.1$）		300	200	900	1 300
招待费（$b=0.2$）		600	400	1 800	2 600

根据该羽绒服厂四个季度的销售目标变化很大的特点，销售费用的预算采用零基预算法更合理，有利于控制成本，促进企业的未来发展。

（二）固定预算法与弹性预算法

1. 固定预算法

固定预算法与弹性预算法主要存在静态与动态之别，这两种方法主要用于产品成本、费用和利润的编制。

固定预算法是按照某一固定的业务量（如生产量、销售量）编制预算的方法，固定预算法通常适用于业务量水平较为稳定的生产和销售业务的成本费用预算的编制，如直接材料预算，直接人工预算和制造费用预算等。

2. 弹性预算法

弹性预算法是在成本性态分析的基础上，依据业务量、成本和利润的联动关系，按照预算期内可能发生的一系列业务量（如生产量、销售量、工时等）水平编制系列预算的方法。弹性预算法适用于与业务量有关的预算的编制，主要用于成本费用预算和利润预算。

运用弹性预算法编制预算的基本步骤是：

第一，选择业务量的计量单位；

第二，确定适用的业务量范围，一般可定在正常生产能力的 70%～110%，也可以将历史上最高业务量和最低业务量定位为其上限和下限；

第三，逐项研究并确定各项成本和业务量之间的数量关系；

第四，计算各项预算成本，并用一定的方式来表达。

弹性预算法主要用两种方式来表达，分别是公式法和列表法。

（1）公式法。公式法是运用总成本形态模型，测算预测期的成本费用数额，并编制成本费用的方法。根据成本性态，成本与业务量之间的数量关系用公式表示为：

$$y = a + bx$$

其中，y 为预算期的成本总额；a 为预算期的预算固定成本额；b 为预算期的预算单位变动成本额；x 为预计业务量。

【例 6-3】　E 公司主管以下员工的工资分为基本工资和绩效工资两部分，每月的基本工资为 1 000 元。绩效工资实行打分制，总分为 100，每分 10 元钱，则该公司每位员工的工资核算公式为 $y=1\ 000+10x$，当员工甲的绩效为 80 分时，他的工资总额为：1 000+10×80=1 800（元）。

通常，在一定的业务量范围内，a 和 b 是不变的，这时给定一个业务量 x，就能够得出成本 y 的值，但超出相应的业务量范围，a 或 b 的值很可能发生变化，这就需要特别说明业务量范围。就像例 6-3 中的公式只适合主管以下级别的员工的工资核算，而主管级别的工资结构和员工有区别，所以 $y=1\ 000+10x$ 不适用于主管的工资总额核算。

公式法的优缺点：

其优点是操作简单，工作量小，业务量与成本费用的线性关系越强，预算越准确。

其缺点是适用的范围小，不适用于阶梯成本和曲线成本的预算。

（2）列表法。列表法是在预计的业务量范围内，将业务量分为若干个水平，然后按照不同的业务量水平编制预算的方法。

【例 6-4】　在 D 图书印刷厂，由于每批图书的印刷数量不同，每本书的成本也会不同。表 6-3 是该厂每批量的相关成本费用。

表 6-3　**不同印刷数量的相关成本费用**　单位：元

项目 \ 每批数量(本)		3 000	4 000	5 000	6 000	7 000
折旧费		1 200	1 200	1 200	1 200	1 200
排版费		4 200	4 200	4 200	4 200	4 200
印刷费	固定费用	1 000	1 000	1 000	1 000	1 000
	变动费用 (b=0.5)	1 500	2 000	2 500	3 000	3 500
修理费		500	500	1 000	1 000	2 000
单位成本		2.8	2.225	1.98	1.7 333	1.7

如果该厂想印刷 6 800 本书，6 800 在 6 000~7 000 范围内，变动印刷费为 6 800×0.5=3 400（元），用插值法计算修理费，设修理费为 m，有：

$$\frac{7\ 000-6\ 000}{2\ 000-1\ 000}=\frac{7\ 000-6\ 800}{2\ 000-m}$$

则：

$$m=1\ 800$$

由此得出该批图书的单位成本为：

（1 200+4 200+1 000+3 400+1 800）÷6 800=1.705 9（元）

这种预算方法的结果比较符合成本变化规律，并且容易被人接受。

列表法的优点是不论实际业务量为多少，不必经过计算即可很快找到与业务量相近的预算成本；缺点是在实际工作中，往往需要运用插值法计算“实际业务量的预算成本”，操作起来比较麻烦。

（三）定期预算法与滚动预算法

1. 定期预算法

定期预算法与滚动预算法是根据预算期间的固定性和滚动性而区分的两种预算方法。

定期预算法是以固定不变的会计区间（如年度、季度、月度）作为预算期间编制预算的方法。采用定期预算法编制预算，保证预算期间和会计期间在时期上配比，便于依据会计报告的数据与预算进行比较，考核和评价预算的执行结果，但不利于前后各个期间的预算衔接，不能适应连续不断的业务活动过程的预算管理。

2. 滚动预算法

滚动预算法是在上期预算完成情况的基础上，调整和编制下期预算，并将预算期间逐期连续向前滚动推移，使预算期间保持一定的时期跨度的预算编制方法。采用滚动预算法编制预算，按照滚动的时间单位不同，可分为逐年滚动、逐季滚动、逐月滚动和混合滚动。以 12 个月为固定预算期的滚动预算为例，某公司 2015 年 12 月做出的 2016 年全年的销售预算如表 6-4 所示。

表 6-4 **2016 年全年的销售预算** 单位：元

月份	1	2	3	4	5	6	7	8	9	10	11	12
销售数量（个）	500	500	600	700	600	500	600	500	700	800	600	800
销售单价	10	10	10	10	10	10	10	10	10	10	10	10
销售收入	5 000	5 000	6 000	7 000	6 000	5 000	6 000	5 000	7 000	8 000	6 000	8 000

当 2016 年 1 月结束的时候，公司还要根据 1 月的实际情况修正 2016 年 2 月的预算数据，同时编制 2017 年 1 月的预算，以保证预算期为 12 个月。1 月结束后的预算表如表 6-5 所示。

表 6-5　　**2016 年 2 月至 2017 年 1 月的销售预算**　　单位：元

月份	2	3	4	5	6	7	8	9	10	11	12	1
销售数量（个）	480	600	700	600	500	600	500	700	800	600	800	600
销售单价	10	10	10	10	10	10	10	10	10	10	10	10
销售收入	4 800	6 000	7 000	6 000	5 000	6 000	5 000	7 000	8 000	6 000	8 000	6 000

当 2016 年 2 月结束的时候，公司还要根据 2 月的实际情况修正 2016 年 3 月的预算数据，同时编制 2017 年 2 月的预算，以保证预算期为 12 个月。2 月结束后的预算表如表 6-6 所示。

表 6-6　　**2016 年 3 月至 2017 年 2 月的销售预算**　　单位：元

月份	3	4	5	6	7	8	9	10	11	12	1	2
销售数量（个）	610	700	600	500	600	500	700	800	600	800	600	400
销售单价	10	10	10	10	10	10	10	10	10	10	10	10
销售收入	6 100	7 000	6 000	5 000	6 000	5 000	7 000	8 000	6 000	8 000	6 000	4 000

运用滚动预算法编制预算，使预算期间依时间顺序向前滚动，能够保持预算的连续性，有利于考虑未来业务活动，结合企业近期目标和长期目标，使预算随时间的推进不断加以调整和修订，能使预算和实际情况更加相适应，可以使管理者较长远地考虑经营问题，而不是将目光局限在预算年度，因此，滚动预算法尤其适用于连续性强的业务或项目的预算安排，例如基本建设工程项目和大型机器设备采购安装项目。

项目二　财务预算的具体编制

财务预算是企业的综合性预算，主要包括现金流量预算和财务状况的预算。

一、现金流量预算的编制

现金流量预算是所有有关现金收支预算的汇总，通常包括现金收入、现金支出、现金多余或者不足及资金的筹集与应用四个组成部分。现金预算是企业现金管理的重要工具，有助于企业合理地安排和调动资金，降低资金的使用成本。

企业的现金收入主要包括销售收入和应收账款的回收，数据来自销售预算；现金支出包括采购原材料、支付工资以及制造费用等，数据来自直接材料预算、直接人工预算和制造费用的预算等。

下面以 A 企业根据 2015 年的实际情况，编制的 2016 年的财务预算为例，系统地讲述现金流量预算编制的整个过程。

（一）销售预算

销售预算是企业全面预算的起点，企业根据产品的市场情况预测销售数量和销售价格，销售数量乘以销售单价就是企业的销售收入。

A 企业根据 2015 年的甲产品的实际销售数据，预测 2016 年 4 个季度甲产品的销售数量依次为 1 500 支、1 800 支、2 000 支、2 400 支，根据市场上该产品的供求关系预测销售价格为 2 元/支，并据此编制如表 6-7 所示的销售预算。

表 6-7　**甲产品 2016 年的销售预算**

季　度	1	2	3	4	合计
销售数量（支）	1 500	1 800	2 000	2 400	7 700
销售价格（元/支）	2	2	2	2	2
销售收入（元）	3 000	3 600	4 000	4 800	15 400

在销售预算中，销售收入的回收会产生现金流入，假设 A 企业每季度销售收入的 70%于当季度收回，剩下的 30%于下季度收回，2015 年末不存在应收账款，则该企业销售收入的现金流量预算如表 6-8 所示。

表 6-8　**2016 年 A 企业销售收入现金流量预算**　单位：元

销售收入 / 现金流量	第一季度	第二季度	第三季度	第四季度	合计
	3 000	3 600	4 000	4 800	15 400
第一季度	2100				2 100
第二季度	900	2 520			3420
第三季度		1 080	2 800		3 880
第四季度			1 200	3 360	4 560

通过上述分析可以看出，2016 年 A 企业第一季度至第四季度现金收入分别为 2 100 元、3 420 元、3 880 元、4 560 元。

（二）生产预算

生产预算的编制，是在销售预算的基础上，根据生产数量=销售数量−期初库存+期末库存得出生产数量，再根据预算出的生产数量确定要购买的原材料。假设 A 企业本季度销售数量的 10%作为本季度的期末库存量，2015 年的期末库存为 0 支，则 2016 年生产预算如表 6-9 所示。

表 6-9　**2016 年 A 企业生产预算**　单位：支

季　度	1	2	3	4	合计
销售数量	1 500	1 800	2 000	2 400	7 700
减：期初库存	0	150	180	200	530
加：期末库存	150	180	200	240	770
生产数量	1 650	1 830	2 020	2 440	7 940

生产预算没有涉及现金收入或者支出，但我们可以从生产预算中得出，导致现金支出的直接材料的采购预算、直接人工预算以及制造费用预算。

（三）直接材料预算

直接材料预算，是根据直接材料采购量=生产耗用量-期初库存+期末库存得出当期的直接材料采购数量，再用其乘以直接材料的预算单价，求出 A 企业采购原材料所需的现金支出。假设 2015 年末的直接材料库存为 20 克，每季度的期初库存为上季度生产耗用量的 20%，则直接材料预算如表 6-10 所示。

表 6-10　**2016 年 A 企业直接材料预算**

季　度	1	2	3	4
生产数量（支）	1 650	1 830	2 020	2 440
产品耗用材料量（克/支）	0. 1	0. 1	0. 1	0. 1
生产耗用数量（克）	165	183	202	244
减：期初库存	20	33	36. 6	40. 4
加：期末库存	33	36. 6	40. 4	47. 2
采购量（克）	178	186. 6	205. 8	250. 8
采购价格（克/元）	2	2	2	2
采购总金额（元）	356	373. 2	411. 6	501. 6

原材料的采购必然会导致企业现金的流出，假设 A 企业的采购金额 60%在本季度支付，剩下的 40%的余款在下季度支付，2015 年末没有应付账款，则 A 企业因购买直接材料而导致的现金流出如表 6-11 所示。

表 6-11　**2016 年 A 企业购买直接材料所导致的现金流出预算**　单位：元

季　度	1	2	3	4	合计
采购总金额	356	373. 2	411. 6	501. 6	1 642. 4
第一季度	213. 6				213. 6

续表

季　度	1	2	3	4	合计
第二季度	142.4	223.92			366.32
第三季度		149.28	246.96		396.24
第四季度			164.64	300.96	465.6

由表 6-11 可知，第一季度至第四季度，A 企业因为购买原材料而支出的现金分别为 213.6 元、366.32 元、396.24 元、465.6 元。

（四）直接人工预算

直接人工预算是在生产预算的基础上所做的预算。假设 A 企业直接人工工资为计件工资，则直接人工预算如表 6-12 所示。

表 6-12　　**2016 年 A 企业直接人工预算**

季　度	1	2	3	4
生产数量（支）	1 650	1 830	2 020	2 440
单位耗费人工（小时）	0.1	0.1	0.1	0.1
总共耗费人工（小时）	165	183	202	244
单位人工成本（元）	6	6	6	6
耗费人工总金额（元）	990	1 098	1 212	1 464

A 企业的直接人工成本都是以现金形式支出的。故第一季度至第四季度现金流出金额分别为 990 元、1 098 元、1 212 元、1 464 元。

（五）制造费用的预算

A 企业的制造费用分为变动制造费用和固定制造费用，具体预算如表 6-13 所示。

表 6-13　　**2016 年 A 企业制造费用预算**　　单位：元

季　度	1	2	3	4
生产数量（支）	1 650	1 830	2 020	2 440
变动制造费用（0.1 元/支）	165	183	202	244
固定修理费	100	100	100	100
折旧费	800	800	800	800
制造费用总计	1 065	1 083	1 102	1 144
付现制造费用	265	283	302	344

如表 6-13 所示，A 企业由于制造费用所需支出现金从第一季度到第四季度分别为 265

元、283 元、302 元、344 元。

（六）产品成本的预算

产品成本的预算是直接材料预算、直接人工预算和制造费用预算的综合。

根据以上资料，A 企业 2010 年末产品存货为 0 支，生产 7 940 支，销售 7 700 支，期末库存 240 支。

固定制造费用分配率为：（100×4+800×4）/7 940＝0. 45

销售成本为：（0. 1+0. 6+0. 1）×7 700+0. 45×7 700＝9 625（元）

期末库存产品成本为：（0. 1+0. 6+0. 1）×240+100×4+800×4−0. 45×7 700＝327（元）

产品成本的预算并不产生现金流量的变化，只是为后面的财务状况预算做准备。

（七）销售费用和管理费用的预算

销售费用和管理费用能够使现金流出企业，影响企业的现金流。

根据销售百分比法（假设销售费用占销售收入的 10%）编制的销售费用预算如表 6-14所示。

表 6-14　**2016 年 A 企业销售费用预算**　单位：元

季度	1	2	3	4	合计
销售收入	3 000	3 600	4 000	4 800	15 400
销售费用	300	360	400	480	1 540

由表 6-14 可知，销售费用导致流出企业的现金从第一季度到第四季度分别为 300 元、360 元、400 元、480 元。

管理费用根据 A 企业的实际情况，每个季度的预算都为 100 元，这样管理费用预算如表 6-15 所示。

表 6-15　**2016 年 A 企业管理费用预算**　单位：元

季度	1	2	3	4	合计
管理费用	100	100	100	100	400

管理费用导致流出企业的现金流量从第一季度到第四季度每月都为 100 元。

（八）现金流量预算

最后在以上七项预算编制的基础上，编制 A 企业的现金流量预算，A 企业 2015 年末的现金持有量为 1 500 元，2016 年企业规定最低现金持有量为 2 000 元，低于该资金就向银行取得短期借款，借款只能是 100 的倍数，利率为 4%，季末借款，下季末偿还；高于该资金则企业就将高出的部分用于投资或者归还借款。A 企业 2016 年现金流量预算如表 6-16 所示。

表 6-16　　**2016 年 A 企业现金流量预算**　　单位：元

季度	1	2	3	4	合计
期初现金余额	1 500	2 000	2 020	2 049. 76	7 669. 76
加：销货现金收入	2 100	3 420	3 880	4 560	13 960
现金可用量总计	3 600	5 420	5 900	6 609. 76	21 529. 76
减：直接材料现金支出	213. 6	366. 32	396. 24	465. 6	1 441. 76
减：直接人工支出	990	1 098	1 212	1 464	4 764
减：付现的制造费用	265	283	302	344	1 194
减：销售费用	300	360	400	480	1 540
减：管理费用	100	100	100	100	400
减：所得税费用	240	240	240	240	960
减：固定资产支出	—	—	2 000	700	2 700
减：股利支出	91. 4	452. 68			544. 08
资金剩余或不足	1 400	2 520	1 249. 76	2 816. 16	7 985. 92
取得借款	600	—	800	—	1 400
归还借款	—	500	—	816. 16	1 316. 16
现金余额	2 000	2 020	2 049. 76	2 000	8 069. 76

注：所得税费用是估计的一个数值，而不是利润总额乘以企业所得税税率的结果。

二、预计财务报表的编制

企业财务状况的预算包括预算期根据销售预算、生产预算、产品预算等编制的利润表预算和资产负债表预算。

（一）利润表预算的编制

利润表预算是在预算期，以销售预算、生产预算、产品成本预算、销售费用、管理费用预算等为基础，编制的预算利润表，以反映预算期的经营成果。表 6-17 就是根据上述预算编制的简易预算利润表。

表 6-17　　**预算利润表**　　单位：元

项　目	金　额
销售收入	15 400
销售成本	9 625
毛利	5 775
销售费用	1 540

续表

项　目	金　额
管理费用	400
利润总额	3 835
所得税费用	960
税后利润	2 875

通过利润表预算，能够看出企业预算期的经营成果，以便企业管理层及时修正管理措施及营销策略，不断提高利润水平。

（二）资产负债表预算的编制

资产负债表预算是在上一期实际数据的基础上，根据企业的销售预算、生产预算、管理预算等各项预算，编制的预算资产负债表，反映在预算期结束的时点上，企业的财务状况以及资本结构。A 公司 2016 年 12 月 31 日的预算资产负债表如表 6-18 所示。

表 6-18　　**预算资产负债表**　　单位：元

2016 年 12 月 31 日

资产	期初	期末	负债	期初	期末
货币资金	1 500	2 000	短期借款	0	0
应收账款	0	1 440	应付账款	0	200. 64
存货	40	418. 4	应交税费	0	960
可供出售金融资产	0	1 602. 4	实收资本	7 000	7 000
固定资产	6 000	5 030. 76	未分配利润	540	2 330. 92
资产合计	7 540	10 491. 56	负债和权益合计	7 540	10 491. 56

注：

1. 应收账款 = 4 800×30% = 1 440（元）。
2. 存货 = 47. 2×2（期末库存原材料）+324（期末库存商品成本）= 418. 4（元）。
3. 应付账款 = 501. 6×40% = 200. 64（元）。

财务预算的编制质量是企业管理水平的综合体现，在预算管理过程中，单位领导的重视、各部门的配合及全员的参与三者缺一不可。预算的编制仅仅是预算管理的一个起点，更重要的是如何去执行，使各项工作有序进行，以实现预算管理的宗旨。

思考与练习

一、单项选择题

1. 全面预算是关于未来期间内（　　）。

A. 企业的成本计划

B. 企业的利润计划

C. 企业总体的行动计划与相应措施的数量说明

D. 企业总体计划的文字说明

2. 资本支出预算属于（　　）。

A. 财务预算　　B. 生产预算　　C. 专门决策预算　　D. 业务预算

3. 用于概括与企业日常业务直接相关、具有实质性的基本活动的一系列预算称作（　　）。

A. 特种决策预算　B. 业务预算　　C. 财务预算　　D. 销售预算

4. 现金预算属于（　　）。

A. 业务预算　　B. 生产预算　　C. 专门决策预算　　D. 财务预算

5. 编制经营预算与财务预算的期间通常是（　　）。

A. 1 个月　　B. 1 个季度　　C. 半年　　D. 1 年

6. 零基预算的编制基础是（　　）。

A. 零　　B. 基期的费用水平

C. 国内外同行业费用水平　　D. 历史上费用的最好水平

7. 预算编制方法中，与固定预算相对应的是（　　）。

A. 滚动预算　　B. 弹性预算　　C. 增量预算　　D. 零基预算

8. 在成本性态分析的基础上，分别按照一系列可能达到的预计业务量水平而编制的能适应多种情况的预算是（　　）。

A. 滚动预算　　B. 弹性预算　　C. 增量预算　　D. 零基预算

9. 编制弹性预算首先应当考虑及确定的因素是（　　）。

A. 业务量　　B. 变动成本　　C. 固定成本　　D. 计量单位

10. 滚动预算的基本特点是（　　）。

A. 预算期是相对固定的　　B. 预算期是连续不断的

C. 预算期与会计年度一致　　D. 预算期不可随意变动

11. 下列各项中，属于编制全面预算的关键和起点的是（　　）。

A. 直接材料预算　　B. 直接人工预算

C. 生产预算　　D. 销售预算

12. 销售预算中通常还包括一个应收账款预算，以反映预算期内因销售而发生的非现金收入，作为以后各期编制（　　）的依据。

A. 专门决策预算　　B. 现金预算

C. 预计利润表　　D. 预计资产负债表

13. 直接人工预算的编制直接以（　　）为基础。

A. 机器小时数　　B. 生产预算

C. 销售预算　　D. 小时工资率

14. 下列各项中，只涉及实物计量单位而不涉及价值计量单位的预算是（　　）。

A. 销售预算　　B. 生产预算
C. 专门决策预算　　D. 财务预算

15. 在编制制造费用预算时，计算现金支出应予剔除的项目是（　　）。
A. 间接材料　　B. 间接人工
C. 管理人员工资　　D. 折旧费

16. 下列各项中，不必单独编制与之有关的现金收支预算的是（　　）。
A. 销售预算　　B. 直接材料预算
C. 直接人工预算　　D. 制造费用预算

17. 商业企业营业预算的具体内容不包括（　　）。
A. 销售预算　　B. 生产预算
C. 存货预算　　D. 直接材料预算

18. 可以概括了解企业在预算期间盈利能力的预算是（　　）。
A. 专门决策预算　　B. 现金预算
C. 预计利润表　　D. 预计资产负债表

19. 编制现金预算时，如果出现短缺，以下各项不属于筹集资金的方式是（　　）。
A. 举借外债　　B. 出售证券
C. 发行股票　　D. 短期对外投资

20. 财务预算的最后一步是编制（　　）。
A. 销售预算　　B. 现金预算
C. 预计利润表　　D. 预计资产负债表

二、多项选择题

1. 构成全面预算内容的有（　　）。
A. 业务预算　　B. 财务预算　　C. 专门决策预算　　D. 零基预算

2. 在下列预算中，属于业务预算的内容有（　　）。
A. 专门决策预算　　B. 销售预算　　C. 生产预算　　D. 现金预算

3. 财务预算的主要内容包括（　　）。
A. 现金预算　　B. 预计利润表　　C. 预计资产负债表　　D. 销售预算

4. 编制预算的方法按其选择的业务量基础的数量特征不同，可分为（　　）。
A. 固定预算　　B. 增量预算　　C. 零基预算　　D. 弹性预算

5. 弹性预算主要运用于编制（　　）。
A. 弹性费用预算　　B. 弹性利润预算
C. 直接人工　　D. 弹性预算

6. 在生产预算中，预计生产量的计算与（　　）有关。
A. 预计销售量　　B. 预计期末产成品存货
C. 预计期初产成品存货　　D. 产成品价格

7. 直接人工预算包括（　　）等方面的内容。

A. 预计销售量　　B. 预计生产量

C. 预计单位产品直接人工工时　　D. 小时工资率

8. 以生产预算为基础编制的预算包括（　　）。

A. 直接材料的采购预算　　B. 直接人工预算

C. 制造费用预算　　D. 销售及管理费用预算

9. 下列各项中，属于编制现金预算依据的有（　　）。

A. 销售预算　　B. 直接材料采购预算

C. 制造费用预算　　D. 产品成本预算

10. 预计利润表的编制基础是（　　）。

A. 销售预算　　B. 现金预算

C. 管理费用预算　　D. 销售费用预算

三、判断题

1. 全面预算主要是以实物数量形式反映有关企业未来一段时期内全部经营活动各项目标的行动计划与相应措施的数量说明。（　　）

2. 增量预算法认为基期的各项业务都是合理的及现有的业务活动都是企业所必需的，分析预算期业务量水平及有关影响因素的变动情况，通过调整基期项目的历史数据，编制预算期的预算的方法。（　　）

3. 一般来说，弹性预算业务量范围可定在正常生产能力的80%~120%。（　　）

4. 定期预算有利于前后各个期间的预算衔接，能适应连续不断的业务活动过程的预算管理要求。（　　）

5. 生产预算是整个预算编制的起点，其他预算的编制都以生产预算作为基础。（　　）

6. 生产预算是业务预算中唯一仅以数量形式反映预算期内有关产品生产数量及品种构成的一种预算。（　　）

7. 直接人工预算不需另外预计现金支出和收入，直接参加现金预算汇总。（　　）

8. 现金预算实际是其他预算有关现金收支部分的汇总，以及收支差额平衡措施的具体规划。（　　）

9. 现金预算中的“所得税现金支出”项目，要与预计损益表中的“所得税”项目的金额一致。它是根据利润总额和预计所得税率计算出来的，一般不需考虑纳税调整事项。（　　）

10. 预计财务报表的编制程序是先编制预计资产负债表，然后编制预计利润表。（　　）

四、计算分析题

1. 甲公司为深入开展双增双节运动，降低费用开支水平，拟对历年来超支严重的业务招待费、劳动保护费、办公费、广告费、保险费等间接费用项目按照零基预算方法编制预算。有关资料如表 6-19 所示。

表 6-19 **预计费用项目及开支金额** 单位：元

费 用 项 目	开 支 金 额
业务招待费	100 000
劳动保护费	180 000
办公费	100 000
广告费	300 000
保险费	120 000
合计	800 000

经过充分论证，得出以下结论：上述费用中除业务招待费和广告费以外都不能再压缩了，必须得到全额保证。根据历史资料对业务招待费和广告费进行成本—效益分析如表 6-20 所示。

表 6-20 **成本—效益分析表** 单位：元

成本项目	成本金额	收益金额
业务招待费	1	3
广告费	1	6

假定该公司预算年度对上述各项费用可动用的财力资源只有 750 000 元。

要求：采用零基预算法编制预算期本年度的营业及管理费用预算。

2. 假设甲公司生产和销售一种产品。本年度预期的销售量为 7 000 件，每个季度的销售量分别为 1 500 件、2 000 件、2 000 件和 1 500 件。每季度收到的销售货款占本季度销售收入的 40%，其余的 60%在下季度收到。上年末的应收账款 45 000 元将于预算年度的第一季度收回。产品预计售价为 60 元。

要求：根据以上资料编制本年度甲公司的销售预算。

3. 表 6-21、表 6-22 列示了某公司销售预算及生产预算的部分内容。该公司存货政策：期末产成品存货是下月预计销售量的 40%。请把这两张表补齐。

表 6-21 **销 售 预 算**

月份	1	2	3	4
销售量（件）	3 000	3 500		

表 6-22 **生产预算**

月份	1	2	3	4
预计销售量	3 000	3 500		
预计期末存货量		2 000		
总需求量				7 200
期初存货量				2 400
预计生产量				4 800

4. 假设乙公司本年度预计生产量为 6 700 件，第一季度至第四季度分别为 1 500 件、2 000 件、1 800件和 1 400 件。年初与年末预计的材料库存量分别为 400 千克与 350 千克，其余各期期末材料库存量为下期生产需要量的 20%。单位产品耗用的材料为 2 千克/件。材料的计划单价为 10 元/千克。预计各期材料采购货款于当期支付 50%，下期支付 50%。年初应付账款余额为 12 000 元在预算年度的第一季度支付。

要求：根据上述资料编制乙公司本年度的直接材料预算。

5. A 公司 2015 年第四季度的预计资料见表 6-23：

表 6-23

月份	10	11	12
销售收入（元）	200 000	300 000	240 000

销售佣金：销售收入的 10%　　其他销售费用：每月 1 000 元

运费：销售收入的 1%　　管理人员工资：每月 8 000 元

广告费用：每月 5 000 元　　其他管理费用：每月 3 000 元

要求：编制第四季度销售及管理费用预算。

6. 假设企业期末现金最低库存 15 000 元，现金短缺主要以银行借款解决，贷款及还款均为 1 000 元的整数，企业于期初贷款，按贷款先后顺序于季末归还贷款本息，贷款年利率为 12%。本企业现金预算表见表 6-24。

表 6-24 **现金预算表**

摘　要	第一季度	第二季度	第三季度	第四季度
期初现金余额	18 000	(5)	(11)	(16)
加：现金收入	120 000	140 000	(12)	136 000
可动用现金合计	(1)	(6)	159 000	(17)
减：现金支出				
直接材料	25 000	35 000	34 000	(18)

续表

摘　要	第一季度	第二季度	第三季度	第四季度
直接人工	13 000	15 000	13 000	14 000
制造费用	7 000	8 000	6 800	7 200
销售费用	1 300	1 500	1 400	1 000
管理费用	18 000	18 000	18 000	18 000
购置设备	48 000	33 000	—	—
支付所得税	27 000	27 000	27 000	27 000
支付股利	10 000	10 000	10 000	10 000
现金支出合计	149 300	(7)	110 200	110 000
现金余缺	(2)	(8)	48 800	(19)
银行借款	(3)	(9)	—	—
借款归还	—	—	(13)	(20)
支付利息	—	—	(14)	(21)
期末现金余额	(4)	(10)	(15)	(22)

要求：计算并填制现金预算表中的空缺项（1）~（20）。

7. B公司有关资料如下：

（1）2016年预计销售量5 000件，单价20元；2月预计销售量6 000件，单价20元。成本资料：产品购价5元/件，销售佣金为销售额的10%，折旧每月2 000元，其他营业费用每月40 000元，外加销售收入的5%。

（2）销售款当月收回40%，其余60%下月收回。

（3）购货款的40%当月支付，其余60%下月支付。

（4）公司存货政策是保持月末商品存货为次月销售量的150%。2015年末的存货为6 000件，低于预算。

（5）其他需现金支付的费用在发生当月支付。

（6）公司于2016年1月20日支付3 000元的股利。

（7）B公司2015年12月31日资产负债表见表6-25。

表6-25　　**B公司资产负债表**

2015年12月31日　　单位：元

资产	金额	负债及所有者权益	金额
现金	20 000	应付账款	12 000
应收账款	30 000		
存货	30 000	普通股	200 000

续表

资产	金额	负债及所有者权益	金额
厂房设备	200 000	留存收益	68 000
合计	280 000	合计	280 000

要求：利用上述资料编制 B 公司的相关业务预算及财务预算。

五、案例分析题

编制 L 公司的全面预算

L 公司产销一种产品，经预测 2016 年全年预计销售量 19 500 件，单价 80 元。每季度销售收入的 60%于当季度收到现金，其余 40%于下一季度收回。另外，年初应收账款余额 160 000 元。其他资料如下：

（1）预计各季度销售量分别为：第一季度 4 000 件、第二季度 4 500 件、第三季度 6 000件、第四季度 5 000 件。

（2）预计年初存货 800 件、年末存货量 1 100 件，各季度的季末存货量为下一季度销售量的 20%。

（3）产品材料耗用情况：生产产品每件耗用甲材料 10 千克，每千克 2 元。甲材料采购货款当月付 60%，其余 40%于下季度支付。年初应付材料款 31 400 元。

（4）预计年初、年末材料存货分别为 12 000 千克、14 800 千克，各季度末材料库存量为下一季度生产需要量的 30%。

（5）生产产品每件需用直接人工 2.5 小时，每小时直接人工成本 8 元。

（6）制造费用有关预计资料如下：

变动制造费用（全年）（元）	118 800
其中：间接人工	39 600
间接材料	49 500
维修费	14 850
水电费	9 900
其他	4 950
固定制造费用（全年）（元）	140 000
其中：行政管理人员工资	41 000
保险费	15 000
维修费	14 000
折旧费	60 000
其他	10 000

（7）销售及管理费用预计资料如下：

变动销售及管理费用（全年）	78 000

其中：销售佣金	50 700
运输费	11 700
销售人员工资	15 600
固定销售及管理费（全年）	60 000
其中：管理人员工资	12 000
广告费	24 000
保险费	6 000
其他	18 000

（8）固定资产购置、融资、发放股利和税金缴纳情况：

①固定资产购置（元）：第一季度购置 A 设备 30 000 元、第三季度购置 B 设备 35 000 元、第四季度购置 C 设备 50 000 元。

②银行借款和还本付息情况：第一季度初借款 100 000 元，第三季度末还款 100 000 元，还款同时支付利息 6 000 元。

③交纳税金情况：

交纳产品销售税：第一季度 16 000 元、第二季度 18 000 元、第三季度 24 000 元、第四季度 20 000 元。

交纳所得税：各季度均为 30 000 元。

发放股利：各季度均为 20 000 元。

要求：根据以上资料，编制 L 公司 2016 年度全面预算。

（1）编制销售预算，见表 6-26。

表 6-26

销售预算表

2016 年度

单位：元

项目		第一季度	第二季度	第三季度	第四季度	全年合计
预计销售量（件）		4 000	4 500	6 000	5 000	19 500
销售单价（元/件）		80	80	80	80	80
预计销售收入						
预计现金收入	应收账款（年初）					
	第一季度销售收入					
	第二季度销售收入					
	第三季度销售收入					
	第四季度销售收入					
	现金收入合计					

（2）编制生产预算，见表 6-27。

表 6-27

生产预算表

2016 年度

单位：元

项　目	第一季度	第二季度	第三季度	第四季度	全年合计
预计销售量（件）	4 000	4 500	6 000	5 000	19 500
加：预计期末存货量				1 100	
预计需要量					
减：期初存货量	800				
预计生产量					

（3）编制直接材料预算表，见表 6-28。

表 6-28

直接材料采购表

2016 年度

单位：元

项　目		第一季度	第二季度	第三季度	第四季度	全年合计
直接材料采购预算	预计生产量（件）					
	单件用料量（千克）					
	材料需要量（千克）					
	加：预计期末材料存货量					
	预计需要量合计					
	减：预计期初材料存货量					
	预计材料采购量					
	材料单价					
	预计采购材料金额					
预计现金支出	应付账款（年初余额）					
	第一季度采购材料款					
	第二季度采购材料款					
	第三季度采购材料款					
	第四季度采购材料款					
	合　计					

（4）编制直接人工预算，见表 6-29。

表 6-29

直接人工预算表

2016 年度　　单位：元

项　目	第一季度	第二季度	第三季度	第四季度	全年合计
预计生产量（件）					
单位产品直接人工小时					
直接人工总小时					
每小时平均工资率					
直接人工总额					

（5）制造费用预算表（见表 6-30）和现金支出表（见表 6-31）。

表 6-30

制造费用预算表

2016 年度　　单位：元

变动制造费用				固定制造费用	
项　目	小时费用率	单位产品费用分配额	全年费用额	项目	全年费用额
间接人工				管理人员工资	
间接材料				保险费	
维修费				折旧费	
水电费				维修费	
其他				其他	
合计				合计	

表 6-31

现金支出表

2016 年度　　单位：元

项　目		第一季度	第二季度	第三季度	第四季度	全年合计
变动部分	预计生产量（件）					
	预计直接人工小时					
	费用分配率					
小　计						
固定部分	固定费用					
	减：折旧					
小　计						
合　计						

（6）编制单位产品和期末存货预算，见表 6-32。

表 6-32　　**单位产品和期末存货预算**

2016 年度　　单位：元

项　　目	价格标准	用量标准	合　　计
直接材料			
直接人工			
变动制造费用			
单位变动生产成本			
期末存货预算	期末存货数量		
	单位变动生产成本		
	期末存货金额		

（7）编制销售及管理费用预算（见表 6-33）和现金支出表（见表 6-34）。

表 6-33　　**销售及管理费用预算**

2016 年度　　单位：元

变动销售及管理费用			固定销售及管理费用	
项目	单位产品应分配费用额	全年费用额	项目	全年费用额
销售佣金			管理人员工资	
运输费用			保险费	
销售人员工资			广告费	
其他			其他	
合计			合计	

表 6-34　　**现金支出表**

2016 年度　　单位：元

项　　目	第一季度	第二季度	第三季度	第四季度	全年合计
销售量（件）					
变动销售及管理费用（元）					
固定销售及管理费用（元）					
现金支出合计					

（8）编制资本支出预算、融资、交纳税金和发放股利预算，见表 6-35 至表 6-37。

表 6-35 **资本支出预算**

2016 年度 单位：元

项目	第一季度	第二季度	第三季度	第四季度	全年合计
A 设备					
B 设备					
C 设备					
合计					

表 6-36 **融资预算表**

2016 年度 单位：元

项目	第一季度	第二季度	第三季度	第四季度	全年合计
借入现金					
偿还借款					
支付利息（8%）					

表 6-37 **交纳税金和发放股利预算**

2016 年度 单位：元

项目	第一季度	第二季度	第三季度	第四季度	全年合计
缴纳销售税金					
缴纳所得税					
发股利					

（9）编制现金预算，见表 6-38。

表 6-38 **现金预算表**

2016 年度 单位：元

项目	第一季度	第二季度	第三季度	第四季度	全年合计
期初现金	25 000				
加：现金收入					
可动用现金合计					
减：采购直接材料					
支付直接人工					

续表

项　　目	第一季度	第二季度	第三季度	第四季度	全年合计
支付制造费用					
支付销售及管理费用					
缴纳税金					
购置固定资产					
支付股利					
现金支出合计					
现金余缺					
借入现金					
偿还借款					
支付利息					
期末现金余额					

（10）编制预计利润表，见表6-39。

表6-39　　**预计利润表**

2016年度　　单位：元

项　　目	第一季度	第二季度	第三季度	第四季度	全年合计
销售收入					
减：变动生产成本					
变动销售及管理费用					
销售税金					
变动成本小计					
边际贡献总额					
减：固定制造费用					
固定销售及管理费用					
利息支出					
期间成本小计					
税前利润					
减：所得税					
净利润					

（11）编制预计资产负债表，见表6-40。

表6-40　　资产负债表

2010年度　　单位：元

资　产	年初数	期末数	负债及所有者权益	年初数	年末数
流动资产			流动负债		
现金	25 000		短期借款		
应收账款	160 000		应付账款	31 400	
材料存货	24 000		负债合计		
产成品存货	36 800			31 400	
流动资产合计	241 800		股东权益		
固定资产			普通股股本	1 000 000	
土地	200 000		留存盈利	110 400	
房屋及设备	800 000				
减：累计折旧	100 000				
固定资产合计	900 000		所有者权益合计	1 110 400	
资产合计	1 141 800		负债及所有者权益总计	1 141 800	

财务控制

学习任务：

1. 掌握财务控制相关的基本知识；
2. 掌握责任中心的划分及各中心的考核指标；
3. 掌握内部转移价格；
4. 掌握内部责任成本的结转。

能力目标：

1. 能结合具体企业制定财务控制制度并开展财务控制工作；
2. 能利用成本中心、利润中心和投资中心考核指标对各责任中心进行具体分析；
3. 能利用内部转移价格的相关理论合理选择适应具体企业的价格；
4. 能掌握责任成本的内部结转。

知识目标：

1. 了解财务控制的概念、应具备的条件和原则；
2. 归纳不同责任中心的特点；
3. 掌握成本中心、利润中心和投资中心的考核指标；
4. 比较不同类型的内部转移价格；
5. 掌握责任成本的内部结转。

情景导入：

H 制药公司生产大补膏和人参两种产品，市场旺销，特别是在春节后，市场上常常脱销，供不应求。2016 年春节期间，该公司销售部门要求进行突击生产，加班加点，生产更多的产品以增加销售，提高利润。生产部门却反对这一做法，认为这样做会打乱全年的生产计划，花费的代价太大。另外，生产部门知道，节假日加班加点要支付 3 倍的工资，因此产品成本很高，在进行一系列成本指标考核时，对生产部门十分不利，所以生产部门竭力反对，并抱怨销售部门只顾自己的一系列销售指标，而不考虑生产部门的压力。但销售部门马上反驳，生产部门是否愿意承担失去大量客户的责任，是否考虑到销售收入和企业利润等各项经济指标。请你从财务控制的角度分析，应如何化解这一系列的矛盾？

项目一　财务控制的基本知识

财务控制就是根据企业财务目标，利用财务信息，运用特定的方法对企业财务活动进行检查、监督，及时发现偏差并予以纠正，以保证财务目标的实现。财务控制的目的是要确保预期目标的实现，尽可能求得最佳的经济效益，它是为落实财务计划目标并保证其实现的有效工具。

一、财务控制的概念

企业财务控制是指利用有关信息和特定手段，对企业财务活动实施影响或调节，确保企业及其内部机构和人员全面落实和实现财务预算的过程。财务控制作为企业财务管理的重要环节，具有以下特征：

（1）财务控制是一种价值控制。财务控制对象是以实现财务预算为目标的财务活动。财务管理以资金运动为主线，以价值管理为特征，决定了财务控制必须实行价值控制。因此，财务控制所借助的手段，如责任预算、责任报告、业绩考核、内部转移价格等都是通过价值指标实现的。

（2）财务控制是一种综合控制。由于财务控制以价值为手段来实施其控制过程，它不仅可以将各种不同性质的业务活动综合起来进行控制，而且可以将不同部门、不同层次和不同岗位的各种业务活动综合起来进行控制。

（3）财务控制以现金流量为控制重点。企业财务活动归根结底反映的是企业资金运动，企业日常的财务活动表现为组织现金流量的过程。因此，财务控制的重点应放在现金流量的控制上，通过现金预算、现金流量表等保证企业资金运动的顺利进行。

二、财务控制应具备的条件

为了保证财务控制顺利进行，从而全面落实和实现财务预算，企业必须具备以下条件：

（1）建立组织机构。按照财务控制要求建立相应组织机构，是实施企业财务控制的组织保证。为了组织和实施日常财务控制，应建立日常监督、协调、仲裁机构；为了考评预算的执行情况，应建立相应的考核评价机构。在实际工作中，可根据需要将这些机构的职能进行归并或合并到企业的常设机构中。另外，为将企业财务预算分解落实到各部门、各层次和各岗位，还要确定各种执行预算的责任中心。

（2）建立责任会计核算体系。企业的财务预算通过责任中心形成责任预算，而责任预算和总预算的执行情况都必须由责任会计核算来提供。通过责任会计核算，及时提供相关信息，以正确地考核与评价责任中心的工作业绩。通过责任会计汇总核算，进而了解企业财务预算的执行情况，分析存在的问题及原因，为提高企业的财务控制水平和作出正确的财务决策提供依据。

（3）制定奖惩制度。恰当的奖惩制度是保证企业财务控制长期有效运行的重要因素。一般而言，人的工作努力程度往往受到业绩评价和奖励办法的极大影响。通过制定奖惩制度，明确业绩与奖惩之间的关系，可以有效地引导人们约束自己的行为，争取取得尽可能好的业绩。因此，奖惩制度的制定，要体现财务预算目标的要求，要体现公平、合理和有效原则，要体现过程考核与结果考核相结合的原则，真正发挥奖惩制度在企业财务控制中应有的作用。

三、财务控制原则

（一）效益原则

实施财务控制总是有成本发生的，企业应根据财务管理目标的要求，有效地组织企业日常财务控制。只有当财务控制所取得的收益大于其代价时，这种财务控制才是必要的、可行的。

（二）目标管理及责任落实原则

企业的目标管理要求应纳入财务预算，通过财务预算层层分解，明确规定有关方面或个人应承担的责任和义务，并赋予其相应权利，使财务控制目标和相应的管理措施落到实处，成为财务考核的依据。

（三）例外管理原则

企业日常财务管理涉及企业经营的各个方面，财务控制人员要将注意力集中在那些重要的、不正常的、不符合常规的预算执行差异上。通过例外管理，一方面可以分析实际脱离预算的原因以达到日常控制目的；另一方面可以检验预算的制定是否科学与先进。

项目二　责任中心

一、责任中心的含义与特征

（一）责任中心的含义

企业为了实现有效的内部协调和控制，通常按照统一领导、分级管理的原则，在其内部合理划分责任单位，明确各责任单位应承担的经济责任和享有的权利，促使各责任单位各尽其职、各守其责。责任中心就是指具有一定的管理权限，并承担相应经济责任的企业内部责任单位。

（二）责任中心的特征

1. 责任中心是一个责、权、利相统一的实体

每一个责任中心都要对一定的财务指标的完成情况负责任；同时，责任中心被赋予与所承担责任的范围与大小相适应的权利，并规定出相应的业绩考核标准和利益分配标准。

2. 责任中心具有承担经济责任的条件

这些条件包括：一是责任中心具有履行经济责任的行为能力；二是责任中心不能履行经济责任时，能承担相应的后果。

3. 责任中心所承担的责任和行使的权利都应是可控的

责任中心只能对其职责范围内的成本、收入、利润和投资负责。因此，这些内容必定是该责任中心所能控制的内容，在对责任中心进行责任预算和业绩考核时也只能包括该中

心所能控制的项目。

4. 责任中心具有独立核算、业绩评价的能力

责任中心的独立核算是实施责、权、利统一的基本条件。只有独立核算，工作业绩才可能得到正确评价。

从上述特征可知，凡是可以划清管理范围，明确经济责任，能够单独进行业绩考核的内部单位，无论其大小都可成为责任中心。责任中心按其责任权限范围及业务活动范围的特点不同，可分为成本中心、利润中心和投资中心三大类。

二、成本中心

（一）成本中心的含义

成本中心是指对成本或费用承担责任的责任中心。成本中心往往没有收入，其职责是用一定的成本去完成规定的具体任务，成本中心是应用最为广泛的一种责任中心形式。任何发生成本的责任单位，都可以确定为成本中心，上至企业、下至车间、工段、班组，甚至个人都可以划分为成本中心。成本中心的规模不一，一个成本中心可以由若干个更小的成本中心组成。因此，在企业可以形成一个逐级控制，并层层负责的成本中心体系。

（二）成本中心的特征

成本中心相对于其他责任中心如利润中心和投资中心有其自身的特点，主要表现在如下方面。

1. 成本中心只考核成本或费用，而不考核收益

一般而言，成本中心没有经营权和销售权，其工作成果不会形成可以用货币计量的收入。例如，某一生产车间生产的产品只是产成品的某一部件，无法单独出售，因而不可能计量其货币收入。

2. 成本中心只对可控成本负责

可控成本是指特定成本中心在特定期间内，能够直接控制其发生的成本。具体来说，可控成本必须同时具备以下四个条件：（1）成本中心能够通过一定的方式预知该成本的发生；（2）成本中心能够对发生的成本进行计量；（3）成本中心能够对该成本加以调节和控制；（4）成本中心能够将有关成本的控制分解落实，并进行考核评价。

凡不能同时满足上述条件的成本就是不可控成本。对于特定成本中心来说，它不应承担不可控成本的相应责任。

从考评的角度看，成本中心工作业绩的好坏，应以可控成本作为主要依据，不可控成本只有参考意义。在确定责任中心的成本责任时，应尽可能使责任中心发生的成本为可控成本。因此，正确判断成本的可控性是成本中心承担责任的前提。对成本可控性的理解应注意以下几个方面。

（1）成本的可控性总是与特定成本中心相关，与成本中心所处管理层次的高低、管理权限及控制范围的大小有直接关系。同一成本项目受成本中心层次高低的影响，其可控性不同。有些成本对于较高层次的成本中心来说属于可控成本，而对于其下属的较低层次的成本中心来讲，可能就是不可控成本；相反，属于较低层次成本中心的可控成本，则一定是其所属较高层次成本中心的可控成本。就整个企业而言，所有的成本都是可控成本；而对于企业内部的各部门、车间、工段、班组和个人来讲，则既有其各自的可控成本又有

其各自的不可控成本。比如，车间主任的工资，尽管要计入产品成本，但不是车间的可控成本，而他的上级则可以控制。

（2）成本的可控性是一个动态概念，在消耗或支付的当期成本是可控的；一旦消耗或支付时就不可控了。如折旧费、租赁费等成本是过去决策的结果，这在购置设备和签订租约时是可控的，而在使用设备或执行契约时就无法控制了。另外，随着时间的推移，成本的可控性还会随企业管理的条件的变化而变化。如某成本中心管理人员工资过去是不可控成本，但随着用工制度的改革，该成本中心既能决定工资水平，又能决定用工人数，则管理人员工资成本就转化为可控成本了。

（3）成本的可控性与成本性态和成本可辨认性的关系。一般来说，成本中心的变动成本大多是可控成本，而固定成本大多是不可控成本。但也不完全如此，要具体情况具体分析：管理人员工资属于固定成本，但其发生额可以在一定程度上为部门负责人所决定或影响，故也能作为可控成本。

3. 成本中心控制和考核的是责任成本

责任中心所发生的各项可控成本之和即是该中心的责任成本。对成本中心工作业绩的考核，主要是将实际责任成本与预算责任成本进行比较，正确评价该中心的工作业绩。应该注意的是，责任成本与产品成本是既有区别又有联系的两个概念。责任成本和产品成本的主要区别如下。

（1）成本归集的对象不同。责任成本以成本中心为归集对象；产品成本则以产品为归集对象。

（2）遵循的原则不同。责任成本遵循“谁负责，谁承担”的原则，承担责任成本的是“人”；产品成本则遵循“谁受益，谁负担”的原则，负担产品成本的是“物”。

（3）核算的内容不同。责任成本的核算内容是可控成本；产品成本的核算内容是应归属于产品的全部成本，它既包括可控成本，又包括不可控成本。

（4）核算的目的不同。责任成本的核算目的是实现权责的协调统一，考核评价经营业绩，调动各个责任中心的积极性；产品成本的核算目的是反映生产经营过程的耗费，确定经营成果。

责任成本和产品成本的联系是：两者同为企业生产经营过程中的资金耗费，就一个企业而言，一定时期发生的广义产品成本总额应当等于同期发生的责任成本总额。

（三）成本中心的类型

成本中心有两种类型，即标准成本中心和费用中心。

标准成本中心是以实际产出量为基础，并按标准成本进行成本控制的成本中心。通常，制造业工厂、车间、工段、班组是典型的标准成本中心。在产品生产中，这类成本中心可以为企业提供一定的物质成果，且投入与产出有着明确的函数对应关系，它不仅能够计量产品产出的实际数量，而且每个产品因有明确的原材料、人工和制造费用的数量标准和价格标准，从而可对生产过程实施有效的弹性预算控制。

费用中心是指为企业提供一定的专业服务，产出物不能以财务指标衡量，或投入与产出之间没有密切关系的有费用发生的单位，通常包括一般行政管理部门、研究开发部门及某些销售部门。

（四）成本中心考核指标

对成本中心评价的主要内容是责任成本，即通过各成本中心的实际责任成本与预算责任成本的比较，评价各成本中心责任预算的执行情况。成本中心的考核指标包括成本（费用）变动额和变动率两个指标，其计算公式是：

$$成本（费用）变动额=实际责任成本（费用）-预算责任成本（费用）$$

$$成本（费用）变动率=\frac{成本（费用）变动额}{预算责任成本（费用）}\times100\%$$

在进行成本中心考核时，如果预算产量与实际产量不一致，则应按弹性预算的方法先调整预算指标，然后再按上述指标进行计算。

【例 7-1】 G 公司内部一车间为成本中心，生产 A 产品，预算产量为 4 000 件，单位成本为 100 元，实际产量为 5 000 件，单位成本为 95 元。要求：计算该成本中心的成本变动额与成本变动率。

成本变动额 = 95×5 000−100×5 000 = −25 000（元）

成本变动率 = −25 000÷（100×5 000）×100% = −5%

计算结果表明，该成本中心的成本降低额为 25 000 元，降低率为 5%。

（五）成本中心责任报告

成本中心责任报告是以实际产量为基础，反映责任成本预算实际执行情况，揭示实际责任成本与预算责任成本差异的内部报告。通过编制成本中心责任报告，将实际责任成本与预算责任成本进行比较，确定两者差异的性质、数额及形成的原因，并根据差异分析的结果，对各成本中心进行奖罚，以督促成本中心努力降低成本。

【例 7-2】 表 7-1 是某成本中心责任报告。

表 7-1 **某成本中心责任报告** 单位：元

项 目	实 际	预 算	差 异
下属成本中心转来的责任成本			
甲班组	11 400	11 000	+400
乙班组	13 700	14 000	−300
合计	25 100	25 000	+100
本成本中心的可控成本			
间接人工	1 580	1 500	+80
管理人员工资	2 750	2 800	−50
设备维修费	1 300	1 200	+100
合计	5 630	5 500	+130
本责任中心的责任成本合计	30 730	30 500	+230

由表 7-1 计算可知：该成本中心实际责任成本较之预算责任成本增加 230 元，上升了 0.75%，主要是本成本中心的可控成本增加 130 元和下属成本中心转来的责任成本增加 100 元所致，其具体原因是设备维修费超支 100 元和甲班组责任成本超支 400 元，没有完成责任成本预算。乙班组责任成本减少 300 元，初步表明责任成本控制有成效。

三、利润中心

（一）利润中心的含义

利润中心是指既能控制成本又能控制收入，对利润负责的责任中心。它是处于比成本中心高一个层次的责任中心，其权利和责任都相对较大。它不仅要降低成本，更要寻求收入的增长，并使之超过成本的增长。换言之，利润中心对成本的控制是联系着收入进行的，它强调相对成本的节约。利润中心通常是那些具有产品或劳务生产经营决策权的部门，如分公司、分厂、分店。

（二）利润中心的类型

利润中心分为自然利润中心和人为利润中心两种。

自然利润中心是指以对外销售产品而取得实际收入为特征的利润中心。这类中心一般具有产品销售权、价格决策权、材料采购权。它虽是企业内部的一个部门，但功能和独立企业类似，能独立地控制成本，取得收入。

人为利润中心是以产品在企业内部流转而取得“内部销售收入”为特征的利润中心。这种利润中心一般不直接对外销售产品，只对本企业内部各责任中心按内部结算价格提供产品或劳务。人为利润中心一般也具有独立经营权，同时，与其他责任中心一起能够共同确定合理的转移价格，以实现利润中心的功能与责任。

（三）利润中心的考核指标

对利润中心的考核，必然涉及对成本的计算，利润中心的成本计算通常有两种方式可供选择。

1. 利润中心只计算可控成本，不计算共同成本或不可控成本

这种方式主要适用于共同成本难以合理分摊的情况。按这种方式计算出来的利润相当于“贡献毛益总额”，利润中心的利润指标必须经过调整才能得到，所以，这种计算方式下的利润中心已失去了原来的意义，变成了贡献毛益中心。人为利润中心适合采用这种方式，其考核指标的计算公式如下：

利润中心贡献毛益总额＝利润中心销售收入总额－利润中心可控成本总额（变动成本总额）

一般而言，可控成本总额等于变动成本总额。

2. 利润中心既计算可控成本，也计算共同成本或不可控成本

这种情况下，共同成本易于分割，自然利润中心一般采用这种方式。若采用变动成本法，其考核指标的计算公式如下：

利润中心贡献毛益总额＝该利润中心销售收入总额－该利润中心变动成本总额

利润中心负责人可控利润总额＝利润中心贡献毛益总额－利润中心负责人可控固定成本

利润中心可控利润总额＝利润中心负责人可控利润总额－利润中心负责人不可控固定成本

公司利润总额＝各利润中心可控利润总额之和－公司不可分摊的各种管理费用、财务费用等

四、投资中心

（一）投资中心的含义

投资中心是对投资负责的责任中心，该中心既要对成本和利润负责，又要对投资效果负责。由于投资的目的是获得利润，因而投资中心同时也是利润中心。它与利润中心的区别主要在于：利润中心没有投资决策权，而投资中心拥有投资决策权，即能够相对独立地运用其所掌握的资金，有权购置和处理固定资产，扩大或缩小生产能力；投资中心处于责任中心的最高层次，它具有最高决策权，同时也承担最大的责任。投资中心一般都是独立的法人，而利润中心可以是也可以不是独立的法人。大型集团公司下面的分公司、子公司往往都是投资中心。

（二）投资中心的考核指标

投资中心的考核指标主要是投资利润率和剩余收益。

（1）投资利润率，也称投资报酬率，是指投资中心所获得的利润与投资额之间的比率，用公式表示为：

投资利润率＝利润投资额×100%

＝销售收入投资额×成本费用销售收入×利润成本费用

＝资本周转率×销售成本率×成本（费用）利润率

从上述公式可以看出，为了提高投资利润率，不仅要千方百计地降低成本，增加销售，还要经济有效地使用营业资本，提高资本周转率。

投资利润率是评价投资中心业绩的常用指标，该指标的优点是：能反映投资中心的综合盈利能力；能比较具有不同投资额的投资中心的业绩大小，具有横向可比性，应用范围广；通过投资利润率进行投资中心业绩评价，可以正确引导投资中心的经营管理行为，促使其行为长期化。如果投资中心只考虑增加资产或扩大投资规模而不考虑利润的同比例增加，该指标就不会下降。因此，利用该指标，将促使各投资中心盘活闲置资产，减少不合理资产占用，加强对应收账款及固定资产的管理。该指标的缺点是：投资利润率作为评价指标会造成各投资中心只顾本中心利益而放弃对整个企业有利的投资行为，缺乏全局观念。例如，某总公司平均投资利润率为10%，其所属的A投资中心投资利润率达到15%。现A投资中心有一投资机会，投资利润率为13%。若以投资利润率指标来衡量，A投资中心肯定不会选择这一投资机会，从而出现A投资中心与总公司目标不一致的情况，克服这一缺陷的方法是采用另一评价指标——剩余收益。

（2）剩余收益，是指投资中心获得的利润扣减其最低投资收益后的余额。其计算公式为：

剩余收益＝利润－投资额×预期最低投资收益率

以剩余收益作为投资中心经营业绩评价指标的基本要求是：只要投资利润率大于预期的最低投资收益率，该投资便是可行的，从而可避免投资中心单纯追求利润而放弃一些有利可图的投资项目，有利于提高资金使用效率。

【例7-3】　某总公司下设甲、乙两个投资中心，甲投资中心的投资额为500万元，利润为25万元，乙投资中心的投资额为800万元，利润为120万元；该总公司加权平均最低投资利润率为9%，如果甲投资中心追加投资200万元，年利润增加了17万元，或乙投资中心追加投资400万元，年利润增加了57万元。其有关的投资利润率、剩余收益计算如表7-2所示。

表7-2 投资中心有关指标计算表 单位：元

项目		投资额	利润	投资利润率	剩余收益
追加投资前	甲	500	25	5%	25−500×9%＝−20
	乙	800	120	15%	120−800×9%＝48
	合计	1300	145	11.15%	145−1 300×9%＝28
甲投资中心追加投资200万元	甲	700	42	6%	42−700×9%＝−21
	乙	800	120	15%	120−800×9%＝−48
	合计	1 500	162	10.8%	162−1 500×9%＝27
乙投资中心追加投资400万元	甲	500	25	5%	25−500×9%＝−20
	乙	1 200	177	14.75%	177−1 200×9%＝69
	合计	1 700	202	11.88%	202−1 700×9%＝+49

根据表7-2中的资料评价甲、乙两个投资中心的经营业绩，可以发现：如果以投资利润率作为评价指标，追加投资后，甲的利润率由5%提高到6%，乙的投资利润率由15%下降到14.75%；如果以剩余收益作为评价指标，甲的剩余收益由原来的−20万元变为−21万元，乙的剩余收益由原来的48万元增加到69万元。如果单从各投资中心的角度进行评价，就会出现上述矛盾现象。如从公司总体进行评价，就会发现，甲追加投资时公司总体的投资利润率和剩余收益均有所下降；乙追加投资时，公司总体的投资利润率和剩余收益均有所上升，这和以剩余收益指标评价各投资中心的经营业绩的结果是一致的。可见，以剩余收益作为评价指标可以保持各投资中心经营目标和公司总体目标相一致。

说明：若以剩余收益作为评价指标，预期最低投资报酬率的大小对剩余收益的影响较大，所以确定这一报酬率时，一般应以公司平均利润率作为标准。

项目三 内部转移价格

内部转移价格是指企业内部各责任中心之间转移中间产品或相互提供劳务而发生内部结算和进行内部责任结转所使用的结算价格。

采用内部转移价格进行内部结算，可以使两个责任中心之间的关系成为类似于市场交易的买卖关系。在价格一定的情况下，责任中心的“卖方”必须不断改善经营管理，降低成本费用，以其收入抵偿支出；责任中心的“买方”则必须在一定的购置成本下，千方百计地降低自身加工的成本费用，提高产品或劳务的质量，争取获得更多的利润。

内部转移价格与外部市场价格有很大的不同，运用内部转移价格这一手段使得内部责任单位处于模拟的市场竞争关系之中，但并不是真正意义上的市场竞争双方。因此，“买”、“卖”双方共同存在于同一个企业之中。在其他条件不变的情况下，内部转移价格的变化，会使买卖双方的收入或利润呈反方向变化，即提高内部转移价格，一方面会增加“卖方”的收入或内部利润；另一方面却会相应地减少“买方”的收入或内部利润。“卖方”所增加的利润相当于“买方”所减少的利润，“买”、“卖”双方内部利润一增一减的数额相等，但方向相反。因此，从总体上看，内部转移价格无论怎样变动，企业利润的总数是不变的，变动的只是利润在各责任中心之间的分配情况。

一、内部转移价格的制定原则

正确制定内部转移价格有助于明确划分各责任中心的经济责任，能够将责任中心的业绩考核建立在客观、公正的基础上，同时，也能使各责任中心的经济责任、工作绩效数量化，为制定正确的经营决策提供依据。为此，当制定内部转移价格时应遵循以下原则：(1) 全局性原则。制定内部转移价格应强调企业的整体利益高于责任中心的利益，由于内部转移价格的制定直接关系到各责任中心的利润的大小，每个责任中心为了本中心的利益，必然会争取最好的条件，在利益有一定冲突的情况下，企业应从整体出发制定内部转移价格，保证企业的利润最大化。(2) 自主性原则。在确保企业整体利益的前提下，承认各责任中心的相对独立性，允许各责任中心通过协商和讨价还价来确定内部转移价格，给予责任中心最大的自主权。(3) 激励性原则。内部转移价格的制定应公正合理，充分考虑到责任中心的经营能力和经营业绩的配套问题，防止某些部门因价格上的缺陷而获得一些额外的收益或损失。

二、内部转移价格的类型

（一）市场价格

市场价格简称“市价”，是指责任中心在确定内部转移价格时，以产品或劳务市场供应价格作为计价标准。能采用市场价格作为内部转移价格的责任中心一般具有独立法人地位，能自主决定产品生产的数量、产品出售或购买的数量及相应价格。在西方发达国家，通常认为市场是制定内部转移价格的最好依据。因为市场价格完全是由公平、公开的竞争决定的，通过它在企业内部引入竞争机制，使各责任中心之间进行公平的竞争。以市场价格作为内部转移价格时，应注意以下两方面的问题：第一，当中间产品有外部市场、可向外部单位销售或从外部单位购买时，以市场价格作为内部转移价格并不表示应以市场价格作为结算价格，因为纯粹的市场价格一般都包括销售费、广告费及运输费等，而这些费用则直接变为制造方的利润，使用方将得不到任何节约。为使利润分配更公平，应对市场价格作一些必要的调整，将可避免费用从市场价格中减去，然后确定为内部转移价格。第二，以市场价格为标准制定内部转移价格时，通常应注意前提条件，即中间产品有完全竞争的市场或中间产品提供部门无闲置生产能力。

（二）协商价格

协商价格也称为议价，是企业内部责任中心的“买”、“卖”双方以正常的价格为基础，通过共同协商所确定的双方能够接受的价格。采用协商价格的前提是，责任中心转移的产品应有在非竞争性市场上买卖的可能性。在这种市场内，买卖双方有权自行决定是否买卖这种中间产品。如果买卖双方不能自行决定，或价格协商的双方发生矛盾而又不能自行解决，或双方协商定价不能导致企业最优决策，企业高一级的管理层要进行必要的干预。这种干预应以有限、得体为原则，不能变成上级领导完全决定一切。

协商价格的上限是市价，下限是单位变动成本，具体应由各相关责任中心在这一范围内协商议定。当产品或劳务没有适当的市价时，也只能采用议价方式来确定。通过各相关责任中心的讨价还价，形成企业内部的模拟"公允市价"，作为计价的基础。

协商价格也存在一定的缺陷：一是协商定价的过程要花费人力、物力和时间；二是协商定价各方往往会相持不下，需企业高层领导裁定，这样就弱化了分权管理的作用。

（三）成本加成

成本加成是指在产品或劳务成本的基础上，加上一定比例的利润作为内部转移价格。由于成本的概念不同，成本加成也有多种不同形式，其中用途较为广泛的有两种：（1）标准成本加成，即按产品（半成品）或劳务的标准成本加计一定比例的利润作为计价的基础。它的优点是能分清"买"、"卖"双方相关的责任，但确定加成利润率时，则需要稳妥慎重，以保证加成利润率确定的科学性、合理性。（2）实际成本加成，即根据产品（半成品）或劳务的实际成本加计一定比例的利润作为内部转移价格。它的优点是能调动"卖方"的积极性能，缺陷是容易削弱"卖方"降低成本的责任感。

项目四 内部责任成本的结转

一、内部结算

内部结算是指企业各责任中心清偿因相互提供产品或劳务所发生的、按内部转移价格计算的债权、债务。企业内部的各责任中心之间发生经济业务往来，需要按照一定的方式进行内部结算，按照内部对象不同，通常采取以下结算方式：

（一）内部支票结算方式

内部支票结算方式是指由付款方签发内部支票通知内部银行从其账户中支付款项的结算方式。这种方式分为签发、收受和银行转账三个环节。签发就是由付款方根据有关原始凭证或业务活动证明签发内部支票交付收款方；收受是收款方经审核无误后接受付款方的支票；银行转账就是收款方将支票送存内部银行办理收款转账。内部支票一式三联，第一联为收款凭证，第二联为付款凭证，第三联为内部银行记账凭证。内部支票结算方式主要适用于收、付款双方直接进行经济往来的业务结算。

（二）转账通知单方式

转账通知单方式是由收款方根据有关原始凭证或业务活动证明签发转账通知单，通知内部银行将转账通知单转给付款方，让其付款的一种结算方式。转账通知单一式三联，第一联为收款方的收款凭证，第二联为付款凭证，第三联为内部银行的记账凭证。这种结算方式适用于"买"、"卖"双方经常发生的且信誉较高的业务结算。它手续简便，结算及时，但若付款方有异议，则可能拒付。

（三）内部货币结算方式

内部货币结算方式是使用内部银行发行的限于企业内部流通的货币（包括内部货币、资金本票、流通券、资金券等）进行内部往来结算的一种方式。这种结算方式是典型的一手交“钱”一手交“货”的结算方式。

这一结算方式比内部支票结算方式更为直观，可强化各责任中心的价值观念、核算观念、经济责任观念。但是，它也带来了携带不便、清点麻烦、保管困难的问题。所以，在一般情况下，小额零星往来业务以内部货币结算，大宗业务以内部支票结算。

二、责任成本的内部结转

责任成本的内部结转又称责任转账，是指在生产经营过程中，对于不同原因造成的各种经济损失，由责任成本发生的责任中心将损失转给应承担损失的责任中心负担的过程。

企业内部各责任中心在生产经营过程中，常常会发生责任成本发生的责任中心与应承担责任成本的中心不是同一责任中心的情况。为划清责任，需要将这种责任成本相互结转。例如：生产车间所耗用的原材料损失是由供应部门购入不合格的材料所造成的，由此产生的材料成本的增加额或废品损失的增加额，应由生产车间成本中心转给供应部门成本中心负担。

责任转账的目的是划清各责任中心的成本责任，使不应承担损失的责任中心在经济上得到合理补偿，在责权上明确界限，为业绩考核、评价及奖惩奠定合理的基础。

责任转账的方式有直接的货币结算方式和内部银行转账方式，前者是以内部货币直接支付给损失方，后者只是在内部银行所设立的账户之间划转。

思考与练习

一、单项选择题

1. 财务控制的对象是以实现（　　）为目标的财务活动。
   A. 财务预算　B. 财务分析　C. 业绩评价　D. 责任报告
2. 责任会计核算的主体是（　　）。
   A. 责任中心　B. 产品成本　C. 生产部门　D. 管理部门
3. 成本中心控制和考核的内容是（　　）。
   A. 目标成本　B. 责任成本　C. 产品成本　D. 直接成本
4. 通常来讲，适用于那些产出物不能用货币来计量，或投入与产出之间没有密切关系的单位的责任中心是（　　）。
   A. 投资中心　B. 利润中心　C. 标准成本中心　D. 费用中心
5. 费用中心评价和考核其实际发生费用水平的依据是（　　）。
   A. 费用弹性预算　B. 费用实际发生数　C. 投入产出情况　D. 销售收入水平
6. 厂部管理人员的工资对车间来讲属于（　　）。
   A. 可控成本　B. 不可控成本　C. 制造成本　D. 生产成本

7. 就某一特定时期来讲，全厂的总成本与全厂责任成本的总和之间的数量关系是（ ）。

A. 不确定 B. 二者相等 C. 前者大于后者 D. 前者小于后者

8. 成本的可控性与不可控性，随条件的变化可能会发生相互转化。下列表述中，不正确的是（ ）。

A. 就一个企业而言，一定时期发生的广义产品成本总额应当等于同期发生的责任成本总额

B. 同一成本项目，对于某一成本中心来说是可控成本；而对于处在同一层次的另一成本中心来讲却是不可控成本

C. 随着时间的推移，成本的可控性还会随企业管理条件的变化而变化

D. 有些成本对于较高层次的成本中心来说属于不可控成本，而对于其下属的较低层次的成本中心来讲，可能就是可控成本

9. 具有独立或相对独立的收入和生产经营决策权，并对成本、收入和利润负责的责任中心是（ ）。

A. 成本中心 B. 利润中心 C. 投资中心 D. 预算中心

10. 产品在企业内部各责任中心之间流转，只能按内部转移价格取得收入的利润中心是（ ）。

A. 成本中心 B. 人为利润中心 C. 自然利润中心 D. 投资中心

11. 下列指标中，最适合考核部门经理业绩的指标是（ ）。

A. 利润中心边际贡献总额利润 B. 中心负责人可控利润总额

C. 利润中心可控利润总额 D. 公司利润总额

12. 下列指标中，最适合利润中心长期需求决策及部门业绩评价的是（ ）。

A. 利润中心边际贡献总额利润 B. 中心负责人可控利润总额

C. 利润中心可控利润总额 D. 公司利润总额

13. 投资中心与利润中心最大的区别是（ ）。

A. 投资中心具有生产决策权 B. 投资中心具有投资决策权

C. 投资中心拥有对外销售权 D. 投资中心具有法人地位

14. 某投资中心的投资额为 100 000 元，企业加权平均的最低投资利润率为 18%，剩余收益为 15 000 元，则该中心的投资利润率为（ ）。

A. 15% B. 33% C. 35% D. 18%

15. 投资报酬率的不足之处在于（ ）。

A. 不反映盈利能力 B. 不具有可比性

C. 缺乏全局观念 D. 引起短期行为

16. 制定内部转移价格时，最理想的选择是（ ）。

A. 市场价格 B. 以市场为基础的协商价格

C. 成本转移价格 D. 双重价格

17. 协商价格的下限是（ ）。

A. 生产成本 B. 市场价格 C. 固定成本 D. 单位变动成本

18. 采用双重内部转移价格时双方利润都会增加，其结果是（　　）。
A. 企业整体利润增加　　B. 企业整体利润下降
C. 企业整体利润不变　　D. 无法判断
19. 以下应该在生产部门和采购部门之间进行责任转账的费用项目是（　　）。
A. 生产部门机器老化造成的机器损失
B. 劣质材料造成的废品损失
C. 水费上涨造成的经济损失
D. 生产工人操作失误造成的废品损失
20. （　　）适用于“买”、“卖”双方发生的经常性往来业务且信誉较高的情况。
A. 内部支票结算方式　　B. 转账通知单结算方式
C. 内部货币结算方式　　D. 商业汇票结算方式

二、多项选择题

1. 实现财务控制的必要条件是（　　）。
A. 建立组织机构　　B. 建立责任会计核算体系
C. 制定奖惩制度　　D. 具有法人资格
2. 财务控制的基本原则包括（　　）。
A. 效益原则　　B. 目标管理及责任落实原则
C. 例外管理原则　　D. 降低风险原则
3. 下列属于财务控制特征的有（　　）。
A. 以作出决策为最终奋斗目标　　B. 以控制日常现金流量为主要内容
C. 以综合经济业务为控制对象　　D. 以价值形式为控制手段
4. 划分责任中心的标准包括（　　）。
A. 能明确经济责任
B. 被赋予与所承担责任的范围与大小相适应的权利
C. 能相对独立地进行业绩核算
D. 必须自负盈亏
5. 成本中心的特点包括（　　）。
A. 只对不可控成本负责　　B. 只考核成本费用，而不考核收益
C. 只对可控成本负责　　D. 控制和考核的是责任成本
6. 通常以标准成本中心作为其工作业绩的评价和考核依据的部门有（　　）。
A. 医院放射科　　B. 生产车间
C. 厂部办公室　　D. 董事会
7. 下列关于费用中心的说法，正确的有（　　）。
A. 为企业提供一定的专业服务，产出物不能以财务指标衡量的单位
B. 为企业提供一定的物质成果且能够计量产品产出的实际数量的单位
C. 适用于投入与产出有着明确的函数对应关系

D. 投入与产出之间没有密切关系的有费用发生的单位

8. 责任成本与产品成本的主要区别是（　　）。

A. 成本归集的对象　　B. 遵循的原则不同

C. 核算的内容不同　　D. 核算的目的不同

9. 下列各项中，属于自然利润中心特征的表述包括（　　）。

A. 直接面向市场　　B. 具有生产经营权

C. 对投资效果负责　　D. 对外销售产品并取得收入

10. 影响利润中心考核指标完成的主要因素有（　　）。

A. 销售价格　　B. 销售数量

C. 固定成本　　D. 变动成本

11. 下列各项中，属于投资中心特点的表述包括（　　）。

A. 是最高层次的责任中心　　B. 具有投资决策权

C. 承担最大的责任　　D. 一般不是独立法人

12. 下列属于投资中心适用范围的有（　　）。

A. 分公司　　B. 分厂

C. 修理车间　　D. 班组

13. 投资利润率可以进一步分解为三个相对数指标之和，它们包括（　　）。

A. 资本周转率　　B. 销售成本率

C. 边际贡献率　　D. 成本费用利润率

14. 影响部门剩余收益的因素有（　　）。

A. 支付股利　　B. 销售收入

C. 投资额　　D. 资金成本率

15. 作为评价投资中心业绩的指标，“剩余收益”的优点包括（　　）。

A. 具有横向可比性

B. 可以使业绩评价与企业目标保持一致

C. 能够体现投入产出关系

D. 能反映投资中心的综合盈利能力

三、判断题

1. 企业财务控制是指利用有关信息和特定手段，对企业财务活动实施影响或调节，确保企业及其内部机构和人员全面落实和实现生产任务完成的过程。（　　）

2. 财务控制的效益原则是指财务控制所取得的收益大于其代价时，这种财务控制才是必要的、可行的。（　　）

3. 责任中心就是指具有一定的管理权限，并承担相应经济责任的独立法人。（　　）

4. 成本中心没有经营权和销售权，其工作成果一般不会形成可以用货币计量的收入。（　　）

5. 成本中心的变动成本一定是可控成本，而固定成本一定是不可控成本。（　　）

6. 就一个企业而言，一定时期发生的广义产品成本总额应当等于同期发生责任成本总额。(　　)

7. 以市场价格作为内部转移价格，就是直接将市场价格用来结算。(　　)

8. 某项会导致个别投资中心的投资利润率提高的投资，一定会使整个企业的投资利润率提高。(　　)

9. 利润中心处于责任中心的最高层次，它具有最高决策权，同时也承担最大的责任。(　　)

10. 确定双重内部转移价格可以提高企业的利润。(　　)

四、计算分析题

1. 某企业的A部门为利润中心，利润中心销售收入110万元；利润中心销售产品变动成本和变动销售费用60万元；利润中心负责人可控固定成本10万元；利润中心负责人不可控而应由中心负担的固定成本15万元。

要求：(1) 计算该利润中心的边际贡献总额。

(2) 计算该利润中心负责人可控利润总额。

(3) 计算该利润中心可控利润总额。

2. 某公司下设A、B两个投资中心。A投资中心的投资额为200万元，投资报酬率为15%；B投资中心的投资报酬率为17%，剩余收益为20万元。某公司要求的最低投资报酬率为12%。该公司决定追加投资100万元，若投向A投资中心，每年可增加利润20万元；若投向B投资中心，每年可增加利润15万元。

要求：(1) 计算追加投资前A投资中心的剩余收益。

(2) 计算追加投资前B投资中心的投资额。

(3) 计算追加投资前该公司的投资报酬率。

(4) 若A投资中心接受追加投资，计算其投资报酬率。

(5) 若B投资中心接受追加投资，计算其投资报酬率。

(6) 利用投资报酬率，分析A、B投资中心如何决策？

(7) 利用剩余收益，分析A、B投资中心如何决策？

3. 假设某投资中心2015年资料如下：营业利润50 000元，销售收入250 000元，占用资产200 000元。

要求：(1) 计算该投资中心的投资报酬率。

(2) 假设投资中心为维持产品销售，追加投入广告费5 000元，其他资料不变，计算新的投资报酬率。

(3) 假设投资中心投资额不变，销售收入增加30 000元，利润增加了6 000元，计算新的投资报酬率。

(4) 投资中心通过改善内部管理，使存货减少了20 000元，收入及利润不变，计算新的投资报酬率。

(5) 分析引起投资报酬率变化的原因。

五、案例分析题

华龙公司的责任会计制度

华龙集团公司是一家大型企业，拥有子公司30余家，其中有一家股票上市公司。其生产的产品畅销国内外，出口创汇能力和产品竞争力及其国内市场占有率均居行业首位。20世纪80年代初期曾实行厂内银行制度，按照分权管理原则在各分厂实行责任会计制度，主要采取横向组织结构，如图7-1所示。

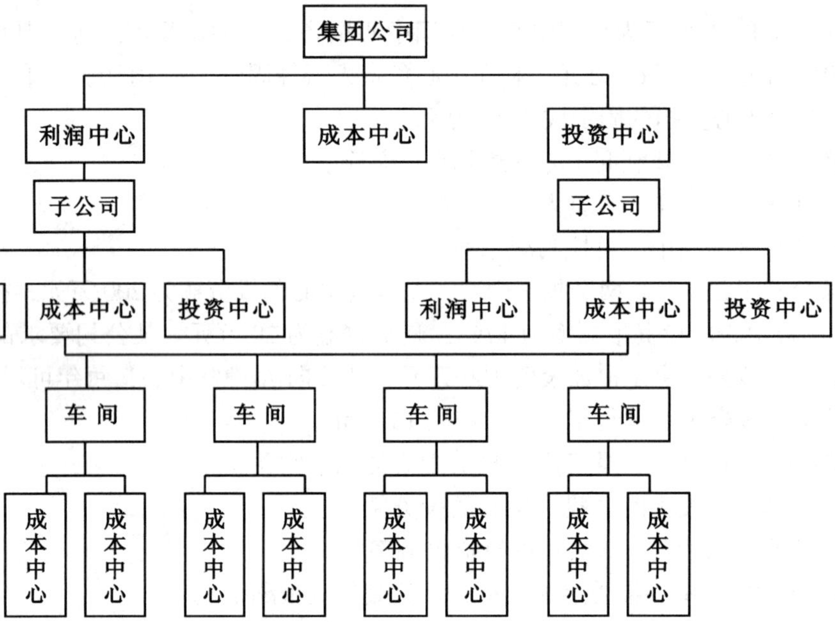

图7-1　华龙公司组织结构示意图

所属某子公司将责任成本与产品成本核算有机结合起来，以贯彻经济责任制要求。在责任成本结转上采用逐步结转法，特点是按计划单位成本或内部协商成本转账，其成本差异在各步骤间分摊调整集中在公司完成。并把各成本中心的成本差异额，在已销商品和库存商品间分配，最后按产品的计划成本构成进行成本还原。

采用此种方法其计算步骤为：

1. 各责任中心按成本项目收集其实际费用发生额，编制费用分配表

原材料、燃料、动力及工具等费用项目应按实际消耗数量和计划价格计算（亦即通常所说的计划价格成本），因为上述各项价格差异非各生产步骤所能控制，也就没有必要将价格差异结转到该责任中心。人工成本可以按实际工资计算，也可以按实际工时、计划工资率计算的“计划价格成本”计算，应该采用哪种成本，要根据工资基金和职工人数

的控制权来决定。如果在责任中心实行经营者能够选择符合自己经营意图的劳动要素，提高企业经营的效果，就可以不按计划价格成本计算，而应按实际成本计算；反之，则应按计划价格成本计算。其他间接性制造费应按实际发生数汇总。

按生产费用“实际”(有一部分是计划价格成本）发生额编制的费用分配汇总表是以本期投产量为基础的，为了确定本期完工产品的“实际成本”，应将期末在产品负担的份额从各项费用分配汇总表中扣除。对于在产品成本的估价可参考传统的估价方法来进行，通常可按定额成本计算，一切成本差异都由完工产品成本负担。

各项费用分配汇总表的格式与一般生产费用分配表相同，只是不进行价格差异调整。现举曙光分厂第一车间“材料费用分配汇总表”为例，见表 7-3，其他车间的各种费用分配表不再列示。

表 7-3　　**曙光分厂第一车间材料分配汇总表**　　单位：元

材料名称	单位	单价	产品甲（3 800 台）		产品乙（4 000 台）		产品丙（400 台）		合　计	
			消耗量	金额	消耗量	金额	消耗量	金额	消耗量	金额
A	千克	0.2	1 400 000	280 000	1 760 000	352 000	1 065 000	213 000	4 225 000	845 000
B	千克	0.1	916 000	91 600	1 320 000	132 000	1 200 000	120 000	3 436 000	343 600
C	千克	0.9	460 000	41 400	42 000	37 800	48 000	43 200	136 000	122 400
D	千克	0.8	20 000	16 000	21 200	16 960	18 000	14 400	59 200	47 360
E				84 000		176 000		115 460		375 460
合计				513 000		714 760		506 060		1 733 820
在产品成　本				335 925		101 880		14 528		150 000
结转完工产品成本				479 408		612 880		491 532		1 583 820

2. 编制各费用项目的计划成本计算表

本表反映以实际产量为基础计算的计划成本或绩效预算成本，亦即厂部下达的成本控制指标。

各费用项目计划成本可按下列公式进行计算：

直接材料计划成本 = $\sum$（计划单价 × 各种材料的消耗定额 × 实际产量）

直接人工计划成本 = 计划小时工资率×产品工时定额×实际产量 = 计划单价×实际产量

例如第一车间直接材料计划成本计算表，如表 7-4 所示：

表 7-4　　**曙光分厂第一车间直接材料消耗计划成本表**　　单位：元

材料名称	甲产品（3 800 台）			乙产品（4 000 台）			丙产品（400 台）			合计	
	单台成本	消耗定额	总金额	单台成本	消耗定额	总金额	单台成本	消耗定额	总金额	消耗总量	计划成本
A	72.00	360	273 600	80.00	400	320 000	616.00	3 080	246 400	4 200 000	840 000
B	24.00	240	91 000	31.00	300	120 000	272.00	2 772	108 800	3 200 000	320 000
C	10.80	12	41 000	9.00	10	36 000	77.40	86	30 960	120 000	108 000
D	4.00	5	15 000	4.00	5	16 000	42.00	52.5	16 800	60 000	48 000
E	22.00		83 600	40.00		160 000	291.00		116 400		360 000
计划成本合计	132.80		504 640	164.00		652 000	1 298.40		519 360		1 676 000
完工产品合计			479 408			612 880			491 532		1 583 820
成本节约额			25 232			39 120			27 828		79 180

本表各种材料的消耗定额应与成本计划保持一致，材料单价和单台金额都应与成本计划相同，只是各种产品的计划成本是按实际产量计算的。成本节约额是计划价格成本与计划成本的差额，亦即根据本表所计算的计划成本与“材料分配汇总表”所结转的产成品的计划价格成本来确定。

曙光分厂第一车间直接人工计划成本计算表如表 7-5 所示。

表 7-5　　**曙光分厂第一车间直接人工计划成本计算表**　　单位：元

产班组	甲产品（3 800 台）		乙产品（4 000 台）		丙产品（400 台）	
	工时定额	计划总工时	工时定额	计划总工时	工时定额	计划总工时
一	10	38 000	15	60 000	10	4 000
二	20	76 000	20	80 000	15	6 000
三	25	95 000	25	100 000	20	8 000
四	30	114 000	30	120 000	15	6 000
合计	85	323 000	90	360 000	60	24 000
计划工资率	0.4					
计划工资		129 200		144 000		9 600
实际工资		121 448		135 360		9 024
工资节约额		7 752		8 640		576

本表上半部分是根据工时定额和实际产量表计算的计划总工时，并按计划小时工资率计算出计划工资总额，此项计划工资总额应和厂部（公司）下达的控制指标一致（控制指标应按产品单位工资含量确定）。实际工资应根据“实际工资汇总表”转入，在各种产品之间的分配可按定额工时比例进行。计划工资与实际工资的差额即为工资节约额，既包括效率差异（工时差），也包括责任中心的工资支付差异。

曙光分厂第一车间的其他直接费用（如燃料、动力费用等）的计划成本计算表如表7-6所示。

表7-6　曙光分厂第一车间燃料动力等其他直接费用计划成本计算表　单位：元

项　目	甲产品（3 800台）		乙产品（4 000台）		丙产品（400台）		合　计	
	消耗定额	单位定额成本	消耗定额	单位定额成本	消耗定额	单位定额成本	消耗定额	定额总成本
原煤（T）		4. 80		6. 00		3. 20		43 520
电（KWH）		2. 40		3. 00	0. 08	2. 40	1 088	22 080
专用工具费		0. 20	150	0. 40		0. 20		2 440
专用模具费		0. 60	50	0. 60	40	0. 20	368 000	4 760
单位成本		8. 00		10. 00		6. 00		
计划总成本		30 400		40 000		2 400		72 800
实际总成本		29 184		38 400		2 304		69 888
成本节约额		1 216		1 600		96		2 912

本表上半部分需要根据消耗定额和计划单价计算其他直接费用的单位定额成本，然后综合表中各项费用的单位定额成本得到计划单位成本，再分别乘以产品产量，即得此类费用的计划总成本。实际总成本可以根据实际消耗量的计划价格成本来计算，在各种产品之间则按计划总成本的比例进行分配。

其他间接制造费用按照弹性预算的编制方法编制绩效预算，也就是根据各项费用的固定费用预算和单台变动费率（如果变动费率是按工时确定的，应折合为单台计算）乘以实际完成的产量求得的各项费用的变动费。把固定费用预算和变动费用预算相加即为各种产品的绩效预算。第一车间其他间接费用绩效预算表如表7-7所示：

表7-7　曙光分厂第一车间其他间接费用绩效预算计算表　单位：元

费用项目	弹性预算		甲产品(3 800台)		乙产品(4 000台)		丙产品(400台)		合　计	
	固定费用	变动费/台	固定费预　算	变动费预　算	固定费预　算	变动费预　算	固定费预算	变动费预算	固定费预算	变动费预　算
机物料消耗	20 000	1. 5	8 000	5 700	8 000	6 000	4 000	600	20 000	12 300
维护修理费	32 000	2. 00	12 000	7 600	14 000	8 000	6 000	800	32 000	16 400

续表

费用项目	弹性预算		甲产品(3 800台)		乙产品(4 000台)		丙产品(400台)		合　计	
	固定费用	变动费/台	固定费预算	变动费预算	固定费预算	变动费预算	固定费预算	变动费预算	固定费预算	变动费预算
水电费	6 000	0. 20	2 400	760	2 400	800	1 200	80	6 000	1 640
低值易耗品	18 000	1. 60	7 200	6 080	7 200	6 400	3 600	640	18 000	13 120
劳动保护费	28 000	0. 25	11 200	950	12 000	1 000	4 800	100	28 000	2 050
技术措施费	30 000	0. 10	12 000	380	12 000	400	6 000	40	30 000	820
运输费	2 400	0. 15	1 000	570	1 000	600	400	60	2 400	1 230
折旧费	120 000		50 000		50 000		20 000		120 000	
保险费	72 000		30 000		30 000		12 000		72 000	
其他	27 000		12 000		12 000		3 000		27 000	
合计	355 400	5. 80	145 800	22 040	148 600		61 000	2 320	355 400	47 560
绩效预算合计			167 840		171 800		63 320		402 960	
实际总费用			159 448		163 210		60 154		382 812	
费用节约额			8 392		8 590		3 166		20 148	

其他间接费绩效预算应按费用项目和实际发生的费用比较分配，衡量费用的偏差，并寻求超支或节约的原因及节约开支的途径。至于在各种产品之间的比较，由于各种产品的实际总费用是按照绩效预算的比例分配的，分析或考核并没有多大意义。进行这种分配只是为了满足产品成本管理的要求。

3. 编制责任成本报告

为了汇总各责任中心各项生产费用，以便综合考核其业绩，并按产品分别进行成本结转，各责任中心还应定期编制成本报告表（按计划成本）并结转本单位的成本差异。曙光分厂第一车间成本报告如表 7-8 所示：

表 7-8　　**曙光分厂第一车间责任成本报告**　　单位：元

成本项目	甲产品（3 800 台）		乙产品（4 000 台）		丙产品（400 台）		成本合计		
	计划成本	计划价格成本	计划成本	计划价格成本	计划成本	计划价格成本	计划成本	计划价格成本	成本节约额
直接材料	504 640	479 408	652 000	612 880	519 360	491 532	1 676 000	1 583 820	92 180
直接人工	129 000	121 448	144 000	135 360	9 600	9 024	282 800	265 832	16 968

续表

成本项目	甲产品（3 800 台）		乙产品（4 000 台）		丙产品（400 台）		成本合计		
	计划成本	计划价格成本	计划成本	计划价格成本	计划成本	计划价格成本	计划成本	计划价格成本	成本节约额
变动制造费	30 400	29 184	40 000	38 400	2 400	2 304	72 800	69 888	2 912
固定制造费	167 840	159 448	171 800	163 210	63 320	60 154	402 960	382 812	20 148
合　计	832 080	789 488	1 007 800	949 850	594 680	563 014	2 434 560	2 302 352	132 208
成本节约额		42 592		57 950		31 666			132 208
产品单位成本	218.97	207.76	251.95	237.46	1 486.70	1 407.54			
单位成本节约		11.21		14.49		79.16			

4. 计算产成品的实际成本

经过产成品成本还原之后，厂部（公司）即可据以编制产成品成本汇总表，并按各责任中心所编报的成本差异对产品的计划成本进行调整，据此可以求得各种产品的实际成本。为了计算产成品的成本差异率，还应根据月初产成品（库存）的计划成本和产品成本差异与本期产成品计划成本和成本差异计算产品成本差异率，以便调整销售产品成本和库存产成品的成本。

资料来源：东北财经大学国家级精品课程网站（classroom. dufe. edu. cn）。

要求：(1) 结合上述资料，讨论建立责任会计制度应遵循哪些原则。

(2) 该集团公司的责任中心与子公司的责任中心有何区别？

(3) 集团公司建立责任会计制度有何意义？

财务分析

学习任务：

1. 掌握财务分析的基本方法；
2. 掌握偿债能力指标的计算；
3. 掌握营运能力指标的计算；
4. 掌握盈利能力指标的计算；
5. 掌握发展能力指标的计算；
6. 掌握杜邦财务分析体系。

能力目标：

1. 能进行偿债能力分析；
2. 能进行营运能力分析；
3. 能进行盈利能力分析；
4. 能进行发展能力分析；
5. 能进行综合财务分析。

知识目标：

1. 了解财务分析的意义和内容；
2. 掌握财务分析的依据和基本方法；
3. 了解基本的财务比率的内容；
4. 熟悉杜邦财务分析体系；
5. 熟练掌握财务比率评分方法。

情境导入：

S电脑公司是一家在本地小有名气的电脑销售和服务公司，其市场销售一直很好。学习计算机出身的张经理最近可犯了愁：一所学校计算机中心500台某品牌电脑的订单刚刚接下来，可公司代理的这种品牌电脑的生产商因为其所欠的货款较多不愿发货，而银行又因为其前次贷款尚未还清，也不愿意再追加贷款，更有几个公司骨干技术人员因为未能及时领到工资和奖金而离开了公司。张经理纳闷：公司效益一直很好，业务也应接不暇，为什么会出现这样的局面？张经理找到了做财务工作的同学王某帮他出出主意，王某认真分析了S电脑公司的会计报表，详细了解了公司的经营情况，找到了问题症结：原来SD电脑公司最近几个月做了几笔较大的业务，可都是先付一半货款，半年后再付另一半货款，结果不仅占用了所代理厂家的资金，而且公司垫付的大量资金也未能及时收回，导致资金周转不畅，影响了公司正常的经营活动。

项目一　财务分析概述

一、财务分析的意义

财务分析是以企业财务报告及其他相关资料为依据，采用一系列专门的分析技术和方法，对企业的财务状况和经营成果进行评价和剖析，反映企业在运营过程中的利弊得失和发展趋势，从而为改进企业财务管理工作和优化经济决策提供重要的财务信息。财务分析是财务管理的重要环节，在财务管理的循环中起着承上启下的作用。它不仅是企业外部财务报告使用者必须掌握的技术方法，而且也是企业进行日常财务管理的重要工具。企业通过定期或不定期地进行财务分析，可以分析过去、评价现在、预测未来，为经济预测和决策提供重要的依据。做好财务分析工作具有以下重要意义。

(1) 财务分析是财务预测、决策与计划的基础和重要依据。

通过财务分析可以了解企业获利能力的高低、偿债能力的强弱及营运能力的大小，可以了解投资后的风险和收益情况，从而为作出正确的投资决策提供可靠依据，减少不必要的损失。

(2) 财务分析是评价财务状况、衡量经营业绩的重要依据。

通过对企业进行财务分析，可以了解企业偿债能力、营运能力、盈利能力和发展能力，便于企业管理当局及其他报表使用人了解企业财务状况和经营成果，并通过分析将影响财务状况和经营成果的主观因素与客观因素、微观因素和宏观因素区分开来，以划清经济责任，合理评价经营者的工作业绩，并据此奖优罚劣，以促使经营者不断改进工作。

(3) 财务分析是挖掘潜力、改进工作、实现财务管理目标的重要手段。

企业财务管理的根本目标是努力实现企业价值最大化。通过财务指标的设置和分析，能了解企业的盈利能力和资金周转状况，不断地改善财务状况、扩大财务成果的内部潜力，充分认识未被利用的经济资源，寻找利用不当的部分及原因，发现进一步提高利用效率的可能性，以便从各方面揭露矛盾、找出差距、寻求措施、促进企业经营理财活动按照企业价值最大化的目标实现良性运行。

二、财务分析的内容

一般来说，财务分析的目的在于揭示企业生产经营过程中的利弊得失，评价企业财务状况和经营成果。但是作为财务分析主体的企业所有者、企业债权人、企业经营者和政府等，出于不同的利益考虑，在对企业进行财务分析时有着各自不同的要求，使得他们的财务分析内容既有共性又有不同的侧重。

(1) 企业所有者。所有者或股东，作为投资人，必然高度关心其资本的保值和增值状况，即对企业投资的回报率极为关注。对于一般投资者来讲，更关心企业股息能否提高和红利的发放情况。而对于拥有企业控制权的投资者，考虑更多的是如何增强竞争实力，扩大市场占有率，降低财务风险和纳税支出，追求长期利益的持续、稳定增长。

（2）企业债权人。债权人不能参与企业剩余收益的分享，决定了债权人必须对其投资的安全性首先予以关注。因此，债权人在进行企业财务分析时，最关心的是企业是否有足够的支付能力，以保证其债务本息能够及时、足额地得以偿还。

（3）企业经营者。为满足不同利益主体的需要，协调各方面的利益关系，企业经营者必须对企业经营理财的各个方面，包括营运能力、偿债能力、盈利能力及发展能力的全部信息予以详尽地了解和掌握，以及时发现问题，采取对策，规划和调整市场定位目标、策略，进一步挖掘潜力，为经济效益的持续稳定增长奠定基础。

（4）政府。政府兼具多重身份，既是宏观经济管理者，又是国有企业的所有者和重要的市场参与者，因此政府对企业财务分析的关注点因身份的不同而异。政府作为国有企业投资人，除关注投资所产生的社会效益外，还必然对投资的经效益予以考虑。在谋求资本保全的前提下，政府期望能够带来稳定增长的财政收入。因此，政府考核企业经营理财情况，不仅需要了解企业资金占用的使用效率，预测财政收入的增长情况，有效地组织和调整社会资源的配置，而且还要借助财务分析，检查企业是否存在违法违纪、浪费国家财产的问题，最后通过综合分析，对企业的发展后劲以及其对社会的贡献程度进行分析考察。

尽管不同利益主体进行财务分析有着各自的侧重点，但就总体来看，财务分析的基本内容可归纳为四个方面：偿债能力分析、营运能力分析、盈利能力分析和发展能力分析。其中偿债能力是理财目标实现的稳健保证，营运能力是理财目标实现的物质基础，盈利能力是理财目标实现的成果体现，发展能力是理财目标实现的综合反映。四者之间有着内在的必然联系，相辅相成，共同构成企业财务分析的内容体系。

三、财务分析的依据

财务分析的依据就是与分析对象有关的信息。财务分析信息按信息来源可分为内部信息和外部信息两类。所谓内部信息是指从企业内部可取得的财务信息。外部信息则是指从企业外部取得的相关信息。

（一）内部信息

（1）会计信息。会计信息可分为财务会计信息和管理会计信息两类。财务会计信息主要指财务会计报告，包括资产负债表、利润表、现金流量表等国家财务会计制度规定企业编制的各种报表、财务情况说明书以及有关附表等。管理会计信息主要包括责任会计核算信息、决策会计信息和企业成本报表等信息。

（2）统计与业务信息。统计信息主要指各种统计报表和企业内部统计信息。业务信息则指与各部门经营业务及技术状况有关的核算与报表信息。总之，统计与业务信息包括企业除会计信息之外其他反映企业实际财务状况或经营状况的信息。

（3）计划及预算信息。这些信息是企业管理的目标或标准，包括企业的经营计划、财务计划、财务预算以及各种采购、消耗、储存的控制标准等。

（二）外部信息

（1）经济政策与法规信息。国家的宏观经济信息主要指与企业财务活动密切相关的信息，如物价上涨率或通货膨胀率、银行利息率、各种税率等；有关法规包括会计法、税法、会计准则、审计准则、会计制度等。

（2）综合部门发布的信息。综合部门发布的信息包括国家统计局定期公布的统计报告和统计分析；国家发改委的国民经济计划、经济形势预测及经济形势分析；各证券市场和资金市场的有关股价、债券利息等方面的信息等。

（3）中介机构信息。中介机构信息主要有会计师事务所、资产评估事务所等提供的企业资产评估报告和审计报告等。

（4）报刊等的信息。报刊等的信息是指各种经济著作、报刊的科研成果、调查报告、经济分析中所提供的与企业财务分析有关的信息。

（5）企业间交换的信息。企业间交换的信息指企业与同行业其他企业或有业务往来的企业间相互交换的报表及业务信息等。

（6）国外有关信息。国外有关信息指从国外取得的各种经济信息。取得的渠道有出国考察访问、购买国外经济信息期刊、国际会议交流等。

财务分析信息多种多样，为了保证财务分析的质量与效果，在收集信息时必须注意把握财务分析信息的相关性和准确性。财务分析信息的相关性要求将财务分析信息与分析对象有机联系起来，这是正确进行财务分析的基础和前提。财务分析信息的准确性要求财务分析信息客观、真实、可比，这是保证财务分析结果正确的关键。

四、财务分析的基本方法

开展财务分析，需要运用一定的方法。财务分析的方法主要有比较分析法、比率分析法、因素分析法等几种方法。

（一）比较分析法

比较分析法是指将两个或几个相关的同质指标进行比较，从对比中揭示出差异，并鉴别优劣的一种分析方法，它是定量分析中一种最基本的方法。比较分析法的特点是它能揭示出指标之间的差异，从而反映企业财务状况和经营成果的变动及其趋势。

1. 比较分析法的比较对象

（1）与前期实际指标比较。通过与前期实际指标比较，可以了解企业财务状况的变化趋势，从一个动态的角度来认识企业的财务状况和经营成果，找出其中存在的各种问题，并从中吸取相关经验，为今后的工作指明方向。

（2）与同类企业指标比较。将本期实际指标与行业平均水平或行业先进水平相比，可以找出企业在行业中的位置，及时发现与同行其他企业之间的差距，这有利于该企业制定正确的战略方针，增强企业的竞争能力。

（3）与预算指标比较。将本期实际指标与预算值相比较，可以考核经营管理者受托责任的完成情况，从而为经营管理者参与企业收益分配提供了一个参考的标准。当实际指标偏离预期时，通过比较我们可以发现差异，并找出形成差异的原因，及时制定相应的措施予以控制。

2. 运用比较分析法时应注意的问题

在运用比较分析法时，应注意指标之间的可比性，若将可比性很差甚至无法比较的指标硬拉在一起进行对比，所得出结论的正确性也就值得怀疑，进而可能误导决策者的行为。具体来说，有以下几种因素可能影响到指标之间的可比性：

（1）会计政策和会计处理方法的选择。在不同的会计政策和会计处理方法下，同一指标会有不同的结果，而这些结果之间的差异并非由企业的财务状况和经营成果的变化而引起，这就使得不同会计处理口径下的指标之间具有不可比性。例如，甲乙两企业处于同一行业之中，两者资产规模相同，互为竞争对手。它们同时购进某一固定资产，价值为3 000万元，使用年限为5年，预计净残值为0。甲企业对该类固定资产采用双倍余额递减法计提折旧，这样，第一年应计提折旧1 200万元；乙企业采用平均年限法计提折旧，这样，第一年应计提600万元。如果该会计期间内乙企业利润比甲企业高600万元，显然，这个差异来源于会计处理口径的不同而并非盈利能力的差别。

（2）时间单位和时间跨度的一致性。在采用比较分析法时，不管是将实际指标与历史值比较、与行业平均水平比较，还是与预算指标比较，都必须保持指标之间所反映的时间跨度相同，否则，它们之间便不具备可比性。例如，某企业于2001年4月初注册成立，该年获利800万元，第二年获利900万元，但二者之间的差异并不表明该企业的获利能力有所上升，其原因在于第一年并未经历一个完整的会计年度。实际上800万元所反映的是该企业9个月的利润，而900万元反映的是该企业一个会计年度的利润，由于二者所反映的时间跨度不同，比较也就失去了意义。当然，上例中如果确定时间单位为月份或季度，则就具有了可比基础。

（3）企业的类型及规模的大小。在将实际指标与行业平均水平或行业先进水平作比较时，要注意到企业资产规模的大小，不同资产规模的企业，指标之间的可比性比较差，特别是绝对数之间几乎没有可比性。

（二）比率分析法

1. 比率分析法的含义及作用

比率分析法是指将两个相互关联的指标加以比较，计算比率，据以解析和评价企业财务状况和经营成果的方法。比率分析法的比较标准与比较分析法相同：本期财务比率与前期财务比率比较、与行业平均水平比较以及与预算指标比较等。严格来说，比率分析法是一种特殊的比较分析法，只不过比较分析法采用的是绝对数作比较，而比率分析法采用的是相对数作比较。采用绝对数作比较不能深入揭示事物的内在矛盾，而比率分析是从财务现象到财务本质的一种深化，使原不可比的指标之间建立起广泛的可比性，进一步拓宽了财务分析的视野。

2. 财务比率的类型

根据不同的划分标准，财务比率有不同的类型。按照形成比率的两个指标之间的关系，财务比率可以分为：结构比率、相关比率和趋势比率。

（1）结构比率。结构比率是指财务指标的各个组成部分占总体的比重，它反映了部分与总体之间的关系。通过结构比率的比较，我们可以观察到总体的构成内容及其变化趋势，进而可以研究企业财务结构的合理性。例如，通过计算各项资产占资产总额的比重，我们可以研究该企业资产组合的合理性，可以研究经营风险的大小；通过计算各项债务占负债总额的比重，我们可以研究该企业债务结构的合理性，可以研究财务风险的大小。

（2）相关比率。相关比率是指将同一时期两个性质不同但又相互联系的财务指标进行比较，并计算其比率，进而来分析企业的财务状况和经营成果的方法。通过相关比率的比较可以从指标之间的联系中揭示出企业内在的财务能力和财务潜力。如将流动资产与流动负债加以对比，计算出流动比率就可以判断企业的短期偿债能力。

（3）趋势比率。趋势比率是指将同质指标的不同期间值加以比较所形成的比率，其作用在于揭示指标在不同期间的变化趋势和规律，为财务预测提供依据。趋势比率的计算主要有定基和环比两种形式。定基是指将各个期间的同质指标与某一固定基数作比较，以分析与基期相比的增长程度。环比则是将若干期间内的两个相邻期间的同质指标进行比较，通过这样的对比可以揭示出增长率和变化趋势。

（三）因素分析法

因素分析法是依据分析指标与其影响因素的关系，从数量上确定各因素对分析指标影响方向和影响程度的一种方法。因素分析法是将分析指标分解为各个可以计量的因素，并根据各个因素之间的依存关系，顺次用各因素的比较值（即实际值）替代基准值（即标准值或计划值），据以测定各因素对分析指标的影响。

【例 8-1】　某企业 2015 年 3 月某种原材料费用的实际数是 4 620 元，而其计划数是 4 000元。实际比计划增加 620 元。由于原材料费用是由产品产量、单位产品材料消耗量和材料单价三个因素的乘积构成的，因此，就可以把材料费用这一总指标分解为三个因素，然后逐个分析它们对材料费用总额的影响程度。现假定这三个因素的数值如表 8-1 所示。

表 8-1　　**产品产量、单位产品材料消耗量和材料单价**

项　目	单位	计划数	实际数
产品产量	件	100	110
单位产品材料消耗量	千克	8	7
材料单价	元	5	6
材料费用总额	元	4 000	4 620

根据表中资料，材料费用总额实际数较计划数增加 620 元，这是分析对象。运用连环替代法，可以计算各因素变动对材料费用总额的影响程度如下。

计划指标：100×8×5＝4 000（元）　①

第一次替代：　110×8×5＝4 400（元）　②

第二次替代： 110×7×5＝3 850（元） ③

第三次替代： 110×7×6＝4 620（元） ④（实际指标）

②-①＝4 400-4 000＝400（元） （产量增加的影响）

③-②＝3 850-4 400＝-550（元） （材料节约的影响）

④-③＝4 620-3 850＝770（元） （价格提高的影响）

400-550+770＝620（元）（全部因素的影响）

因素分析法既可以全面分析各因素对某一经济指标的影响，又可以单独分析某个因素对某一经济指标的影响，在财务分析中应用颇为广泛。但在应用这一方法时必须注意以下几个问题：

（1）因素分解的关联性。即确定构成经济指标的因素，必须客观上存在因果关系，要能够反映形成该项指标差异的内在构成原因，否则就失去了其存在的价值。

（2）因素替代的顺序性。替代因素时，必须按照各因素的依存关系，排列成一定的顺序并依次替代，不可随意加以颠倒，否则就会得出不同的计算结果。一般而言，确定正确排列因素的替代顺序的原则是，按分析对象的性质，从诸因素的相互依存关系出发，使分析结果有助于分清责任。在实际工作中，往往将这一原则具体为先替换数量指标，后替换质量指标；先替换实物指标，后替换价值量指标；先替换主要指标，后替换次要指标。

（3）顺序替代的连环性。因素分析法在计算每一个因素变动的影响时，都是在前一次计算的基础上进行的，并采用连环比较的方法确定因素变化的影响结果。因为只有保持计算顺序上的连环性，才能使各个因素影响之和等于分析指标变动的差异，以全面说明分析指标变动的原因。

（4）计算结果的假定性。由于因素分析法计算的各因素变动的影响数，会因替代计算顺序的不同而有差别，因而计算结果难免带有假定性，即它不可能使每个因素计算的结果都达到绝对的准确。它只是在某种假定前提下的影响结果，离开了这种假定前提条件，也就不会是这种影响结果。为此，分析时应力求使这种假定是合乎逻辑的假定，是具有实际经济意义的假定。这样，计算结果的假定性，才不至于妨碍分析的有效性。

项目二 财务指标分析体系

财务活动是一种复杂的经济活动，所以，单纯一种财务指标不能提供足以分析判断企业财务状况和经营成果的充分信息。只有分析一组指标，才能从某个侧面反映企业的财务状况和经营水平。根据财务分析的基本内容的要求，分析和评价企业财务状况与经营成果的指标包括偿债能力指标、营运能力指标、盈利能力指标和发展能力指标。现将后面举例时需要用到的ABC公司的资产负债表（见表8-2）和利润表（见表8-3）的内容列举如下。

资产负债表

表 8-2　　2015 年 12 月 31 日　　单位：万元

资　产	年初数	年末数	负债及所有者权益	年初数	年末数
流动资产：			流动负债：		
货币资金	800	900	短期借款	2 000	2 300
交易性金融资产	1 000	500	应付账款	1 000	1 200
应收账款	1 200	1 300	预收账款	300	400
预付款项	40	70	其他应付款	100	100
存货	4 000	5 200	流动负债合计	3 400	4 000
其他流动资产	60	80	非流动负债：		
流动资产合计	7 100	8 050	长期借款	2 000	2 500
非流动资产：			负债合计	5 400	6 500
持有至到期投资	400	400	所有者权益：		
固定资产	12 000	14 000	实收资本	12 000	12 000
无形资产	500	550	盈余公积	1 600	1 600
非流动资产合计	12 900	14 950	未分配利润	1 000	2 900
			所有者权益合计	14 600	16 500
资产总计	20 000	23 000	负债及所有者权益合计	20 000	23 000

利　润　表

表 8-3　　2015 年度　　单位：万元

项　目	上年数	本年数
一、营业收入	18 800	21 200
减：营业成本	10 900	12 400
营业税金及附加	1 080	1 200
销售费用	1 620	1 900
管理费用	800	1 000
财务费用	200	300
加：投资收益	300	300
二、营业利润	4 500	4 700
加：营业外收入	100	150
减：营业外支出	600	650
三、利润总额	4 000	4 200
减：所得税费用（税率为 25%）	1 000	1 050
四、净利润	3 000	3 150

一、偿债能力分析

偿债能力是指企业偿还到期债务（包括本息）的能力。偿债能力分析包括短期偿债能力分析和长期偿债能力分析。短期偿债能力反映企业以流动资产偿还债务的能力。长期偿债能力则分析企业以未来的现金流量偿还债务本息的能力。

（一）短期偿债能力分析

短期偿债能力是指企业流动资产偿还流动负债的能力，即企业偿还日常债务的能力。它是衡量企业当前财务能力，特别是流动资产变现能力的重要标志。因此，无论是投资人、债权人还是企业管理者都非常重视企业的短期偿债能力。

企业短期偿债能力的衡量指标主要有流动比率、速动比率和现金流动负债比率三项。

1. 流动比率

流动比率是流动资产与流动负债的比率，它表明企业每一元流动负债有多少流动资产作为偿还保证，反映企业可用在短期内转变为现金的流动资产偿还到期流动负债的能力。其计算公式为：

$$流动比率=\frac{流动资产}{流动负债}$$

一般情况下，流动比率越高，反映企业短期偿债能力越强，债权人的权益越有保证。国际上通常认为，流动比率的下限为 1，而流动比率等于 2 时较为适当，它表明企业财务状况稳定可靠，除了满足日常生产经营的流动资金需要外，还有足够的财力偿付到期短期债务。如果比例过低，则表示企业可能捉襟见肘，难以如期偿还债务。但时，流动比率也不可以过高，过高则表示企业流动资产占用较多，会影响资金的使用效率和企业的筹资成本，进而影响获利能力。究竟应保持多高水平的流动比率，主要视企业对待风险与收益的态度予以确定。

运用流动比率时，必须注意以下几个问题：

（1）虽然流动比率越高，企业偿还短期债务的流动资产保证程度越强，但这并不等于企业已有足够的现金或存款用来偿债。流动比率高也可能是存货积压、应收账款增多且收账期延长以及预付款项增加所致，而真正可用来偿债的现金和存款却严重短缺。所以，企业应在分析流动比率的基础上，进一步对现金流量加以考察。

（2）从短期债权人的角度看，自然希望流动比率越高越好。但从企业经营角度看，过高的流动比率通常意味着企业闲置现金的持有量过多，必然造成企业机会成本的增加和获利能力的降低。因此，企业应尽可能将流动比率维持在不使货币资金闲置的水平。

（3）流动比率是否合理，不同行业、不同企业以及同一企业不同时期的评价标准是不同的，因此，不应用统一的标准来评价各企业流动比率合理与否。

（4）在分析流动比率时应当剔除一些虚假因素的影响。

【例 8-2】　根据表 8-2，该公司 2015 年的流动比率如下：

$$年初流动比率=\frac{7\ 100}{3\ 400}=2.09 \qquad 年末流动比率=\frac{8\ 050}{4\ 000}=2.01$$

该公司本年年初和年末的流动比率均超过一般公认标准，反映该公司具有较强的短期偿债能力。

2. 速动比率

速动比率是企业速动资产与流动负债的比率。所谓速动资产，是指货币资金、金融交易性资产、应收票据、应收款项等的加总。由于速动资产变现能力较强，因此，速动比率较之流动比率能够更加准确、可靠地评价企业资产的流动性及其偿还短期负债的能力。其计算公式为：

$$速动比率=\frac{速动资产}{流动负债}$$

一般情况下，速动比率越高，表明企业偿还流动负债的能力越强。国际上通常认为，速动比率等于1时较为适当。如果速动比率小于1，必将使企业面临很大的偿债风险；如果速动比率大于1，尽管债务偿还的安全性很高，但却会因企业现金及应收账款资金占用过多而大大增加企业的机会成本。

【例8-3】　根据表8-2，该公司2015年的速动比率如下：

$$年初速动比率=\frac{800+1\ 000+1\ 200}{3\ 400}=0.88 \qquad 年末速动比率=\frac{900+500+1\ 300}{4\ 000}=0.68$$

分析表明该公司本年年末的速动比率比年初有所降低，虽然该公司流动比率超过一般公认标准，但由于流动资产中存货所占比重过大，导致公司速动比率未达到一般公认标准，公司的实际短期偿债能力并不理想，需采取措施加以扭转。

在分析时需注意，尽管速动比率较之流动比率更能反映出流动负债偿还的安全性和稳定性，但并不能认为速动比率较低的企业的流动负债到期绝对不能偿还。实际上，如果企业存货流转顺畅，变现能力较强，即使速动比率较低，只要流动比率高，企业仍然有望偿还到期的债务本息。

3. 现金流动负债比率

现金流动负债比率是企业一定时期的经营现金净流量同流动负债的比率，它可以从现金流量角度来反映企业当期偿付短期负债的能力。其计算公式为：

$$现金流动负债比率=\frac{年经营现金净流量}{年末流动负债}$$

其中，年经营现金净流量指一定时期内，企业经营活动所产生的现金及现金等价物流入量与流出量的差额。

现金流动负债比率从现金流入和流出的动态角度对企业的实际偿债能力进行考察。由于有利润的年份不一定有足够的现金（含现金等价物）来偿还债务，所以利用以收付实现制为基础计量的现金流动负债比率指标，能充分体现企业经营活动所产生的现金净流量可以在多大程度上保证当期流动负债的偿还，直观地反映出企业偿还流动负债的实际能力。用该指标评价企业偿债能力更加谨慎。该指标越大，表明企业经营活动产生的现金净流量越多，越能保障企业按期偿还到期债务，但也并不是越大越好，该指标过大则表明企业流动资金利用不充分，盈利能力不强。

【例8-4】　根据表8-2，同时假定该公司2014年度和2015年度的经营现金净流量分别是3 000万元和5 000万元（经营现金净流量的数据可以从公司的现金流量表中获得），则该公司2014年度和2015年度的现金流动负债比率分别为：

$$2014\text{年度的现金流动负债比率}=\frac{3\ 000}{3\ 400}=0.88$$

$$2015\text{年度的现金流动负债比率}=\frac{5\ 000}{4\ 000}=1.25$$

该公司本年度的现金流动负债比率比上年度有明显的提高，表明该公司的短期偿债能力增强。

（二）长期偿债能力分析

长期偿债能力，指企业偿还长期负债的能力。作为一个正常经营的企业，长期负债的偿还主要靠企业获得的利润，但从企业债权人借贷的最终安全性看，企业资产规模与负债规模的关系是至关重要的，因此，研究企业长期偿债能力可从盈利能力和资产规模两方面与长期偿债的关系入手。衡量长期偿债能力的指标主要有资产负债率、产权比率和已获利息倍数等。

1. 资产负债率

资产负债率又称负债比率，指企业负债总额对资产总额的比率。它表明企业资产总额中，债权人提供资金所占的比重以及企业资产对债权人权益的保障程度。其中负债总额不仅包括长期负债，还包括短期负债。这是因为短期负债作为一个整体，企业总是长期占用着，资产变现后首先要用来偿还短期负债，总资产在保障了短期负债后，才能保证长期负债的偿还，所以，出于稳健原则的考虑，将短期负债也包含在内一起计算。其计算公式为：

$$\text{资产负债率}=\frac{\text{负债总额}}{\text{资产总额}}\times 100\%$$

一般情况下，资产负债率越小，表明企业长期偿债能力越强。但是，也并非说该指标对谁都是越小越好。从债权人来说，该指标越小越好，这样企业偿债越有保证。从企业所有者来说，如果该指标较大，说明利用较少的自有资本投资形成了较多的生产经营用资产，不仅扩大了生产经营规模，而且在经营状况良好的情况下，还可以利用财务杠杆的原理，得到较多的投资利润；如果该指标过小则表明企业对财务杠杆利用不够。但资产负债率过大，则表明企业的债务负担重，企业资金实力不强，不仅对债权人不利，而且企业有濒临倒闭的危险。此外，企业的长期偿债能力与盈利能力密切相关，因此企业的经营决策者应当将偿债能力指标（风险）与盈利能力指标（收益）结合起来分析，予以平衡考虑。保守的观点认为资产负债率不应高于50%，而国际上通常认为资产负债率等于60%较为适当。

【例8-5】　根据表8-2，该公司2015年的资产负债率如下：

$$\text{年初资产负债率}=\frac{5\ 400}{20\ 000}\times 100\%=27\%$$

$$\text{年末资产负债率}=\frac{6\ 500}{23\ 000}\times 100\%=28.26\%$$

该公司本年年初和年末的资产负债率均不高，说明公司长期偿债能力较强，这样有助于增强债权人对公司出借资金的信心。

2. 产权比率

产权比率是指负债总额与所有者权益的比率，是企业财务结构稳健与否的重要标志，也称资本负债率。它反映企业所有者权益对债权人权益的保障程度。其计算公式为：

$$产权比率=\frac{负债总额}{所有者权益总额}\times 100\%$$

一般情况下，产权比率越低，表明企业的长期偿债能力越强，债权人权益的保障程度越高，承担的风险越小，但企业不能充分地发挥负债的财务杠杆效应。所以，企业在评价产权比率适度与否时，应从提高获利能力与增强偿债能力两个方面综合进行，即在保障债务偿还安全的前提下，尽可能提高产权比率。

【例 8-6】　根据表 8-2，该公司 2015 年的产权比率如下：

$$年初产权比率=\frac{5\ 400}{14\ 600}\times 100\%=36.99\%$$

$$年末产权比率=\frac{6\ 500}{16\ 500}\times 100\%=39.39\%$$

该公司本年年初和年末的产权比率都不高，同资产负债率的计算结果可相互印证，表明公司的长期偿债能力较强，债权人的保障程度较高。

3. 已获利息倍数

已获利息倍数，是指企业一定时期息税前利润与利息支出的比率，反映了获利能力对债务偿付的保证程度。其中，息税前利润总额指利润总额与利息支出的合计数，利息支出指财务费用中的利息和资本化利息的合计数。其计算公式为：

$$已获利息倍数=\frac{息税前利润总额}{利息支出}$$

已获利息倍数不仅反映了企业获利能力的大小，而且反映了获利能力对偿还到期债务的保证程度，它既是企业举债经营的前提依据，也是衡量企业长期偿债能力大小的重要标志。一般情况下，已获利息倍数越高，表明企业长期偿债能力越强。国际上通常认为，该指标为 3 较为适当。从长期来看，若要维持正常偿债能力，已获利息倍数至少应当大于 1，如果已获利息倍数过小，企业将面临亏损以及偿债的安全性与稳定性下降的风险。究竟企业已获利息倍数为多少，才算偿付能力强，这要根据往年经验并结合行业特点来判断。

【例 8-7】　根据表 8-3，同时假定表中财务费用全部为利息支出，该公司 2014 年度和 2015 年度的已获利息倍数分别为：

$$2014\ 年度的已获利息倍数=\frac{4\ 000+200}{200}=21$$

$$2015\ 年度的已获利息倍数=\frac{4\ 200+300}{300}=15$$

从以上的计算结果来看，应当说该公司 2014 年度和 2015 年度的已获利息倍数都较高，有较强的偿付负债利息的能力。进一步还需结合公司的情况和行业的特点进行判断。

二、营运能力分析

营运能力主要是指企业资产管理方面的效率，即企业资金周转能力。企业资金周转状况的好坏，既是企业购、产、销各方面活动的结果，也是企业生产经营工作质量和效果的反映。通过营运能力分析，可以了解企业的经营状况和管理水平，找出生产经营中存在的问题，采取措施，强化企业经营管理，合理利用资金，改善财务状况。营运能力的分析包括流动资产周转情况分析、固定资产周转情况分析以及总资产周转情况分析。

（一）流动资产周转情况分析

反映流动资产周转情况的指标主要有应收账款周转率、存货周转率和流动资产周转率。

1. 应收账款周转率

应收账款周转率是企业一定时期内营业收入净额与平均应收账款余额的比率，是反映应收账款周转速度的指标。其计算公式为：

$$应收账款周转率（周转次数）=\frac{营业收入净额}{平均应收账款余额}$$

其中：

$$营业收入净额=营业收入-销售折扣与折让$$

$$平均应收账款余额=（应收账款余额年初数+应收账款余额年末数）\div 2$$

$$应收账款周转期（周转天数）=\frac{平均应收账款余额\times 360}{营业收入净额}$$

应收账款周转率反映了企业应收账款变现速度的快慢及管理效率的高低，应收账款周转率高表明：（1）收账迅速，账龄较短；（2）资产流动性强，短期偿债能力强；（3）可以减少收账费用和坏账损失，从而相对增加企业流动资产的投资收益。同时借助应收账款周转期与企业信用期限的比较，还可以评价购买单位的信用程度以及企业原定的信用条件是否适当。

【例 8-8】 根据表 8-2 和表 8-3，同时假定该公司 2013 年末的应收账款余额为1 100万元，该公司 2014 年度和 2015 年度应收账款周转率的计算如表 8-4 所示。

表 8-4 **应收账款周转率计算表** 单位：万元

项　目	2013 年	2014 年	2015 年
营业收入		18 800	21 200
应收账款年末余额	1 100	1 200	1 300
平均应收账款余额		1 150	1 250
应收账款周转率（次）		16. 35	16. 96
应收账款周转期（天）		22. 02	21. 23

上述计算结果表明，该公司 2015 年度的应收账款周转率比 2014 年度略有改善，周转次数由 16. 35 次提高为 16. 96 次，周转天数由 22. 02 天缩短为 21. 23 天。这不仅说明公司

的营运能力有所增强，而且对流动资产的变现能力和周转速度也会起到促进作用。

2. 存货周转率

存货周转率是企业一定时期营业成本与平均存货余额的比率，是反映企业流动资产流动性的一个指标，也是衡量企业生产经营各环节中存货运营效率的一个综合性指标。其计算公式为：

$$存货周转率（周转次数）=\frac{营业成本}{平均存货余额}$$

其中：　平均存货余额=（存货余额年初数+存货余额年末数）÷2

$$存货周转期（周转天数）=\frac{平均存货余额\times 360}{营业成本}$$

存货周转速度的快慢，不仅反映出企业采购、储存、生产、销售各环节管理工作状况的好坏，而且对企业的偿债能力及获利能力产生决定性的影响。一般来讲，存货周转率越高越好，存货周转率越高，表明其变现的速度越快，周转额越大，资金占用水平越低。因此，通过存货周转分析，有利于找出存货管理存在的问题，尽可能降低资金占用水平。存货既不能储存过少，以避免造成生产中断或销售紧张；存货又不能储存过多，以避免形成呆滞、积压。一定要保持结构合理、质量可靠。存货是流动资产的重要组成部分，其质量和流动性对企业流动比率具有举足轻重的影响，并进而影响企业的短期偿债能力。

【例 8-9】　根据表 8-2 和表 8-3，同时假定该公司 2013 年末的存货余额为 3 800 万元，该公司 2014 年度和 2015 年度的存货周转率的计算如表 8-5 所示。

表 8-5　**存货周转率计算表**　单位：万元

项　目	2013 年	2014 年	2015 年
营业成本		10 900	12 400
存货年末余额		4 000	5 200
平均存货余额		3 900	4 600
存货周转率（次）	3 800	2. 79	2. 70
存货周转期（天）		128. 81	133. 55

以上计算结果表明，该公司 2015 年度的存货周转率比 2014 年度有所延缓，存货周转次数由 2. 79 次降为 2. 70 次，周转天数由 128. 81 天增为 133. 55 天。这反映出该公司本年度的存货管理效率不如上年度，其原因可能与本年度存货增长幅度过大有关。

3. 流动资产周转率

流动资产周转率是企业一定时期营业收入净额与平均流动资产总额的比率，是反映企业流动资产周转速度的指标。其计算公式为：

$$流动资产周转率（周转次数）=\frac{营业收入净额}{平均流动资产总额}$$

其中：　营业收入净额=营业收入-销售折扣与折让

$$平均流动资产总额=(流动资产总额年初数+流动资产总额年末数)\div 2$$

$$流动资产周转期（周转天数）=\frac{平均流动资产总额\times 360}{营业收入净额}$$

在一定时期内，流动资产周转次数越多，表明以相同的流动资产完成的周转额越多，流动资产利用效果越好。从流动资产周转天数来看，周转一次所需要的天数越少，表明流动资产在经历生产和销售各阶段时所占用的时间越短。生产经营任何一个环节上的工作改善，都会反映到周转天数的缩短上来。

【例 8-10】　根据表 8-2 和表 8-3，同时假定该公司 2013 年末的流动资产总额为6 000万元，该公司 2014 年度和 2015 年度流动资产周转率的计算如表 8-6 所示。

表 8-6　　**流动资产周转率计算表**　　单位：万元

项　　目	2013 年	2014 年	2015 年
营业收入净额		18 800	21 200
流动资产年末总额	6 000	7 100	8 050
平均流动资产总额		6 550	7 575
流动资产周转率（次）		2. 87	2. 80
流动资产周转期（天）		125. 43	128. 63

上述计算表明，该公司 2015 年度的流动资产周转期比 2014 年度延缓了 3. 2 天，流动资金占用增加，增加占用的数额可计算如下：

(128. 63−125. 43) ×21 200÷360＝188. 44（万元）

（二）固定资产周转情况分析

反映固定资产周转情况的主要指标是固定资产周转率，它是企业一定时期营业收入净额与平均固定资产净值的比率，是衡量固定资产利用效率的一项指标。其计算公式为：

$$固定资产周转率（周转次数）=\frac{营业收入净额}{平均固定资产净值}$$

$$平均固定资产净值=（固定资产净值年初数+固定资产净值年末数）\div 2$$

$$固定资产周转期（周转天数）=\frac{平均固定资产净值\times 360}{营业收入净额}$$

一般情况下，固定资产周转率越高，表明企业固定资产利用充分，同时也表明企业固定资产投资得当，固定资产结构合理，能够充分发挥效率。反之，如果固定资产周转率不高，则表明固定资产使用效率不高，提供的生产成果不多，企业的营运能力不强。运用固定资产周转率时，需要考虑固定资产因计提折旧其净值在不断地减少以及因更新重置其净值突然增加的影响。同时，由于折旧方法的不同，可能影响其可比性。故在分析时，一定要剔除这些不可比因素。

【例 8-11】　根据表 8-2 和表 8-3，同时假定该公司 2013 年末的固定资产净值为11 800万元，该公司 2014 年度和 2015 年度固定资产周转率的计算如表 8-7 所示。

表 8-7　　固定资产周转率计算表　　单位：万元

项　　目	2013 年	2014 年	2015 年
营业收入净额		18 800	21 200
固定资产年末净值	11 800	12 000	14 000
平均固定资产净值		11 900	13 000
固定资产周转率（次）		1.58	1.63
固定资产周转期（天）		227.87	220.75

以上计算结果表明，公司 2015 年度的固定资产周转率比 2014 年度有所加快，其主要原因是固定资产净值的增加幅度低于营业收入的净增长幅度。这表明公司的营运能力有所提高。

（三）总资产周转情况分析

反映总资产周转情况的主要指标是总资产周转率，它是企业一定时期营业收入净额与平均资产总额的比值，可以用来反映企业全部资产的利用效率。其计算公式为：

$$总资产周转率（周转次数）=\frac{营业收入净额}{平均资产总额}$$

$$平均资产总额=(资产总额年初数+资产总额年末数)\div 2$$

$$总资产周转期（周转天数）=\frac{平均资产总额\times 360}{营业收入净额}$$

总资产周转率越高，表明企业全部资产的使用效率越高；反之，如果该指标较低，则说明企业利用全部资产进行经营的效率较差，最终会影响企业的盈利能力。企业应采取各项措施来提高企业的资产利用程度，比如提高销售收入或处理多余的资产。

【例 8-12】　根据表 8-2 和表 8-3，同时假定该公司 2013 年末的资产总额为 19 000 万元，该公司 2014 年度和 2015 年度总资产周转率的计算如表 8-8 所示。

表 8-8　　总资产周转率计算表　　单位：万元

项　　目	2013 年	2014 年	2015 年
营业收入净额		18 800	21 200
资产年末总额	19 000	20 000	23 000
平均资产总额		19 500	21 500
总资产周转率（次）		0.96	0.99
总资产周转期（天）		373.40	365.09

以上计算表明，该公司 2015 年度的总资产周转率比上年度略有加快。这是因为该公司固定资产平均净值的增长幅度（9.24%）虽低于营业收入的增长幅度（12.77%），但流动资产平均余额的增长幅度（15.65%）却大大高于营业收入的增长幅度，所以总资产

的利用效果难以大幅提高。

需要说明的是，在上述指标的计算中均以年度作为计算期，在实际中，计算期应视分析的需要而定，但应保持分子与分母在时间口径上的一致。如果资金占用的波动性较大，企业应采用更详细的资料进行计算。如果各期占用额比较稳定，波动不大，季度、年度的平均资金占用额也可以直接用期初数加期末数除以 2 的公式来计算。

三、盈利能力分析

盈利能力是指企业在一定时期内赚取利润的能力。不论是投资者、债权人还是企业管理部门都非常关心企业的盈利能力。投资者取得投资收益，债权人取得本息都有赖于企业的盈利能力，企业管理部门的业绩也体现在盈利水平上。评价企业盈利能力的指标通常有营业毛利率、营业净利率、盈余现金保障倍数、资产净利率、净资产收益率等指标。对于股份公司，还应分析每股收益、每股股利、市盈率和每股净资产等指标。

（一）营业毛利率

营业毛利率是营业毛利与营业收入的比率，也称为销售毛利率。它反映营业收入的初始获利能力，是营业净利率的最初基础。其计算公式为：

$$营业毛利率=\frac{营业毛利}{营业收入}\times100\%$$

其中：

$$营业毛利=营业收入-营业成本$$

营业毛利率指标越高，表明取得同样的营业收入的营业成本越低，营业收入的初始获利能力越强。

【例 8-13】　根据表 8-3，公司 2014 年度和 2015 年度的营业毛利率计算如表 8-9 所示。

表 8-9　　**营业毛利率计算表**　　单位：万元

项　　目	2014 年	2015 年
营业收入	18 800	21 200
营业成本	10 900	12 400
营业毛利	7 900	8 800
营业毛利率（%）	42.02	41.51

该公司 2015 年度营业毛利率下降，将对营业净利率产生直接负面的影响。

（二）营业净利率

营业净利率是企业一定时期的净利润与营业收入净额的比率，也称为销售净利率。它反映企业营业收入的收益水平，其计算公式为：

$$营业净利率=\frac{净利润}{营业收入净额}\times100\%$$

营业净利率越高，表明营业收入的收益水平越高。企业在增加营业收入的同时，必须相应地获得更多的净利润，才能使营业净利率保持不变或提高。

【例 8-14】　根据表 8-2 和表 8-3，该公司 2014 年度和 2015 年度的营业净利润率的计算如表 8-10 所示。

表 8-10　　**营业净利率计算表**　　单位：万元

项　目	2014 年	2015 年
净利润	3 000	3 150
营业收入净额	18 800	21 200
营业净利率（%）	15.96	14.86

从以上分析可以看出：该公司的营业净利润率呈下降趋势，通过分析可以看到，这种下降趋势主要是由于公司 2015 年的成本费用增加。公司应当深入检查导致成本费用上升的因素，改进有关工作，以便扭转效益指标下降的状况。

（三）盈余现金保障倍数

盈余现金保障倍数又称为利润含金量，是企业一定时期经营现金净流量与净利润的比率，反映了企业当期净利润中现金收益的保障程度和企业收益的质量，其计算公式为：

$$盈余现金保障倍数=\frac{经营现金净流量}{净利润}$$

盈余现金保障倍数是从现金流入和流出的动态角度，对企业收益的质量进行评价，在收付实现制的基础上，充分反映出企业当期净利润中有多少是有现金保障的。一般来说，当企业当期净利润大于 0 时，盈余现金保障倍数应当大于 1。该指标越大，表明企业经营活动产生的净利润对现金的贡献越大。

【例 8-15】　根据表 8-3，同时假定该公司 2014 年度和 2015 年度的经营现金净流量分别为 3 000 万元和 5 000 万元（经营现金净流量的数据可以从公司的现金流量表中获得），该公司 2014 年度和 2015 年度的盈余现金保障倍数的计算如表 8-11 所示。

表 8-11　　**盈余现金保障倍数**　　单位：万元

项　目	2014 年	2015 年
经营现金流量	3 000	5 000
净利润	3 000	3 150
盈余现金保障倍数	1	1.59

从以上计算结果可以看出，该公司 2014 年度的盈余现金保障倍数比 2013 年度有较大的提高，这是因为在净利润略有增长（增长 150 万元）的情况下，经营现金净流量有较大幅度的增长（增长 2 000 万元），表明该公司收益的流动性有所提高。

（四）资产净利率

资产净利率指企业一定时期的净利润与平均资产总额的比率。它是反映企业资产综合利用效果的指标。其计算公式为：

$$资产净利率=\frac{净利润}{平均资产总额}\times100\%$$

一般情况下，该指标越高，表明企业的资产利用效益越好，整个企业盈利能力越强，经营管理水平越高。资产净利率是一个综合指标，可以利用资产净利率来分析经营中存在的问题，提高营业净利率，加速资金周转。

【例 8-16】　根据表 8-2 和表 8-3，同时假定该公司 2013 年末资产总额为 19 000 万元。该公司 2014 年度和 2015 年度资产净利率的计算如表 8-12 所示。

表 8-12　　　　**资产净利率**　　　　单位：万元

项　　目	2013 年	2014 年	2015 年
净利润		3 000	3 150
资产年末总额		20 000	23 000
平均资产总额	19 000	19 500	21 500
资产净利率（%）		15. 38	14. 65

计算结果表明，该公司 2015 年度的资产综合利用效率不如 2014 年度，需要对公司资产的使用情况、增产节约工作等情况作进一步的分析考察，以便改进管理，提高效益。

（五）净资产收益率

净资产收益率是企业一定时期净利润与平均净资产的比率，也称权益净利率。它是反映自有资金投资收益水平的指标，是企业盈利能力指标的核心。其计算公式为：

$$净资产收益率=\frac{净利润}{平均净资产}\times100\%$$

其中：平均净资产=（所有者权益年初数+所有者权益年末数）÷2

净资产收益率是评价企业自有资本及其积累获取报酬水平的最具综合性与代表性的指标，反映企业资本运营的综合效益。该指标通用性强，适应范围广，不受行业局限，在国际上的企业综合评价中使用率非常高。通过对该指标的综合对比分析，可以看出企业获利能力在同行业中所处的地位以及与同类企业的差异水平。一般认为，净资产收益率越高，企业自有资本获取收益的能力越强，运营效益越好，对企业投资人、债权人的保证程度越高。具体分析详见本章杜邦财务分析体系。

【例 8-17】　根据表 8-2 和表 8-3，同时假定该公司 2013 年末净资产为 13 000 万元。该公司 2014 年度和 2015 年度净资产收益率的计算如表 8-13 所示。

表 8-13　　**净资产收益率**　　单位：万元

项　　目	2013 年	2014 年	2015 年
净利润		3 000	3 150
年末净资产额		14 600	16 500
平均净资产	13 000	13 800	15 550
净资产收益率（%）		21. 74	20. 26

该公司 2015 年度的净资产收益率比 2014 年度降低了，这是因为该公司净资产的增长快于净利润的增长。根据前列资料可以求得，该公司净资产的增长率为 12. 68%，而净利润的增长率为 5%。

（六）每股收益

每股收益，也称每股利润或每股盈余，指上市公司本年净利润与年末普通股总数的比率，反映普通股的获利水平，是衡量上市公司盈利能力最常用的财务分析指标。其计算公式为：

$$每股收益=\frac{净利润}{年末普通股总数}$$

上式中的分母也可以用普通股平均股数表示，按平均股数计算的每股收益指标可按下列公式进行分解：

$$每股收益=\frac{净利润}{普通股平均股数}=\frac{净利润}{平均净资产}\times\frac{平均净资产}{普通股平均股数}$$

$$=权益净利率\times平均每股净资产$$

由此公式可知，平均每股净资产和权益净利率是影响每股收益的两个主要因素。平均每股净资产是指普通股权益与发行在外的普通股数的比率，该指标可帮助投资者了解每股的权益，并有助于潜在的投资者进行投资分析。

为了更好地反映普通股所取得的利润，每股收益也可以用净利润扣除优先股股利后的余额，除以发行在外的普通股平均股数来计算，此时的每股收益也成为每股盈余。其计算公式为：

$$每股收益=\frac{净利润-优先股股利}{发行在外的普通股平均股数}$$

（七）每股股利

每股股利是指上市公司本年发放的普通股现金股利总额与年末普通股总数的比率。它反映每一普通股获取股利的大小。其计算公式为：

$$每股股利=\frac{普通股现金股利总额}{年末普通股总数}$$

每股股利指标越高，股本获利能力越强。分析该指标时应注意公司所采用的股利分配政策，如果公司准备扩大规模，就可能少分股利多留利润，造成每股股利的减少，否则相反。一般认为，每股股利如能逐年持续稳定地增长，就能反映上市公司有良好的获利能力。

（八）市盈率

市盈率是上市公司普通股每股市价相当于每股收益的倍数，反映投资者对上市公司每股净利润愿意支付的价格，可以用来估计股票的投资报酬和风险。其计算公式为：

$$市盈率=\frac{普通股每股市价}{普通股每股收益}$$

市盈率是反映上市公司获利能力的一个重要财务比率，投资者对这个比率十分重视。这一比率是投资者作出投资决策的重要参考因素之一。一般来说，市盈率高，说明投资者对该公司的发展前景看好，愿意出较高的价格购买该公司股票，所以一些成长性较好的高科技公司股票的市盈率通常要高一些。但是，也应注意，如果某一种股票的市盈率过高，则也意味着这种股票具有较高的投资风险。

（九）每股净资产

每股净资产，也称每股账面价值，是上市公司年末净资产与年末普通股股数的比率。其计算公式为：

$$每股净资产=\frac{年末净资产}{年末普通股股数}$$

每股净资产并没有一个确定的标准，但是投资者可以比较分析公司历年每股净资产的变动趋势，以了解公司的发展能力和获利能力。

四、发展能力分析

发展能力通常是指企业未来生产经营活动的发展趋势和发展潜能。它主要是通过企业自身的生产经营活动不断扩大积累而形成的，主要依托于不断增长的销售收入、不断增加的资金投入和不断创造的利润等。分析发展能力主要考察以下六项指标：营业收入增长率、营业利润增长率、资本积累率、总资产增长率、营业收入三年平均增长率和资本三年平均增长率。

（一）营业收入增长率

营业收入增长率是企业本年营业收入增长额与上年营业收入总额的比率。它反映企业营业收入的增减变动情况，是评价企业成长状况和发展能力的重要指标。其计算公式为：

$$营业收入增长率=\frac{本年营业收入增长额}{上年营业收入总额}\times 100\%$$

其中：本年营业收入增长额=本年营业收入总额-上年营业收入总额

营业收入增长率是衡量企业经营状况和市场占有能力、预测企业经营业务拓展趋势的重要标志。不断增加的营业收入，是企业生存的基础和发展条件。该指标若大于0，表示企业本年的营业收入有所增长；指标值越高，表明增长速度越快，企业市场前景越好；若该指标小于0，则说明产品或服务不适销对路、质次价高，或是在售后服务等方面存在问题，市场份额萎缩。该指标在实际操作时，应结合企业历年的营业收入水平、企业市场占有情况、行业未来发展及其他影响企业发展的潜在因素进行前瞻性预测，或者结合企业前三年的营业收入增长率作出趋势性分析判断。

【例 8-18】 根据表 8-3，计算该公司 2015 年度的营业收入增长率为：

（21 200−18 800）/18 800×100%＝12.77%

（二）营业利润增长率

营业利润增长率是本期营业利润增长额与上年利润的比率。利润是企业经营业绩的结果，因此利润的增长是企业成长性的基本表现。其计算公式为：

$$营业利润增长率=\frac{本年营业利润增长额}{上年营业利润总额}\times 100\%$$

其中：本年营业利润增长额＝本年营业利润总额－上年营业利润总额

一般情况下，就利润增长率本身而言，利润增长率越大，说明企业收益增长得越多；相反，如果企业利润增长率越小，则说明企业收益增长得越少。具体分析时，应将利润增长率和营业收入增长率结合起来分析，如果它们能同时增长则表明企业盈利能力强，企业发展潜力大。

【例 8-19】 根据表 8-3，计算该公司 2015 年度的营业利润增长率为：

（4 700−4 500）÷4 500×100%＝4.44%

（三）资本积累率

资本积累率是企业本年所有者权益增长额与年初所有者权益的比率。它反映企业当年资本的积累能力，是评价企业发展潜力的重要指标。其计算公式为：

$$资本积累率=\frac{本年所有者权益增长额}{年初所有者权益}\times 100\%$$

其中：本年所有者权益增长额＝所有者权益年末数－所有者权益年初数

资本积累率是企业当年所有者权益总的增长率，反映了企业所有者权益在当年的变动水平，体现了企业资本的积累情况，是企业发展壮大的标志，也是企业扩大再生产的源泉，展示了企业的发展潜力。资本积累率还反映了投资者投入企业资本的保全性和增长性。该指标若大于 0，则指标越高表明企业的资本积累越多，应付风险、持续发展的能力越大；该指标如为负值，则表明企业资本受到侵蚀，所有者利益受到损害，应予充分重视。

【例 8-20】 根据表 8-2，计算该公司 2015 年度的资本积累率为：

（16 500−14 600）÷14 600×100%＝13.01%

（四）总资产增长率

总资产增长率是企业本年总资产增长额同年初资产总额的比率，它反映企业本期资产规模的增长情况。其计算公式为：

$$总资产增长率=\frac{本年总资产增长额}{年初资产总额}\times 100\%$$

其中：本年总资产增长额＝资产总额年末数－资产总额年初数

总资产增长率是从企业资产总量扩张方面衡量企业的发展能力，表明企业规模增长水平对企业发展后劲的影响。该指标越高，表明企业一定时期内资产经营规模扩张的速度越快。但在实际分析时，应注意考虑资产规模扩张的质和量的关系以及企业的后续发展能力，避免资产盲目扩张。

【例 8-21】 根据表 8-2，计算该公司 2015 年度的总资产增长率为：

（23 000−20 000）÷20 000×100%＝15%

（五）营业收入 3 年平均增长率

营业收入 3 年平均增长率表明企业营业收入连续 3 年的增长情况，体现企业的持续发展态势和市场扩张能力。其计算公式为：

$$营业收入3年平均增长率=\left(\sqrt[3]{\frac{本年营业收入总额}{3年前营业收入总额}}-1\right)\times 100\%$$

式中，3 年前营业收入总额指企业 3 年前的营业收入总额，比如在评价企业 2015 年的效绩状况时，则 3 年前营业收入总额是指 2012 年的营业收入总额。

营业收入是企业积累和发展的基础，该指标越高，表明企业积累的基础越牢，可持续发展能力越强，发展的潜力越大。利用营业收入 3 年平均增长率指标，能够反映企业经营业务的增长趋势和稳定程度，体现企业的连续发展状况和发展能力，避免因少数年份业务波动而对企业发展潜力的错误判断。一般认为，该指标越高，表明企业经营业务持续增长势头越好，市场扩张能力越强。

（六）资本 3 年平均增长率

资本 3 年平均增长率表示企业连续 3 年的积累情况，在一定程度上体现了企业的持续发展水平和发展趋势。其计算公式为：

$$资本3年平均增长率=\left(\sqrt[3]{\frac{当年末所有者权益总额}{3年前年末所有者权益总额}}-1\right)\times 100\%$$

式中，3 年前年末所有者权益指企业 3 年前的所有者权益年末数，比如在评价 2015 年企业效绩状况时，3 年前所有者权益年末数是指 2012 年年末数。

由于一般增长率指标在分析时具有“滞后”性，仅反映当期情况，而利用该指标，能够反映企业资本积累或资本扩张的历史发展状况以及企业稳步发展的趋势。一般认为，该指标越高，表明企业所有者权益得到的保障程度越大，企业可以长期使用的资金越充足，抗风险和持续发展的能力越强。

项目三 财务综合分析

一、财务综合分析的含义及特点

（一）财务综合分析的含义

财务分析的最终目的在于全方位地了解企业经营理财的状况，并借以对企业经济效益的优劣作出系统的、合理的评价。单独分析任何一项财务指标，都难以全面评价企业的财务状况和经营成果，要想对企业财务状况和经营成果有一个总的评价，就必须进行相互关联的分析，采用适当的标准进行综合性的评价。所谓财务综合分析就是将营运能力、偿债能力、盈利能力和发展能力等诸方面的分析纳入一个有机的整体之中，全面地对企业经营状况、财务状况进行揭示与披露，从而对企业经济效益的优劣作出准确的评价与判断。

（二）财务综合分析的特点

财务综合分析的特点，体现在对财务指标体系的要求上。一个健全有效的综合财务指标体系必须具备三个基本要素：

（1）指标要素齐全适当。这是指所设置的评价指标必须能够涵盖着企业营运能力、偿债能力和盈利能力等诸方面总体考核的要求。

（2）主辅指标功能匹配。这里要强调两个方面：第一，在确立营运能力、偿债能力和盈利能力诸方面评价的主要指标与辅助指标的同时，应进一步明晰总体结构中各项指标的主辅地位；第二，不同范畴的主要考核指标所反映的企业经营状况、财务状况的不同侧面与不同层次的信息应有机统一，并能够全面而详实地揭示出企业经营理财的实绩。

（3）满足多方信息需要。这要求评价指标体系必须能够提供多层次、多角度的信息资料，既能满足企业内部管理当局实施决策对财务信息的需要，同时又能满足外部投资者和政府凭以决策和实施宏观调控的要求。

二、财务综合分析的方法

财务综合分析的方法很多，其中应用比较广泛的有杜邦财务分析体系和财务比率评分方法。

（一）杜邦财务分析体系

杜邦财务分析体系（以下简称杜邦体系）是利用各财务指标间的内在关系，对企业综合经营理财及经济效益进行系统分析评价的方法。因其最初由美国杜邦公司创立并成功运用而得名。该体系以净资产收益率为核心，将其分解为若干财务指标，通过分析各分解指标的变动对净资产收益率的影响来揭示企业获利能力及其变动原因。

【例 8-22】 根据表 8-2 和表 8-3，可计算该公司 2015 年度杜邦财务分析体系中的各项指标如图 8-1 所示。

杜邦分析体系各主要指标之间的关系如下：

净资产收益率=总资产净利率×权益乘数

=营业净利率×总资产周转率×权益乘数

其中： 营业净利率=净利润÷营业收入净额

总资产周转率=营业收入净额÷平均资产总额

权益乘数=资产总额÷所有者权益总额=1+产权比率=1÷（1-资产负债率）

需要说明的是，由于净资产收益率、总资产净利率、营业净利率和总资产周转率都是时期指标，而权益乘数和资产负债率是时点指标，因此，为了使这些指标具有可比性，图中的权益乘数和资产负债率均采用的是本年年初和年末的平均值。

在具体运用杜邦体系进行分析时，可以采用前文所述的因素分析法，首先确定营业净利率、总资产周转率和权益乘数的基准值，然后顺次代入这三个指标的实际值，分别计算分析这三个指标的变动对净资产收益率的影响方向和程度，还可以使用因素分析法进一步分解各个指标并分析其变动的深层次原因，找出解决的方法。

【例 8-23】 根据表 8-2 和表 8-3 以及前文中的假定，运用连环替代法对 ABC 公司 2015 年度的净资产收益率进行分析。

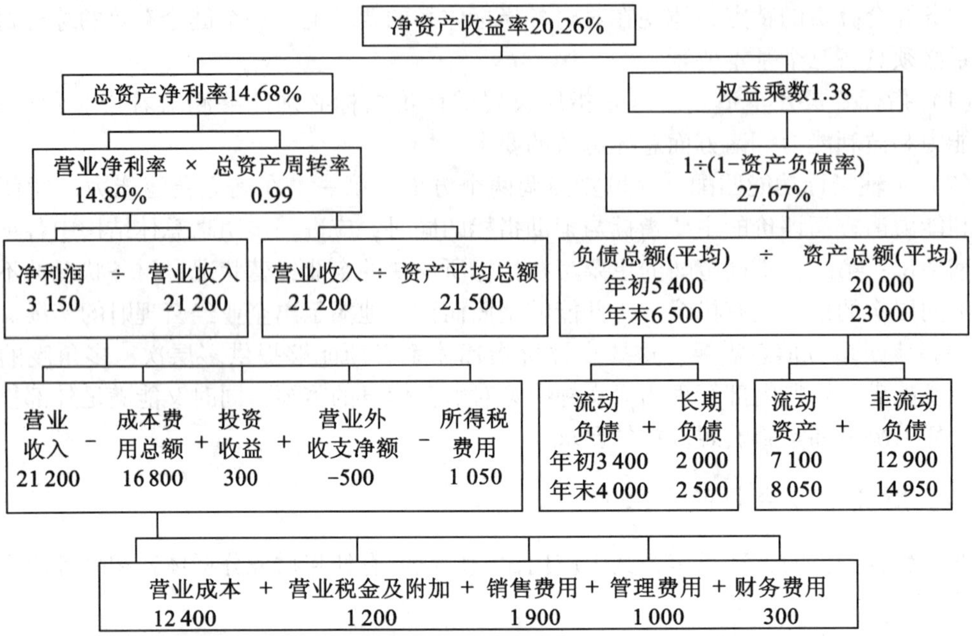

图 8-1　杜邦分析图

净资产收益率=营业净利率×总资产周转率×权益乘数

上年度指标：15.96%×0.96×1.41=21.60%　①

第一次替代：14.89%×0.96×1.41=20.16%　②

第二次替代：14.89%×0.99×1.41=20.78%　③

第三次替代：14.89%×0.99×1.38=20.34%　④

②-①=20.16%-21.60%=-1.44%　（营业净利率下降的影响）

③-②=20.78%-20.16%=0.62%　（总资产周转率略有上升的影响）

④-③=20.34%-20.78%=-0.44%　（权益乘数下降的影响）

该公司2010年度净资产收益率为16.17%，比2013年度净资产收益率17.29%下降了1.12%，正是这三个因素共同作用的结果，即：

(-1.44%+0.62%-0.44%) = -1.26%

上述指标之间的关系如下：

（1）净资产收益率是一个综合性最强的财务比率，是杜邦体系的核心。其他各项指标都是围绕这一核心，通过研究彼此间的依存制约关系而揭示企业的获利能力及其前因后果。财务管理的目标是使所有者财富最大化，净资产收益率反映所有者投入资金的获利能力，反映企业筹资、投资、资产运营等活动的效率，提高净资产收益率是实现财务管理目标的基本保证。该指标的高低取决于营业净利率、总资产周转率与权益乘数。

（2）营业净利率反映了企业净利润与营业收入的关系。提高营业净利率是提高企业盈利的关键，主要有两个途径：一是扩大营业收入，二是降低成本费用。

（3）总资产周转率揭示企业资产总额实现营业收入的综合能力。企业应当联系营业收入分析企业资产的使用是否合理，资产总额中流动资产和非流动资产的结构安排是否适当。此外，还必须对资产的内部结构以及影响资产周转率的各具体因素进行分析。

（4）权益乘数反映所有者权益与总资产的关系。权益乘数大，说明企业负债程度高，能给企业带来较大的财务杠杆利益，但同时也带来了较大的偿债风险。因此，企业既要合理使用全部资产，又要妥善安排资本结构。

通过杜邦体系自上而下地分析，不仅可以揭示出企业各项财务指标间的结构关系，查明各项主要指标变动的影响因素，而且为决策者优化经营理财状况，提高企业经营效益提供了思路。提高净资产收益率的根本途径在于扩大销售、节约成本、合理配置投资、加速资金周转、优化资本结构、确立风险意识等。

杜邦分析方法的指标设计也具有一定的局限性，它更偏重于企业所有者的利益。从杜邦体系来看，在其他因素不变的情况下，资产负债率越高，净资产收益就越高。这是因为利用较多负债，从而利用财务杠杆作用的结果，但是没有考虑财务风险的因素，负债越多，财务风险越大，偿债压力越大。因此还要结合其他指标综合分析。

（二）财务比率评分方法

1. 沃尔综合评分法

在进行财务分析时，人们遇到的一个主要困难就是计算出财务比率之后，无法判断它是偏高还是偏低。与本企业的历史比较，也只能看出自身的变化，却难以评价其在市场竞争中的优劣地位。为了弥补这些缺陷，美国银行家亚历山大·沃尔在其于20世纪初出版的《信用晴雨表研究》和《财务报表比率分析》等著作中提出了信用能力指数概念，将流动比率、产权比率、固定资产比率、存货周转率、应收账款周转率、固定资产周转率、自有资金周转率等七项财务比率用线性关系结合在一起，并分别给定各自的分数比重，总和为100分，然后确定标准比率，将实际比率与之进行比较，确定各项指标的得分及总体指标的累计分数，从而对企业的信用水平作出评价。

综合得分大于100，则说明企业的财务状况比较好；反之则说明企业的财务状况比同行业平均水平或者本企业历史先进水平要差。

对于沃尔综合评分法，一般认为它在理论上未能证明为何要选择这七个指标以及每个指标所占权重的合理性。同时，还存在一个技术问题，即由于某项指标得分是根据“相对比率”与“权重”的乘积来确立的，当某一指标严重异常时，会对总评分产生不合逻辑的重大影响。但尽管如此，它还是在实践中被广泛运用。

2. 现代综合评分法

现代社会与沃尔的时代相比，已有很大变化。一般认为企业财务分析与评价的内容首先是盈利能力，其次是偿债能力，此外还有发展能力，三者之间大致可按5∶3∶2来分配比重。反映盈利能力的主要指标是总资产净利率、销售净利率和净资产报酬率。虽然净资产报酬率最重要，但由于前两个指标已经分别使用了总资产和净利指标，为减少重复影响，三个指标可按2∶2∶1来分配比重。偿债能力有4个常用指标，发展能力有3个常用指标。现代综合评分法的指标和评分值分别如表8-14和表8-15所示。

表 8-14 **现代综合评分法的指标**

盈利能力	偿债能力	发展能力
资产净利率 销售净利率 净值报酬率	自有资本比率 流动比率 应收账款周转率 存货周转率	销售增长率 净利增长率 人均净利增长率

表 8-15 **现代综合评分法评分值**

指标	评分值	标准比率（%）	行业最高比率（%）	最高评分	最低评分	每分比率的差（%）
盈利能力：						
总资产净利率	20	10	20	30	10	1
销售净利率	20	4	20	30	10	1.6
净值报酬率	10	16	20	15	5	0.8
偿债能力：						
自有资本比率	8	40	100	12	4	15
流动比率	8	150	450	12	4	75
应收账款周转率	8	600	1 200	12	4	150
存货周转率	8	800	1 200	12	4	100
发展能力：						
销售增长率	6	15	30	9	3	5
净利增长率	6	10	20	9	3	3.3
人均净利增长率	6	10	20	9	3	3.3
合计	100			150	50	

标准比率应以本行业平均数为基础，适当进行理论修正。

在给每个指标评分时，应规定上限和下限，以减少个别指标异常对总分造成不合理的影响。上限可定为正常评分值的 1.5 倍，下限可定为正常评分值的 1/2。给分时不采用乘的关系，而是采用加或减的关系来处理，以克服沃尔综合评分法的缺点。例如，总资产净利率的标准值为 10%，标准评分为 20 分，行业最高比率为 20%，最高评分为 30 分，则每分比率的差为 1% [（20%-10%）÷（30 分-20 分）]。总资产净利率每提高 1%，多给 1 分，但该项得分不超过 30 分。现代综合评分法的关键技术是“标准评分值”的确定和“标准比率”的建立。某企业财务状况评分如表 8-16 所示。

表 8-16　　　　**某企业财务状况评分表**

指标	实际比率（%）①	标准比率（%）②	差异 ③=①-②	每分比率的差（%）④	调整分 ⑤=③/④	标准评分值 ⑥	得分 ⑦=⑤+⑥
盈利能力：							
总资产净利率	11.72	10	1.72	1	1.72	20	21.72
销售净利率	12.6	4	8.6	1.6	5.38	20	25.38
净值报酬率	16.17	16	0.17	0.8	0.21	10	10.21
偿债能力：							
自有资本比率	72	40	32	15	2.13	8	10.13
流动比率	201	150	51	75	0.68	8	8.68
应收账款周转率	1 600	600	1 000	150	6.67	8	14.67
存货周转率	265	800	-535	100	-5.35	8	2.65
发展能力：							
销售增长率	11.11	15	-3.89	5	-0.78	6	5.22
净利增长率	5	10	-5	3.3	-1.67	6	4.33
人均净利增长率	8	10	-2	3.3	-0.61	6	5.39
合计						100	108.38

该企业综合得分为 108.38 分，大于 100 分，说明企业财务状况较好。

思考与练习

一、单项选择题

1. 所有者在进行企业的财务分析时最关注的是（　　）。
   A. 企业的支付能力　　B. 企业的发展能力
   C. 投资的回报率　　D. 企业社会贡献的多少
2. 可用于企业财务状况趋势分析的方法为（　　）。
   A. 比较分析法　　B. 比率分析法
   C. 综合评分法　　D. 杜邦分析法
3. 关于因素分析法下列说法不正确的是（　　）。
   A. 在使用因素分析法时要注意因素替代的顺序性
   B. 使用因素分析法分析某一因素对分析指标的影响时，假定其他因素都不变
   C. 因素分析法包括连环替代法和差额分析法
   D. 不管顺序如何，因素分析法的计算结果都是相同的

4. 企业短期债权人（如赊销商）更加关心企业（　　）。

A. 资产的流动性　　B. 收益的稳定性

C. 资产负债率　　D. 债务结构

5. 下列各项中，不会影响流动比率的业务是（　　）。

A. 用现金购买短期债券　　B. 用现金购买固定资产

C. 接受投资者的追加投资　　D. 从银行取得长期借款

6. 下列项目中，不属于速动资产项目的是（　　）。

A. 现金　　B. 应收账款

C. 交易性金融资产　　D. 存货

7. 影响速动比率可信性的最主要因素是（　　）。

A. 存货的变现能力　　B. 交易性金融资产的变现能力

C. 固定资产的变现能力　　D. 应收账款的变现能力

8. 衡量企业偿还到期债务能力的直接标志是（　　）。

A. 有足够的存货　　B. 有足够的流动资产

C. 有足够的应收账款　　D. 有足够的现金

9. 较高的现金流动负债比率一方面会使企业资产的流动性较强，另一方面也会带来（　　）。

A. 存货购进的减少　　B. 销售机会的丧失

C. 利息的增加　　D. 机会成本的增加

10. 与产权比率比较，资产负债率评价企业偿债能力的侧重点是（　　）。

A. 揭示财务结构的稳健程度

B. 揭示债务偿付安全性的物质保障程度

C. 提示主权资本对偿债风险的承受能力

D. 揭示负债与资本的对应关系

11. 下列各项中，可能导致企业资产负债率变化的经济业务是（　　）。

A. 收回应收账款

B. 用现金购买债券

C. 接受所有者投资转入的固定资产

D. 以固定资产对外投资（账面价值=公允价值）

12. 产权比率与权益乘数的关系是（　　）。

A. 产权比率×权益乘数=1

B. 权益乘数=1/（1-产权比率）

C. 权益乘数=（1+产权比率）/产权比率

D. 权益乘数=1+产权比率

13. 关于已获利息倍数的说法错误的是（　　）。

A. 已获利息倍数不仅反映了获利能力而且反映了获利能力对偿还到期债务的保证程度

B. 已获利息倍数等于税前利润加利息支出

C. 已获利息倍数是衡量企业短期偿债能力的指标

D. 从稳健的角度出发，在进行已获利息倍数指标的同行业比较分析时，应以本企业该指标最低的年度数据作为分析依据

14. 对应收账款周转速度的表达中，正确的是（　　）。

A. 应收账款周转天数越长，周转速度越快

B. 计算应收账款周转率时，应收账款余额不应包括应收票据

C. 计算应收账款周转率时，应使用应收账款净额

D. 应收账款周转率越小，表明周转速度越快

15. 当在企业总资产周转率为 2 次时，会引起该指标下降的经济业务是（　　）。

A. 销售商品取得收入　　B. 借入一笔短期借款

C. 用银行存款购入一台设备　　D. 用银行存款支付材料款

16. 在收付实现制的基础上，充分反映出企业当期净利润中有多少是有现金保障的是（　　）。

A. 利息保障倍数　　B. 现金流量债务比

C. 每股收益　　D. 盈余现金保障倍数

17. 下列各项展开式中不等于每股收益的是（　　）。

A. 总资产收益率×平均每股净资产

B. 股东权益收益率×平均每股净资产

C. 总资产收益率×权益乘数×平均每股净资产

D. 销售净利润率×总资产周转率×权益乘数×平均每股净资产

18. 下列说法中错误的是（　　）。

A. 净资产收益率=总资产净利率×权益乘数

B. 净资产收益率=主营业务净利率×总资产周转率×权益乘数

C. 权益乘数=1+产权比率

D. 权益乘数=1-资产负债率

19. 设计资本积累率用来评价企业发展能力，体现了（　　）。

A. 资本积累约束　　B. 资金时间价值原则

C. 投资与收益对等原则　　D. 分配与积累并重原则

20. 下列说法中正确的是（　　）。

A. 速动比率很低的企业，其流动负债到期一定不能偿还

B. 产权比率越低越能够发挥负债的财务杠杆效应

C. 采用因素分析法时，当有若干因素对分析对象发生影响作用时，应假定其他各个因素都无变化

D. 固定资产周转率计算公式分母上使用的是平均固定资产原值

二、多项选择题

1. 财务分析主要以（　　）为依据，采用一系列专门的分析技术和方法，对企业的财务状况和经营成果进行评价和剖析。

A. 会计信息　B. 业务信息　C. 计划信息　D. 预算信息

2. 财务分析既是对已完成的财务活动的总结，又是财务预测的前提，在财务管理的循环中起着承上启下的作用。下列属于财务分析目的的有（　　）。

A. 是财务预测、决策与计划的基础和重要依据

B. 可以提供解决问题的现成方法

C. 对企业过去的财务状况和经营成果进行总结性分析和评价

D. 是挖掘潜力、改进工作、实现财务管理目标的重要手段

3. 比较分析法是指将两个或几个相关的同质指标进行比较，从中揭示出差异，并鉴别优劣的一种分析方法，可以是（　　）之间的比较。

A. 本期与前期比　B. 本企业与同行业比

C. 实际与预算比　D. 预算与前期比

4. 下列各项中属于相关比率指标的是（　　）。

A. 流动资产占总资产的比率　B. 流动比率

C. 速动比率　D. 成本利润率

5. 采用因素分析法应当注意的问题包括（　　）。

A. 因素分解的关联性　B. 因素替代的顺序性

C. 顺序替代的连环性　D. 计算结果的假定性

6. 财务分析的内容包括（　　）。

A. 偿债能力分析　B. 营运能力分析

C. 盈利能力分析　D. 发展能力分析

7. 如果企业的流动比率很高，可能是由于（　　）情况引起的。

A. 存货周转期过长　B. 现金闲置

C. 企业的流动资产占用较多　D. 应收账款周转过快

8. 影响速动比率的因素有（　　）。

A. 应收账款　B. 存货　C. 短期借款　D. 预付账款

9. 下列各项中（　　）能反映企业的长期偿债能力。

A. 资产负债率　B. 流动比率　C. 已获利息倍数　D. 速动比率

10. 下列说法正确的是（　　）。

A. 出于稳健原则的考虑，资本负债率中的负债既包括短期债务也包括长期债务

B. 产权比率反映企业所有者权益对债权人权益的保障程度

C. 资产负债率侧重于揭示财务结构的稳健程度

D. 资产负债率侧重于分析债务偿付安全性的物质保障程度

11. 资产负债率，对其正确的评价有（　　）。

A. 从债权人角度看，负债比率越大越好

B. 从债权人角度看，负债比率越小越好

C. 从股东角度看，负债比率越高越好

D. 从股东角度看，当全部资本利润率高于债务利息率时，负债比率越高越好

12. 已获利息倍数指标反映的企业财务层面包括（　　）。

A. 获利能力　　B. 长期偿债能力　　C. 短期偿债能力　　D. 发展能力

13. 分析企业营运能力的指标有（　　）。
A. 存货周转率　　B. 流动资产周转率
C. 应收账款周转率　　D. 资产净利润率

14. 应收账款的周转率越高，则（　　）。
A. 应收账款收回速度快　　B. 应收账款周转天数越短
C. 应收账款占用资金少　　D. 短期偿债能力越强

15. 对固定资产周转率的表述，正确的有（　　）。
A. 在销售收入净额一定的情况下，固定资产平均占用额越高，固定资产周转率越快
B. 如果企业资产总额及其构成都保持不变，则流动资产周转率越高，固定资产周转率越高
C. 固定资产平均占用额越低，销售收入净额越高，固定资产周转率越高
D. 流动资产周转率越高，则固定资产周转率越低

16. 反映企业盈利能力大小的指标有（　　）。
A. 股利支付率　　B. 流动比率　　C. 净资产收益率　　D. 销售净利率

17. 提高主营业务净利率的途径主要包括（　　）。
A. 扩大主营业务收入　　B. 减少主营业务收入
C. 降低成本费用　　D. 提高成本费用

18. 下列分析方法中，属于财务综合分析方法的是（　　）。
A. 趋势分析法　　B. 杜邦分析法
C. 沃尔比重分析法　　D. 因素分析法

19. 一个健全有效的综合财务指标体系应具备的条件有（　　）。
A. 指标要素齐全适当
B. 指标计算简便合理
C. 主辅指标功能匹配
D. 指标满足多方信息需要

20. 由杜邦分析体系可知，提高资产净利润率的途径有（　　）。
A. 加强负债管理，提高资产负债率
B. 增加资产流动性，提高流动比率
C. 加强销售管理，提高销售利润率
D. 加强资产管理，提高资产周转率

三、判断题

1. 企业的债权人往往比较关注企业资本的保值和增值状况。（　　）
2. 采用比率分析法时必须注意对比项目的相关性。（　　）
3. 流动比率较高时说明企业有足够的现金或存款用来偿债。（　　）
4. 存货周转率（次数）越多，说明存货周转越快，在主营业务成本不变的情况下，存货的资金占用水平越高。（　　）

5. 如果已获利息倍数低于1，则企业一定无法支付到期利息。(　　)

6. 现金流动负债比表明用现金偿还短期债务的能力，企业应尽量使其大于或等于1。(　　)

7. 权益乘数的高低取决于企业的资本结构，负债比重越高权益乘数越低，财务风险越大。(　　)

8. 资产负债率与产权比率的乘积等于1。(　　)

9. 当企业息税前资金利润率高于借入资金利率时，增加借入资金，可以提高自有资金利润率。(　　)

10. 既是企业盈利能力指标的核心，也是整个财务指标体系的核心的指标是净资产收益率。(　　)

四、计算分析题

1. A公司去年的销售净利率为5.73%，资产周转率为2.17，今年的销售净利率为4.88%，资产周转率为2.88，若两年的资产负债率都为50%。

要求：(1) 计算今年和去年的权益净利率。

(2) 今年的权益净利率与去年相比，其变化趋势是什么？

2. C公司为上市公司，2010年股东权益总额60 000万元，净利润额为8 000万元，没有优先股，发行在外的普通股数为2 000万股，年底每股市价50元，当年分配股利总额为2 400万元。

要求：计算公司2010年度的下列财务指标：

(1) 每股盈余；(2) 市盈率；(3) 每股股利；(4) 每股净资产。

3. 某企业上年主营业务收入净额为6 900万元，全部资产平均余额为2 760万元，流动资产为1 104万元；本年主营业务收入净额为7 938万元，全部资产平均余额为2 940万元，流动资产为1 323万元。

要求：(1) 计算上年与本年的全部资产周转率、流动资产周转率和资产结构比率(流动资产占全部资产比率)。

(2) 运用差额分析法计算流动资产周转率和资产结构比率变动对全部资产周转率的影响。

4. 某公司流动资产由速动资产和存货构成，年初存货为145万元，年初应收账款为125万元，年末流动比率为3，年末速动比率为1.5，存货周转率为4次，年末流动资产余额为270万元。一年按360天计算。

要求：(1) 计算公司流动负债年末余额。

(2) 计算公司存货年末余额和年平均余额。

(3) 计算公司本年销货成本。

(4) 假定本年赊销净额为960万元，应收账款以外的其他速动资产忽略不计，计算公司应收账款周转期。

5. A公司年末资产负债表见表8-17。该公司的年末流动比率为2；产权比率为0.7；以销售额和年末存货计算的存货周转率14次，以销售成本和年末存货计算的存货周转率为10次；本年销售毛利额为40 000元。

表 8-17　　**资产负债表**　　单为：元

资　　产		负债及所有者权益	
货币资金	5 000	应付账款	
应收账款净额		应交税金	7 500
存货		长期负债	
固定资产净额	50 000	实收资本	60 000
		未分配利润	
合计	85 000	合计	

要求：利用资产负债表中已有的数据和以上已知资料计算表中空缺的项目金额。

6. B 公司 2015 年度财务报表的主要资料见表 8-18、表 8-19。

表 8-18　　**资产负债表**

2015 年 12 月 31 日　　单位：万元

资　　产		负债及所有者权益	
现金（年初 764）	310	应付账款	516
应收账款（年初 1 156）	1 344	应付票据	336
存货（年初 700）	966	其他流动负债	468
流动资产合计	2 620	流动负债合计	1 320
固定资产净额（年初 1 170）	1 170	长期负债	1 026
		实收资本	1 444
资产总额（年初 3 790）	3 790	负债及所有者权益	3 790

表 8-19　　**损　益　表**

2015 年度　　单位：万元

销售收入	6 430
销售成本	5 570
毛利	860
管理费用	580
利息费用	98
税前利润	182
所得税	72
净利	110

要求：(1) 计算该公司财务比率（天数计算结果取整）并填列表 8-20。

(2) 与行业平均财务比率比较，说明该公司经营管理可能存在的问题。

表 8-20 **公司财务比率表**

比率名称	本 公 司	行业平均数
流动比率		1.98
资产负债率		62%
已获利息倍数		3.8
存货周转率		6 次
平均收现期		35 天
固定资产周转率（销售收入/平均固定资产净额）		13 次
总资产周转率		3 次
销售净利率		1.3%
资产净利率		3.4%
权益净利率		8.3%

7. D 公司有关财务资料见表 8-21。

表 8-21 **D 公司财务资料**

项 目	期初数	期末数	本期数或平均数
存货	2 400 万元	3 200 万元	
流动负债	2 000 万元	3 000 万元	
速动比率		0.8	
流动比率		1.8	
总资产周转次数			1.5
总资产			12 000 万元

该公司流动资产等于速动资产加存货。

要求（计算结果保留两位小数）：

(1) 计算公司流动资产的期初数与期末数。

(2) 计算公司本期销售收入。

(3) 计算公司本期流动资产平均余额和流动资产周转次数。

8. A 公司 2015 年 12 月 31 日资产负债简表见表 8-22 所示。

表 8-22

A 公司资产负债表

2015 年 12 月 31 日　　　　单位：元

资　　产	金　　额	负债及所有者权益	金　　额
货币资产	25 000	流动负债	—
应收账款净额	—	长期负债	—
存货	—	所有者权益	240 000
固定资产净额	294 000		
资产总计	—	负债及所有者权益合计	—

已知：A 公司 2015 年产品成本为 315 000 元，存货周转次数为 4.5 次；年末流动比率为 1.5；产权比率为 0.8，期初存货等于期末存货。

要求：根据上述资料计算 A 公司 2015 年 12 月 31 日资产负债表简表的下列项目的期末余额：

（1）资产总额；（2）存货；（3）应收账款净额；（4）流动负债；（5）长期负债。

9. 某公司 2015 年度有关财务资料如下：

（1）简略资产负债表见表 8-23。

表 8-23

资产负债表

2015 年 12 月 31 日　　　　单位：万元

资　产	年初数	年末数	负债及所有者权益	年初数	年末数
现金及有价证券	51	65	负债总额	74	134
应收账款	23	28	所有者权益总额	168	173
存货	16	19			
其他流动资产	21	14			
长期资产	131	181			
资　产	242	307	负债及所有者权益	242	307

（2）其他资料如下：2015 年实现主营业务收入净额 400 万元，销售成本 260 万元，管理费用 54 万元，销售费用 6 万元，财务费用 18 万元，其他收益 8 万元，所得税税率为 30%。

（3）2015 年有关财务指标如下：主营业务净利率 11%，总资产周转率 1.5，权益乘数 1.4。

要求：（1）计算 2015 年该公司的净资产收益率。

（2）采用连环替代法分析 2015 年净资产收益率指标变动的具体原因。

10. 某公司近三年的主要财务数据和财务比率见表 8-24。

表 8-24 **财务数据和财务比率**

	2013 年	2014 年	2015 年
销售额（万元）	4 000	4 300	3 800
总资产（万元）	1 430	1 560	1 695
普通股（万元）	100	100	100
保留盈余（万元）	500	550	550
所有者权益合计	600	650	650
流动比率	1.19	1.25	1.20
平均收现期（天）	18	22	27
存货周转率	8.0	7.5	5.5
债务/所有者权益	1.38	1.40	1.61
长期债务/所有者权益	0.5	0.46	0.46
销售毛利率	20.0%	16.3%	13.2%
销售净利率	7.5%	4.7%	2.6%
总资产周转率	2.80	2.76	2.24
总资产净利率	21%	13%	6%

假设该公司没有营业外收支和投资收益，所得税税率不变。

根据上述资料，请分析讨论以下问题：

（1）分析说明该公司运用资产获利能力的变化及其原因。

（2）分析说明该公司资产、负债和所有者权益的变化及其原因。

（3）假如你是该公司的财务经理，在 2010 年应从哪些方面改善公司的财务状况和经营业绩？

五、案例分析题

【案例 1】

Y 公司财务方案分析

以下是 Y 公司张总经理与财务负责人谢经理在 2015 年 7 月 1 日的一段对话记录：

张总经理："谢经理，公司近期经营情况不错，产销率呈上升趋势，根据市场营销部提供的营销报表，本年上半年销售量比上年同期上升了近 40%，营业收入上升了 30%，另外，各车间提供的成本资料显示，成本控制也取得了一定成效，可比产品单位成本较上年同期下降了 3%。根据这种情况，我与生产副总经理和营销副总经理商议，计划在下半年适当扩大生产能力和生产规模，但我们知道目前公司的资金比较紧张，因此，你这几天到银行再协调一下，看能否再贷一笔款项解决一下目前的资金压力。"

谢经理："张总，我不否认目前的销售状况有所好转，但从财务报表情况看，我建议还要慎重考虑贷款问题。"谢经理在发表该意见的同时，将报表交予张总，并就报表项目作了必要说明。

该公司财务报表数据摘要见表8-25、表8-26。

表8-25　　利 润 表　　单位：万元

项　　目	2014年1—6月	2015年1—6月
主营营业收入	2 540	3 520
主营营业成本	1 770	2 350
主营营业税金及附加	114	158
主营业务利润	656	1 012
营业费用	75	281
财务费用	56	64
管理费用	128	135
营业利润	397	532

表8-26　　资产负债表　　单位：万元

资产	2014-12-31	2015-6-30	负债及权益	2014-12-31	2015-6-30
现金	80	40	短期借款	150	150
短期投资	20	20	应付账款	42	38
应收账款	300	680	应付工资	12	18
减：坏账准备	10	30	应交税金	16	24
应收账款净额	290	650	一年内到期的长期借款	380	420
存货	200	150	流动负债合计	600	650
预付费用	30	24	长期借款	250	210
流动资产合计	620	884	负债合计	850	860
固定资产净值	830	780	实收资本	600	600
在建工程	300	300	资本公积	120	160
无形资产（土地使用权）	50	50	盈余公积	150	185
			未分配利润	80	419
			股东权益合计	950	1 364
资产总计	1 800	2 014	负债及权益总计	1 800	2 014

如果你是该公司财务负责人，是否会同意张总经理的提议？为什么？

【案例 2】

J 公司财务分析及运用

J 公司是一家从事产品生产的企业，2015 年主要财务指标见表 8-27。

表 8-27　**2015 年主要财务指标**

	1	2	3	4	5	6	7	8	9	10	11	12	平均
流动比率	2. 2	2. 3	2. 4	2. 2	2	1. 9	1. 8	1. 9	2	2. 1	2. 2	2. 2	2. 1
速动比率	0. 7	0. 8	0. 9	1	1. 1	1. 2	1. 2	1. 2	1. 1	1	0. 9	0. 8	0. 98
资产负债率（%）	52	55	60	55	53	50	42	45	46	48	50	52	51
资产净利率（%）	4	6	8	13	15	16	18	16	10	6	4	2	10
销售净利率（%）	7	8	8	9	10	11	12	11	10	8	8	7	9

（1）该公司流动比率和速动比率月平均为 2. 1 和 0. 98，说明该公司资金周转灵活，资产流动性好，生产经营效率高。

（2）流动比率和速动比率的不同是由存货引起的。该公司产品销售季节性强，第 2、3 季为旺季，第 1、4 季为淡季。为迎接旺季来临，淡季里提前几个月就开始生产制造了大批存货。

（3）资产净利率的大幅波动和相对稳定的销售净利率说明淡季资产周转率低，生产规模变小，或者有闲置资产。

流动比率与速动比率的差异见图 8-2。

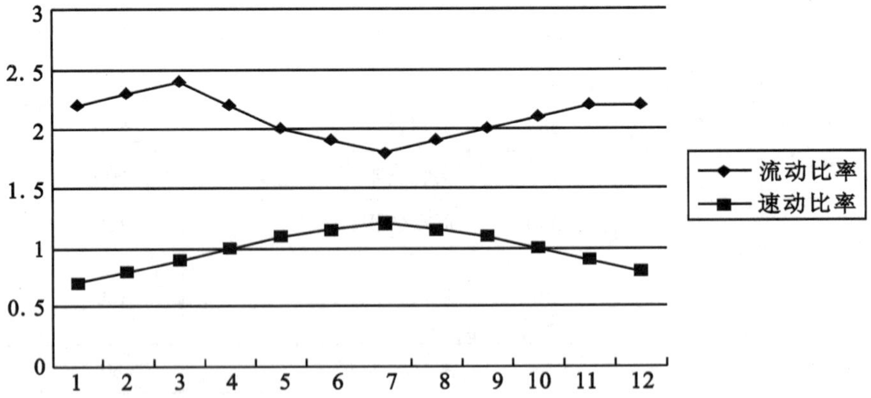

图 8-2

产生差异的原因有：

（1）存货。该公司产品销售季节性比较明显，夏季销量上升，库存减少，冬季库存增加。为应付销售高峰的来临，该公司于淡季增加库存，所以该公司的流动比率与速动比率的变动趋势才会产生差异。旺季速动比率高，淡季流动比率高。

（2）预付款。旺季原材料紧缺，为保持原材料的稳定来源，购买材料的预付款增多。

消除差异方法包括：

（1）消除差异最有效的办法就是减少存货，建立需求导向的管理体制，例如即时采购、即时送货，实现“零库存”，但需冒产品短缺的风险。

（2）建立稳定的供货渠道，或者产品链向下延伸，减少预付款。

资产负债率的变动见图 8-3。

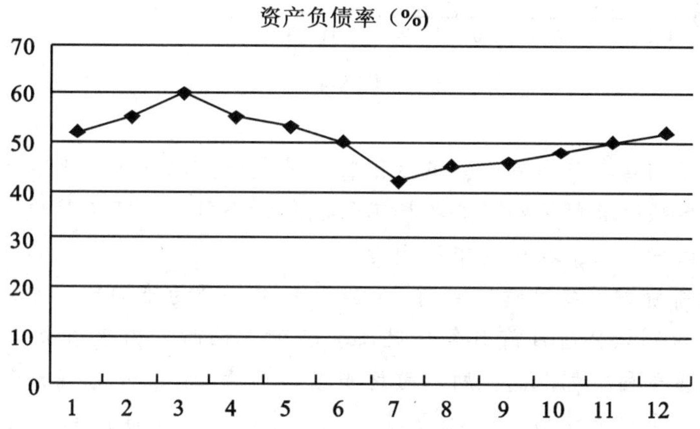

图 8-3

图中资产负债率从 1—12 月呈不断变化趋势，1—5 月及 12 月相对较高，6—11 月相对较低，最高点在 3 月份，最低在 7 月份。资产负债率变动与流动比率呈正相关关系。

资产负债率的这种变动说明该公司债务总额和资产总额相对来说是不断变化的，特别是流动资产和流动负债的变化。流动资产一般包括现金、有价证券、应收账款、存货及预付款等。流动负债主要包括短期借款、应付票据和应付账款等。这些项目在一年内不断变化，流动资产和流动负债变化的比例不同，所以资产负债率也不断变动。

其中，3 月资产负债率最高，公司此时存货也最多，公司销售不利，应收账款增多。存货占用了公司大量的流动资金，负债增多，尤其是短期借款和应付账款增多，所以该公司 3 月份资产负债率最高。

资产净利率与销售净利率的变动见图 8-4。

全年中资产净利率波动幅度很大，最低（12 月）2%，最高（7 月）18%，4、5、6、7、8 月资产净利率相对高出其他月份很多；全年的销售净利率波动幅度相对不大，相差仅 5 个百分点，最低（1、12 月）7%，最高（7 月）12%。总体来讲，二者变动趋势相同，反映了企业的获力能力旺季高，淡季低。

但是两者变动程度不完全一致，主要原因为：资产净利率不仅与销售净利率有关，而且与资产周转率有关，二者相互依赖。由于该公司产品具有比较明显的季节性，旺季时（夏季）销售收入大幅增加，资产周转率提高，从而使资产净利率相应提高。而该公司产

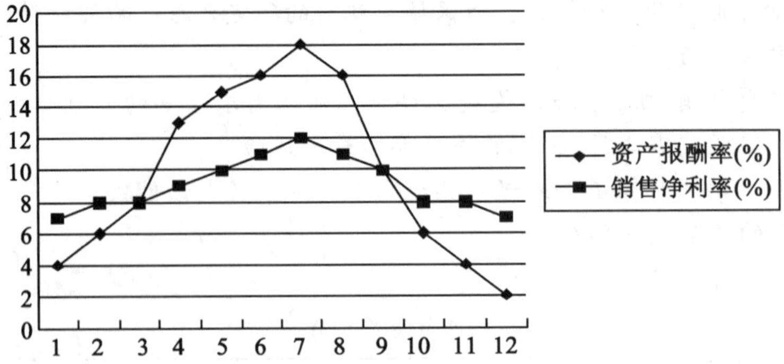

图 8-4

品的销售利润率受销售季节影响小，虽然销售数量减少，但价格变化不大。

通过公司的各项财务数据和财务指标不仅能分析公司的生产经营状况，还可以发现其在筹资和投资方面的特点，找出其中的问题。

（1）公司在筹资方面要注意的问题。J公司全年各月的流动比率平均为2.1，速动比率平均是0.98，说明该公司目前财务状况比较稳健。同时，由于该公司产品销售旺季时资产净利率和销售净利率都很高，所以可适当增加负债比例，充分发挥财务杠杆的作用。

（2）公司应采取的筹资方式。该公司生产经营性质为周期性的，所以应该依靠短期融资来解决生产高峰期间资金短缺问题，银行短期借款相对来讲成本较低，所以应该以银行短期借款为主要筹资渠道。如果公司不能从银行融通到短期资金，则应考虑股权融资，但会稀释每股净收益。当然，也可以向银行申请长期资金贷款，增加固定资产投资，于旺季时扩大生产规模，赚取更多收益。

在实践中，分析一个企业的筹资和投资决策时，要注意的问题很多，应特别注意多种因素综合考虑，不仅包括财务信息，还要注重非财务信息。

请根据上述资料，分析讨论以下问题：

（1）财务分析有哪些方面的作用？

（2）本例主要涉及财务分析哪些方面的内容？

（3）本案例中，相关分析指标如何结合运用来揭示财务状况？

参考文献

［1］财政部会计资格评价中心．财务管理．北京：中国财政经济出版社，2010.
［2］财政部会计资格评价中心．初级会计实务．北京：中国财政经济出版社，2010.
［3］杨春浦．财务管理．武汉：华中科技大学出版社，2007.
［4］马红光．财务管理．北京：人民邮电出版社，2010.
［5］孔德兰．企业财务管理．北京：中国财政经济出版社，2010.
［6］闫华红．中级财务管理．北京：北京大学出版社，2010.
［7］王庆成．财务管理学．北京：中国财政经济出版社，2010.
［8］廖保华，刘合华，彭浪．财务管理．上海：立信会计出版社，2008.
［9］张军．财务管理．北京：北京理工大学出版社，2010.
［10］袁建国，周丽媛．财务管理．大连．东北财经大学出版社，2008.
［11］秦志林．财务管理．北京：清华大学出版社，2007.
［12］张春敏，刘世青．财务管理实训．武汉：华中科技大学出版社，2007.
［13］中国注册会计师协会．财务成本管理．北京：中国财政经济出版社，2010.
［14］杨欣．财务管理实训与练习．北京：中国财政经济出版社，2007.
［15］一考通自考命题中心．管理会计．北京：国家行政学院出版社，2010.
［16］宋秋萍．财务管理实训教程．北京：中国财政经济出版社，2006.
［17］张鸣，王蔚松．财务管理学习题与案例．上海：上海财经大学出版社，2006.
［18］杨欣．企业财务管理——配套练习册．上海：立信会计出版社，2010.

附 录

附表一 复利终值系数表

期数	1%	2%	3%	4%	5%	6%	7%	8%	9%	10%	11%	12%	13%	14%	15%
1	1.0100	1.0200	1.0300	1.0400	1.0500	1.0600	1.0700	1.0800	1.0900	1.1000	1.1100	1.1200	1.1300	1.1400	1.1500
2	1.0201	1.0404	1.0609	1.0816	1.1025	1.1236	1.1449	1.1664	1.1881	1.2100	1.2321	1.2544	1.2769	1.2996	1.3225
3	1.0303	1.0612	1.0927	1.1249	1.1576	1.1910	1.2250	1.2597	1.2950	1.3310	1.3676	1.4049	1.4429	1.4815	1.5209
4	1.0406	1.0824	1.1255	1.1699	1.2155	1.2625	1.3108	1.3605	1.4116	1.4641	1.5181	1.5735	1.6305	1.6890	1.7490
5	1.0510	1.1041	1.1593	1.2167	1.2763	1.3382	1.4026	1.4693	1.5386	1.6105	1.6851	1.7623	1.8424	1.9254	2.0114
6	1.0615	1.1262	1.1941	1.2653	1.3401	1.4185	1.5007	1.5869	1.6771	1.7716	1.8704	1.9738	2.0820	2.1950	2.3131
7	1.0721	1.1487	1.2299	1.3159	1.4071	1.5036	1.6058	1.7138	1.8280	1.9487	2.0762	2.2107	2.3526	2.5023	2.6600
8	1.0829	1.1717	1.2668	1.3686	1.4775	1.5938	1.7182	1.8509	1.9926	2.1436	2.3045	2.4760	2.6584	2.8526	3.0590
9	1.0937	1.1951	1.3048	1.4233	1.5513	1.6895	1.8385	1.9990	2.1719	2.3579	2.5580	2.7731	3.0040	3.2519	3.5179
10	1.1046	1.2190	1.3439	1.4802	1.6289	1.7908	1.9672	2.1589	2.3674	2.5937	2.8394	3.1058	3.3946	3.7072	4.0456
期数	16%	17%	18%	19%	20%	21%	22%	23%	24%	25%	26%	27%	28%	29%	30%
1	1.1600	1.1700	1.1800	1.1900	1.2000	1.2100	1.2200	1.2300	1.2400	1.2500	1.2600	1.2700	1.2800	1.2900	1.3000
2	1.3456	1.3689	1.3924	1.4161	1.4400	1.4641	1.4884	1.5129	1.5376	1.5625	1.5876	1.6129	1.6384	1.6641	1.6900
3	1.5609	1.6016	1.6430	1.6852	1.7280	1.7716	1.8158	1.8609	1.9066	1.9531	2.0004	2.0484	2.0972	2.1467	2.1970
4	1.8106	1.8739	1.9388	2.0053	2.0736	2.1436	2.2153	2.2889	2.3642	2.4414	2.5205	2.6014	2.6844	2.7692	2.8561
5	2.1003	2.1924	2.2878	2.3864	2.4883	2.5937	2.7027	2.8153	2.9316	3.0518	3.1758	3.3038	3.4360	3.5723	3.7129
6	2.4364	2.5652	2.6996	2.8398	2.9860	3.1384	3.2973	3.4628	3.6352	3.8147	4.0015	4.1959	4.3980	4.6083	4.8268
7	2.8262	3.0012	3.1855	3.3793	3.5832	3.7975	4.0227	4.2593	4.5077	4.7684	5.0419	5.3288	5.6295	5.9447	6.2749
8	3.2784	3.5115	3.7589	4.0214	4.2998	4.5950	4.9077	5.2389	5.5895	5.9605	6.3528	6.7675	7.2058	7.6686	8.1573
9	3.8030	4.1084	4.4355	4.7854	5.1598	5.5599	5.9874	6.4439	6.9310	7.4506	8.0045	8.5948	9.2234	9.8925	10.6045
10	4.4114	4.8068	5.2338	5.6947	6.1917	6.7275	7.3046	7.9259	8.5944	9.3132	10.0857	10.9153	11.8059	12.7614	13.7858

续表

期数	1%	2%	3%	4%	5%	6%	7%	8%	9%	10%	11%	12%	13%	14%	15%
11	1.1157	1.2434	1.3842	1.5395	1.7103	1.8983	2.1049	2.3316	2.5804	2.8531	3.1518	3.4786	3.8359	4.2262	4.6524
12	1.1268	1.2682	1.4258	1.6010	1.7959	2.0122	2.2522	2.5182	2.8127	3.1384	3.4985	3.8960	4.3345	4.8179	5.3503
13	1.1381	1.2936	1.4685	1.6651	1.8856	2.1329	2.4098	2.7196	3.0658	3.4523	3.8833	4.3635	4.8980	5.4924	6.1528
14	1.1495	1.3195	1.5126	1.7317	1.9799	2.2609	2.5785	2.9372	3.3417	3.7975	4.3104	4.8871	5.5348	6.2613	7.0757
15	1.1610	1.3459	1.5580	1.8009	2.0789	2.3966	2.7590	3.1722	3.6425	4.1772	4.7846	5.4736	6.2543	7.1379	8.1371
16	1.1726	1.3728	1.6047	1.8730	2.1829	2.5404	2.9522	3.4259	3.9703	4.5950	5.3109	6.1304	7.0673	8.1372	9.3576
17	1.1843	1.4002	1.6528	1.9479	2.2920	2.6928	3.1588	3.7000	4.3276	5.0545	5.8951	6.8660	7.9861	9.2765	10.7613
18	1.1961	1.4282	1.7024	2.0258	2.4066	2.8543	3.3799	3.9960	4.7171	5.5599	6.5436	7.6900	9.0243	10.5752	12.3755
19	1.2081	1.4568	1.7535	2.1068	2.5270	3.0256	3.6165	4.3157	5.1417	6.1159	7.2633	8.6128	10.1974	12.0557	14.2318
20	1.2202	1.4859	1.8061	2.1911	2.6533	3.2071	3.8697	4.6610	5.6044	6.7275	8.0623	9.6463	11.5231	13.7435	16.3665
期数	16%	17%	18%	19%	20%	21%	22%	23%	24%	25%	26%	27%	28%	29%	30%
11	5.1173	5.6240	6.1759	6.7767	7.4301	8.1403	8.9117	9.7489	10.6571	11.6415	12.7080	13.8625	15.1116	16.4622	17.9216
12	5.9360	6.5801	7.2876	8.0642	8.9161	9.8497	10.8722	11.9912	13.2148	14.5519	16.0120	17.6053	19.3428	21.2362	23.2981
13	6.8858	7.6987	8.5994	9.5964	10.6993	11.9182	13.2641	14.7491	16.3863	18.1899	20.1752	22.3588	24.7588	27.3947	30.2875
14	7.9875	9.0075	10.1472	11.4198	12.8392	14.4210	16.1822	18.1414	20.3191	22.7374	25.4207	28.3957	31.6913	35.3391	39.3738
15	9.2655	10.5387	11.9737	13.5895	15.4070	17.4494	19.7423	22.3140	25.1956	28.4217	32.0301	36.0625	40.5648	45.5875	51.1859
16	10.7480	12.3303	14.1290	16.1715	18.4884	21.1138	24.0856	27.4462	31.2426	35.5271	40.3579	45.7994	51.9230	58.8079	66.5417
17	12.4677	14.4265	16.6722	19.2441	22.1861	25.5477	29.3844	33.7588	38.7408	44.4089	50.8510	58.1652	66.4614	75.8621	86.5042
18	14.4625	16.8790	19.6733	22.9005	26.6233	30.9127	35.8490	41.5233	48.0386	55.5112	64.0722	73.8698	85.0706	97.8622	112.4554
19	16.7765	19.7484	23.2144	27.2516	31.9480	37.4043	43.7358	51.0737	59.5679	69.3889	80.7310	93.8147	108.8904	126.2422	146.1920
20	19.4608	23.1056	27.3930	32.4294	38.3376	45.2593	53.3576	62.8206	73.8641	86.7362	101.7211	119.1446	139.3797	162.8524	190.0496

续表

期数	1%	2%	3%	4%	5%	6%	7%	8%	9%	10%	11%	12%	13%	14%	15%
21	1.2324	1.5157	1.8603	2.2788	2.7860	3.3996	4.1406	5.0338	6.1088	7.4002	8.9492	10.8038	13.0211	15.6676	18.8215
22	1.2447	1.5460	1.9161	2.3699	2.9253	3.6035	4.4304	5.4365	6.6586	8.1403	9.9336	12.1003	14.7138	17.8610	21.6447
23	1.2572	1.5769	1.9736	2.4647	3.0715	3.8197	4.7405	5.8715	7.2579	8.9543	11.0263	13.5523	16.6266	20.3616	24.8915
24	1.2697	1.6084	2.0328	2.5633	3.2251	4.0489	5.0724	6.3412	7.9111	9.8497	12.2392	15.1786	18.7881	23.2122	28.6252
25	1.2824	1.6406	2.0938	2.6658	3.3864	4.2919	5.4274	6.8485	8.6231	10.8347	13.5855	17.0001	21.2305	26.4619	32.9190
26	1.2953	1.6734	2.1566	2.7725	3.5557	4.5494	5.8074	7.3964	9.3992	11.9182	15.0799	19.0401	23.9905	30.1666	37.8568
27	1.3082	1.7069	2.2213	2.8834	3.7335	4.8223	6.2139	7.9881	10.2451	13.1100	16.7387	21.3249	27.1093	34.3899	43.5353
28	1.3213	1.7410	2.2879	2.9987	3.9201	5.1117	6.6488	8.6271	11.1671	14.4210	18.5799	23.8839	30.6335	39.2045	50.0656
29	1.3345	1.7758	2.3566	3.1187	4.1161	5.4184	7.1143	9.3173	12.1722	15.8631	20.6237	26.7499	34.6158	44.6931	57.5755
30	1.3478	1.8114	2.4273	3.2434	4.3219	5.7435	7.6123	10.0627	13.2677	17.4494	22.8923	29.9599	39.1159	50.9502	66.2118
期数	16%	17%	18%	19%	20%	21%	22%	23%	24%	25%	26%	27%	28%	29%	30%
21	22.5745	27.0336	32.3238	38.5910	46.0051	54.7637	65.0963	77.2694	91.5915	108.4202	128.1685	151.3137	178.4060	210.0796	247.0645
22	26.1864	31.6293	38.1421	45.9233	55.2061	66.2641	79.4175	95.0413	113.5735	135.5253	161.4924	192.1683	228.3596	271.0027	321.1839
23	30.3762	37.0062	45.0076	54.6487	66.2474	80.1795	96.8894	116.9008	140.8312	169.4066	203.4804	244.0538	292.3003	349.5935	417.5391
24	35.2364	43.2973	53.1090	65.0320	79.4968	97.0172	118.2050	143.7880	174.6306	211.7582	256.3853	309.9483	374.1444	450.9756	542.8008
25	40.8742	50.6578	62.6686	77.3881	95.3962	117.3909	144.2101	176.8593	216.5420	264.6978	323.0454	393.6344	478.9049	581.7585	705.6410
26	47.4141	59.2697	73.9490	92.0918	114.4755	142.0429	175.9364	217.5369	268.5121	330.8722	407.0373	499.9157	612.9982	750.4685	917.3333
27	55.0004	69.3455	87.2598	109.5893	137.3706	171.8719	214.6424	267.5704	332.9550	413.5903	512.8670	634.8929	784.6377	968.1044	1192.5333
28	63.8004	81.1342	102.9666	130.4112	164.8447	207.9651	261.8637	329.1115	412.8642	516.9879	646.2124	806.3140	1004.3363	1248.8546	1550.2933
29	74.0085	94.9271	121.5005	155.1893	197.8136	251.6377	319.4737	404.8072	511.9516	646.2349	814.2276	1024.0187	1285.5504	1611.0225	2015.3813
30	85.8499	111.0647	143.3706	184.6753	237.3763	304.4816	389.7579	497.9129	634.8199	807.7936	1025.9267	1300.5038	1645.5046	2078.2190	2619.9956

附表二　复利现值系数表

期数	1%	2%	3%	4%	5%	6%	7%	8%	9%	10%	11%	12%	13%	14%	15%
1	0.9901	0.9804	0.9709	0.9615	0.9524	0.9434	0.9346	0.9259	0.9174	0.9091	0.9009	0.8929	0.8850	0.8772	0.8696
2	0.9803	0.9612	0.9426	0.9246	0.9070	0.8900	0.8734	0.8573	0.8417	0.8264	0.8116	0.7972	0.7831	0.7695	0.7561
3	0.9706	0.9423	0.9151	0.8890	0.8638	0.8396	0.8163	0.7938	0.7722	0.7513	0.7312	0.7118	0.6931	0.6750	0.6575
4	0.9610	0.9238	0.8885	0.8548	0.8227	0.7921	0.7629	0.7350	0.7084	0.6830	0.6587	0.6355	0.6133	0.5921	0.5718
5	0.9515	0.9057	0.8626	0.8219	0.7835	0.7473	0.7130	0.6806	0.6499	0.6209	0.5935	0.5674	0.5428	0.5194	0.4972
6	0.9420	0.8880	0.8375	0.7903	0.7462	0.7050	0.6663	0.6302	0.5963	0.5645	0.5346	0.5066	0.4803	0.4556	0.4323
7	0.9327	0.8706	0.8131	0.7599	0.7107	0.6651	0.6227	0.5835	0.5470	0.5132	0.4817	0.4523	0.4251	0.3996	0.3759
8	0.9235	0.8535	0.7894	0.7307	0.6768	0.6274	0.5820	0.5403	0.5019	0.4665	0.4339	0.4039	0.3762	0.3506	0.3269
9	0.9143	0.8368	0.7664	0.7026	0.6446	0.5919	0.5439	0.5002	0.4604	0.4241	0.3909	0.3606	0.3329	0.3075	0.2843
10	0.9053	0.8203	0.7441	0.6756	0.6139	0.5584	0.5083	0.4632	0.4224	0.3855	0.3522	0.3220	0.2946	0.2697	0.2472
期数	16%	17%	18%	19%	20%	21%	22%	23%	24%	25%	26%	27%	28%	29%	30%
1	0.8621	0.8547	0.8475	0.8403	0.8333	0.8264	0.8197	0.8130	0.8065	0.8000	0.7937	0.7874	0.7813	0.7752	0.7692
2	0.7432	0.7305	0.7182	0.7062	0.6944	0.6830	0.6719	0.6610	0.6504	0.6400	0.6299	0.6200	0.6104	0.6009	0.5917
3	0.6407	0.6244	0.6086	0.5934	0.5787	0.5645	0.5507	0.5374	0.5245	0.5120	0.4999	0.4882	0.4768	0.4658	0.4552
4	0.5523	0.5337	0.5158	0.4987	0.4823	0.4665	0.4514	0.4369	0.4230	0.4096	0.3968	0.3844	0.3725	0.3611	0.3501
5	0.4761	0.4561	0.4371	0.4190	0.4019	0.3855	0.3700	0.3552	0.3411	0.3277	0.3149	0.3027	0.2910	0.2799	0.2693
6	0.4104	0.3898	0.3704	0.3521	0.3349	0.3186	0.3033	0.2888	0.2751	0.2621	0.2499	0.2383	0.2274	0.2170	0.2072
7	0.3538	0.3332	0.3139	0.2959	0.2791	0.2633	0.2486	0.2348	0.2218	0.2097	0.1983	0.1877	0.1776	0.1682	0.1594
8	0.3050	0.2848	0.2660	0.2487	0.2326	0.2176	0.2038	0.1909	0.1789	0.1678	0.1574	0.1478	0.1388	0.1304	0.1226
9	0.2630	0.2434	0.2255	0.2090	0.1938	0.1799	0.1670	0.1552	0.1443	0.1342	0.1249	0.1164	0.1084	0.1011	0.0943
10	0.2267	0.2080	0.1911	0.1756	0.1615	0.1486	0.1369	0.1262	0.1164	0.1074	0.0992	0.0916	0.0847	0.0784	0.0725

续表

期数	1%	2%	3%	4%	5%	6%	7%	8%	9%	10%	11%	12%	13%	14%	15%
11	0.8963	0.8043	0.7224	0.6496	0.5847	0.5268	0.4751	0.4289	0.3875	0.3505	0.3173	0.2875	0.2607	0.2366	0.2149
12	0.8874	0.7885	0.7014	0.6246	0.5568	0.4970	0.4440	0.3971	0.3555	0.3186	0.2858	0.2567	0.2307	0.2076	0.1869
13	0.8787	0.7730	0.6810	0.6006	0.5303	0.4688	0.4150	0.3677	0.3262	0.2897	0.2575	0.2292	0.2042	0.1821	0.1625
14	0.8700	0.7579	0.6611	0.5775	0.5051	0.4423	0.3878	0.3405	0.2992	0.2633	0.2320	0.2046	0.1807	0.1597	0.1413
15	0.8613	0.7430	0.6419	0.5553	0.4810	0.4173	0.3624	0.3152	0.2745	0.2394	0.2090	0.1827	0.1599	0.1401	0.1229
16	0.8528	0.7284	0.6232	0.5339	0.4581	0.3936	0.3387	0.2919	0.2519	0.2176	0.1883	0.1631	0.1415	0.1229	0.1069
17	0.8444	0.7142	0.6050	0.5134	0.4363	0.3714	0.3166	0.2703	0.2311	0.1978	0.1696	0.1456	0.1252	0.1078	0.0929
18	0.8360	0.7002	0.5874	0.4936	0.4155	0.3503	0.2959	0.2502	0.2120	0.1799	0.1528	0.1300	0.1108	0.0946	0.0808
19	0.8277	0.6864	0.5703	0.4746	0.3957	0.3305	0.2765	0.2317	0.1945	0.1635	0.1377	0.1161	0.0981	0.0829	0.0703
20	0.8195	0.6730	0.5537	0.4564	0.3769	0.3118	0.2584	0.2145	0.1784	0.1486	0.1240	0.1037	0.0868	0.0728	0.0611
期数	16%	17%	18%	19%	20%	21%	22%	23%	24%	25%	26%	27%	28%	29%	30%
11	0.1954	0.1778	0.1619	0.1476	0.1346	0.1228	0.1122	0.1026	0.0938	0.0859	0.0787	0.0721	0.0662	0.0607	0.0558
12	0.1685	0.1520	0.1372	0.1240	0.1122	0.1015	0.0920	0.0834	0.0757	0.0687	0.0625	0.0568	0.0517	0.0471	0.0429
13	0.1452	0.1299	0.1163	0.1042	0.0935	0.0839	0.0754	0.0678	0.0610	0.0550	0.0496	0.0447	0.0404	0.0365	0.0330
14	0.1252	0.1110	0.0985	0.0876	0.0779	0.0693	0.0618	0.0551	0.0492	0.0440	0.0393	0.0352	0.0316	0.0283	0.0254
15	0.1079	0.0949	0.0835	0.0736	0.0649	0.0573	0.0507	0.0448	0.0397	0.0352	0.0312	0.0277	0.0247	0.0219	0.0195
16	0.0930	0.0811	0.0708	0.0618	0.0541	0.0474	0.0415	0.0364	0.0320	0.0281	0.0248	0.0218	0.0193	0.0170	0.0150
17	0.0802	0.0693	0.0600	0.0520	0.0451	0.0391	0.0340	0.0296	0.0258	0.0225	0.0197	0.0172	0.0150	0.0132	0.0116
18	0.0691	0.0592	0.0508	0.0437	0.0376	0.0323	0.0279	0.0241	0.0208	0.0180	0.0156	0.0135	0.0118	0.0102	0.0089
19	0.0596	0.0506	0.0431	0.0367	0.0313	0.0267	0.0229	0.0196	0.0168	0.0144	0.0124	0.0107	0.0092	0.0079	0.0068
20	0.0514	0.0433	0.0365	0.0308	0.0261	0.0221	0.0187	0.0159	0.0135	0.0115	0.0098	0.0084	0.0072	0.0061	0.0053

续表

期数	1%	2%	3%	4%	5%	6%	7%	8%	9%	10%	11%	12%	13%	14%	15%
21	0.8114	0.6598	0.5375	0.4388	0.3589	0.2942	0.2415	0.1987	0.1637	0.1351	0.1117	0.0926	0.0768	0.0638	0.0531
22	0.8034	0.6468	0.5219	0.4220	0.3418	0.2775	0.2257	0.1839	0.1502	0.1228	0.1007	0.0826	0.0680	0.0560	0.0462
23	0.7954	0.6342	0.5067	0.4057	0.3256	0.2618	0.2109	0.1703	0.1378	0.1117	0.0907	0.0738	0.0601	0.0491	0.0402
24	0.7876	0.6217	0.4919	0.3901	0.3101	0.2470	0.1971	0.1577	0.1264	0.1015	0.0817	0.0659	0.0532	0.0431	0.0349
25	0.7798	0.6095	0.4776	0.3751	0.2953	0.2330	0.1842	0.1460	0.1160	0.0923	0.0736	0.0588	0.0471	0.0378	0.0304
26	0.7720	0.5976	0.4637	0.3607	0.2812	0.2198	0.1722	0.1352	0.1064	0.0839	0.0663	0.0525	0.0417	0.0331	0.0264
27	0.7644	0.5859	0.4502	0.3468	0.2678	0.2074	0.1609	0.1252	0.0976	0.0763	0.0597	0.0469	0.0369	0.0291	0.0230
28	0.7568	0.5744	0.4371	0.3335	0.2551	0.1956	0.1504	0.1159	0.0895	0.0693	0.0538	0.0419	0.0326	0.0255	0.0200
29	0.7493	0.5631	0.4243	0.3207	0.2429	0.1846	0.1406	0.1073	0.0822	0.0630	0.0485	0.0374	0.0289	0.0224	0.0174
30	0.7419	0.5521	0.4120	0.3083	0.2314	0.1741	0.1314	0.0994	0.0754	0.0573	0.0437	0.0334	0.0256	0.0196	0.0151
期数	16%	17%	18%	19%	20%	21%	22%	23%	24%	25%	26%	27%	28%	29%	30%
21	0.0443	0.0370	0.0309	0.0259	0.0217	0.0183	0.0154	0.0129	0.0109	0.0092	0.0078	0.0066	0.0056	0.0048	0.0040
22	0.0382	0.0316	0.0262	0.0218	0.0181	0.0151	0.0126	0.0105	0.0088	0.0074	0.0062	0.0052	0.0044	0.0037	0.0031
23	0.0329	0.0270	0.0222	0.0183	0.0151	0.0125	0.0103	0.0086	0.0071	0.0059	0.0049	0.0041	0.0034	0.0029	0.0024
24	0.0284	0.0231	0.0188	0.0154	0.0126	0.0103	0.0085	0.0070	0.0057	0.0047	0.0039	0.0032	0.0027	0.0022	0.0018
25	0.0245	0.0197	0.0160	0.0129	0.0105	0.0085	0.0069	0.0057	0.0046	0.0038	0.0031	0.0025	0.0021	0.0017	0.0014
26	0.0211	0.0169	0.0135	0.0109	0.0087	0.0070	0.0057	0.0046	0.0037	0.0030	0.0025	0.0020	0.0016	0.0013	0.0011
27	0.0182	0.0144	0.0115	0.0091	0.0073	0.0058	0.0047	0.0037	0.0030	0.0024	0.0019	0.0016	0.0013	0.0010	0.0008
28	0.0157	0.0123	0.0097	0.0077	0.0061	0.0048	0.0038	0.0030	0.0024	0.0019	0.0015	0.0012	0.0010	0.0008	0.0006
29	0.0135	0.0105	0.0082	0.0064	0.0051	0.0040	0.0031	0.0025	0.0020	0.0015	0.0012	0.0010	0.0008	0.0006	0.0005
30	0.0116	0.0090	0.0070	0.0054	0.0042	0.0033	0.0026	0.0020	0.0016	0.0012	0.0010	0.0008	0.0006	0.0005	0.0004

附表三 年金终值系数表

期数	1%	2%	3%	4%	5%	6%	7%	8%	9%	10%	11%	12%	13%	14%	15%
1	1.0000	1.0000	1.0000	1.0000	1.0000	1.0000	1.0000	1.0000	1.0000	1.0000	1.0000	1.0000	1.0000	1.0000	1.0000
2	2.0100	2.0200	2.0300	2.0400	2.0500	2.0600	2.0700	2.0800	2.0900	2.1000	2.1100	2.1200	2.1300	2.1400	2.1500
3	3.0301	3.0604	3.0909	3.1216	3.1525	3.1836	3.2149	3.2464	3.2781	3.3100	3.3421	3.3744	3.4069	3.4396	3.4725
4	4.0604	4.1216	4.1836	4.2465	4.3101	4.3746	4.4399	4.5061	4.5731	4.6410	4.7097	4.7793	4.8498	4.9211	4.9934
5	5.1010	5.2040	5.3091	5.4163	5.5256	5.6371	5.7507	5.8666	5.9847	6.1051	6.2278	6.3528	6.4803	6.6101	6.7424
6	6.1520	6.3081	6.4684	6.6330	6.8019	6.9753	7.1533	7.3359	7.5233	7.7156	7.9129	8.1152	8.3227	8.5355	8.7537
7	7.2135	7.4343	7.6625	7.8983	8.1420	8.3938	8.6540	8.9228	9.2004	9.4872	9.7833	10.0890	10.4047	10.7305	11.0668
8	8.2857	8.5830	8.8923	9.2142	9.5491	9.8975	10.2598	10.6366	11.0285	11.4359	11.8594	12.2997	12.7573	13.2328	13.7268
9	9.3685	9.7546	10.1591	10.5828	11.0266	11.4913	11.9780	12.4876	13.0210	13.5795	14.1640	14.7757	15.4157	16.0853	16.7858
10	10.4622	10.9497	11.4639	12.0061	12.5779	13.1808	13.8164	14.4866	15.1929	15.9374	16.7220	17.5487	18.4197	19.3373	20.3037
期数	16%	17%	18%	19%	20%	21%	22%	23%	24%	25%	26%	27%	28%	29%	30%
1	1.0000	1.0000	1.0000	1.0000	1.0000	1.0000	1.0000	1.0000	1.0000	1.0000	1.0000	1.0000	1.0000	1.0000	1.0000
2	2.1600	2.1700	2.1800	2.1900	2.2000	2.2100	2.2200	2.2300	2.2400	2.2500	2.2600	2.2700	2.2800	2.2900	2.3000
3	3.5056	3.5389	3.5724	3.6061	3.6400	3.6741	3.7084	3.7429	3.7776	3.8125	3.8476	3.8829	3.9184	3.9541	3.9900
4	5.0665	5.1405	5.2154	5.2913	5.3680	5.4457	5.5242	5.6038	5.6842	5.7656	5.8480	5.9313	6.0156	6.1008	6.1870
5	6.8771	7.0144	7.1542	7.2966	7.4416	7.5892	7.7396	7.8926	8.0484	8.2070	8.3684	8.5327	8.6999	8.8700	9.0431
6	8.9775	9.2068	9.4420	9.6830	9.9299	10.1830	10.4423	10.7079	10.9801	11.2588	11.5442	11.8366	12.1359	12.4423	12.7560
7	11.4139	11.7720	12.1415	12.5227	12.9159	13.3214	13.7396	14.1708	14.6153	15.0735	15.5458	16.0324	16.5339	17.0506	17.5828
8	14.2401	14.7733	15.3270	15.9020	16.4991	17.1189	17.7623	18.4300	19.1229	19.8419	20.5876	21.3612	22.1634	22.9953	23.8577
9	17.5185	18.2847	19.0859	19.9234	20.7989	21.7139	22.6700	23.6690	24.7125	25.8023	26.9404	28.1287	29.3692	30.6639	32.0150
10	21.3215	22.3931	23.5213	24.7089	25.9587	27.2738	28.6574	30.1128	31.6434	33.2529	34.9449	36.7235	38.5926	40.5564	42.6195

续表

期数	1%	2%	3%	4%	5%	6%	7%	8%	9%	10%	11%	12%	13%	14%	15%
11	11.5668	12.1687	12.8078	13.4864	14.2068	14.9716	15.7836	16.6455	17.5603	18.5312	19.5614	20.6546	21.8143	23.0445	24.3493
12	12.6825	13.4121	14.1920	15.0258	15.9171	16.8699	17.8885	18.9771	20.1407	21.3843	22.7132	24.1331	25.6502	27.2707	29.0017
13	13.8093	14.6803	15.6178	16.6268	17.7130	18.8821	20.1406	21.4953	22.9534	24.5227	26.2116	28.0291	29.9847	32.0887	34.3519
14	14.9474	15.9739	17.0863	18.2919	19.5986	21.0151	22.5505	24.2149	26.0192	27.9750	30.0949	32.3926	34.8827	37.5811	40.5047
15	16.0969	17.2934	18.5989	20.0236	21.5786	23.2760	25.1290	27.1521	29.3609	31.7725	34.4054	37.2797	40.4175	43.8424	47.5804
16	17.2579	18.6393	20.1569	21.8245	23.6575	25.6725	27.8881	30.3243	33.0034	35.9497	39.1899	42.7533	46.6717	50.9804	55.7175
17	18.4304	20.0121	21.7616	23.6975	25.8404	28.2129	30.8402	33.7502	36.9737	40.5447	44.5008	48.8837	53.7391	59.1176	65.0751
18	19.6147	21.4123	23.4144	25.6454	28.1324	30.9057	33.9990	37.4502	41.3013	45.5992	50.3959	55.7497	61.7251	68.3941	75.8364
19	20.8109	22.8406	25.1169	27.6712	30.5390	33.7600	37.3790	41.4463	46.0185	51.1591	56.9395	63.4397	70.7494	78.9692	88.2118
20	22.0190	24.2974	26.8704	29.7781	33.0660	36.7856	40.9955	45.7620	51.1601	57.2750	64.2028	72.0524	80.9468	91.0249	102.4436
期数	16%	17%	18%	19%	20%	21%	22%	23%	24%	25%	26%	27%	28%	29%	30%
11	25.7329	27.1999	28.7551	30.4035	32.1504	34.0013	35.9620	38.0388	40.2379	42.5661	45.0306	47.6388	50.3985	53.3178	56.4053
12	30.8502	32.8239	34.9311	37.1802	39.5805	42.1416	44.8737	47.7877	50.8950	54.2077	57.7386	61.5013	65.5100	69.7800	74.3270
13	36.7862	39.4040	42.2187	45.2445	48.4966	51.9913	55.7459	59.7788	64.1097	68.7596	73.7506	79.1066	84.8529	91.0161	97.6250
14	43.6720	47.1027	50.8180	54.8409	59.1959	63.9095	69.0100	74.5280	80.4961	86.9495	93.9258	101.4654	109.6117	118.4108	127.9125
15	51.6595	56.1101	60.9653	66.2607	72.0351	78.3305	85.1922	92.6694	100.8151	109.6868	119.3465	129.8611	141.3029	153.7500	167.2863
16	60.9250	66.6488	72.9390	79.8502	87.4421	95.7799	104.9345	114.9834	126.0108	138.1085	151.3766	165.9236	181.8677	199.3374	218.4722
17	71.6730	78.9792	87.0680	96.0218	105.9306	116.8937	129.0201	142.4295	157.2534	173.6357	191.7345	211.7230	233.7907	258.1453	285.0139
18	84.1407	93.4056	103.7403	115.2659	128.1167	142.4413	158.4045	176.1883	195.9942	218.0446	242.5855	269.8882	300.2521	334.0074	371.5180
19	98.6032	110.2846	123.4135	138.1664	154.7400	173.3540	194.2535	217.7116	244.0328	273.5558	306.6577	343.7580	385.3227	431.8696	483.9734
20	115.3797	130.0329	146.6280	165.4180	186.6880	210.7584	237.9893	268.7853	303.6006	342.9447	387.3887	437.5726	494.2131	558.1118	630.1655

续表

期数	1%	2%	3%	4%	5%	6%	7%	8%	9%	10%	11%	12%	13%	14%	15%
21	23.2392	25.7833	28.6765	31.9692	35.7193	39.9927	44.8652	50.4229	56.7645	64.0025	72.2651	81.6987	92.4699	104.7684	118.8101
22	24.4716	27.2990	30.5368	34.2480	38.5052	43.3923	49.0057	55.4568	62.8733	71.4027	81.2143	92.5026	105.4910	120.4360	137.6316
23	25.7163	28.8450	32.4529	36.6179	41.4305	46.9958	53.4361	60.8933	69.5319	79.5430	91.1479	104.6029	120.2048	138.2970	159.2764
24	26.9735	30.4219	34.4265	39.0826	44.5020	50.8156	58.1767	66.7648	76.7898	88.4973	102.1742	118.1552	136.8315	158.6586	184.1678
25	28.2432	32.0303	36.4593	41.6459	47.7271	54.8645	63.2490	73.1059	84.7009	98.3471	114.4133	133.3339	155.6196	181.8708	212.7930
26	29.5256	33.6709	38.5530	44.3117	51.1135	59.1564	68.6765	79.9544	93.3240	109.1818	127.9988	150.3339	176.8501	208.3327	245.7120
27	30.8209	35.3443	40.7096	47.0842	54.6691	63.7058	74.4838	87.3508	102.7231	121.0999	143.0786	169.3740	200.8406	238.4993	283.5688
28	32.1291	37.0512	42.9309	49.9676	58.4026	68.5281	80.6977	95.3388	112.9682	134.2099	159.8173	190.6989	227.9499	272.8892	327.1041
29	33.4504	38.7922	45.2189	52.9663	62.3227	73.6398	87.3465	103.9659	124.1354	148.6309	178.3972	214.5828	258.5834	312.0937	377.1697
30	34.7849	40.5681	47.5754	56.0849	66.4388	79.0582	94.4608	113.2832	136.3075	164.4940	199.0209	241.3327	293.1992	356.7868	434.7451
期数	16%	17%	18%	19%	20%	21%	22%	23%	24%	25%	26%	27%	28%	29%	30%
21	134.8405	153.1385	174.0210	197.8474	225.0256	256.0176	291.3469	331.6059	377.4648	429.6809	489.1098	556.7173	633.5927	720.9642	820.2151
22	157.4150	180.1721	206.3448	236.4385	271.0307	310.7813	356.4432	408.8753	469.0563	538.1011	617.2783	708.0309	811.9987	931.0438	1067.2796
23	183.6014	211.8013	244.4868	282.3618	326.2369	377.0454	435.8607	503.9166	582.6298	673.6264	778.7707	900.1993	1040.3583	1202.0465	1388.4635
24	213.9776	248.8076	289.4945	337.0105	392.4842	457.2249	532.7501	620.8174	723.4610	843.0329	982.2511	1144.2531	1332.6586	1551.6400	1806.0026
25	249.2140	292.1049	342.6035	402.0425	471.9811	554.2422	650.9551	764.6054	898.0916	1054.7912	1238.6363	1454.2014	1706.8031	2002.6156	2348.8033
26	290.0883	342.7627	405.2721	479.4306	567.3773	671.6330	795.1653	941.4647	1114.6336	1319.4890	1561.6818	1847.8358	2185.7079	2584.3741	3054.4443
27	337.5024	402.0323	479.2211	571.5224	681.8528	813.6759	971.1016	1159.0016	1383.1457	1650.3612	1968.7191	2347.7515	2798.7061	3334.8426	3971.7776
28	392.5028	471.3778	566.4809	681.1116	819.2233	985.5479	1185.7440	1426.5719	1716.1007	2063.9515	2481.5860	2982.6444	3583.3438	4302.9470	5164.3109
29	456.3032	552.5121	669.4475	811.5228	984.0680	1193.5129	1447.6077	1755.6835	2128.9648	2580.9394	3127.7984	3788.9583	4587.6801	5551.8016	6714.6042
30	530.3117	647.4391	790.9480	966.7122	1181.8816	1445.1507	1767.0813	2160.4907	2640.9164	3227.1743	3942.0260	4812.9771	5873.2306	7162.8241	8729.9855

附表四　年金现值系数表

期数	1%	2%	3%	4%	5%	6%	7%	8%	9%	10%	11%	12%	13%	14%	15%
1	0.9901	0.9804	0.9709	0.9615	0.9524	0.9434	0.9346	0.9259	0.9174	0.9091	0.9009	0.8929	0.8850	0.8772	0.8696
2	1.9704	1.9416	1.9135	1.8861	1.8594	1.8334	1.8080	1.7833	1.7591	1.7355	1.7125	1.6901	1.6681	1.6467	1.6257
3	2.9410	2.8839	2.8286	2.7751	2.7232	2.6730	2.6243	2.5771	2.5313	2.4869	2.4437	2.4018	2.3612	2.3216	2.2832
4	3.9020	3.8077	3.7171	3.6299	3.5460	3.4651	3.3872	3.3121	3.2397	3.1699	3.1024	3.0373	2.9745	2.9137	2.8550
5	4.8534	4.7135	4.5797	4.4518	4.3295	4.2124	4.1002	3.9927	3.8897	3.7908	3.6959	3.6048	3.5172	3.4331	3.3522
6	5.7955	5.6014	5.4172	5.2421	5.0757	4.9173	4.7665	4.6229	4.4859	4.3553	4.2305	4.1114	3.9975	3.8887	3.7845
7	6.7282	6.4720	6.2303	6.0021	5.7864	5.5824	5.3893	5.2064	5.0330	4.8684	4.7122	4.5638	4.4226	4.2883	4.1604
8	7.6517	7.3255	7.0197	6.7327	6.4632	6.2098	5.9713	5.7466	5.5348	5.3349	5.1461	4.9676	4.7988	4.6389	4.4873
9	8.5660	8.1622	7.7861	7.4353	7.1078	6.8017	6.5152	6.2469	5.9952	5.7590	5.5370	5.3282	5.1317	4.9464	4.7716
10	9.4713	8.9826	8.5302	8.1109	7.7217	7.3601	7.0236	6.7101	6.4177	6.1446	5.8892	5.6502	5.4262	5.2161	5.0188
期数	16%	17%	18%	19%	20%	21%	22%	23%	24%	25%	26%	27%	28%	29%	30%
1	0.8621	0.8547	0.8475	0.8403	0.8333	0.8264	0.8197	0.8130	0.8065	0.8000	0.7937	0.7874	0.7813	0.7752	0.7692
2	1.6052	1.5852	1.5656	1.5465	1.5278	1.5095	1.4915	1.4740	1.4568	1.4400	1.4235	1.4074	1.3916	1.3761	1.3609
3	2.2459	2.2096	2.1743	2.1399	2.1065	2.0739	2.0422	2.0114	1.9813	1.9520	1.9234	1.8956	1.8684	1.8420	1.8161
4	2.7982	2.7432	2.6901	2.6386	2.5887	2.5404	2.4936	2.4483	2.4043	2.3616	2.3202	2.2800	2.2410	2.2031	2.1662
5	3.2743	3.1993	3.1272	3.0576	2.9906	2.9260	2.8636	2.8035	2.7454	2.6893	2.6351	2.5827	2.5320	2.4830	2.4356
6	3.6847	3.5892	3.4976	3.4098	3.3255	3.2446	3.1669	3.0923	3.0205	2.9514	2.8850	2.8210	2.7594	2.7000	2.6427
7	4.0386	3.9224	3.8115	3.7057	3.6046	3.5079	3.4155	3.3270	3.2423	3.1611	3.0833	3.0087	2.9370	2.8682	2.8021
8	4.3436	4.2072	4.0776	3.9544	3.8372	3.7256	3.6193	3.5179	3.4212	3.3289	3.2407	3.1564	3.0758	2.9986	2.9247
9	4.6065	4.4506	4.3030	4.1633	4.0310	3.9054	3.7863	3.6731	3.5655	3.4631	3.3657	3.2728	3.1842	3.0997	3.0190
10	4.8332	4.6586	4.4941	4.3389	4.1925	4.0541	3.9232	3.7993	3.6819	3.5705	3.4648	3.3644	3.2689	3.1781	3.0915

续表

期数	1%	2%	3%	4%	5%	6%	7%	8%	9%	10%	11%	12%	13%	14%	15%
11	10.3676	9.7868	9.2526	8.7605	8.3064	7.8869	7.4987	7.1390	6.8052	6.4951	6.2065	5.9377	5.6869	5.4527	5.2337
12	11.2551	10.5753	9.9540	9.3851	8.8633	8.3838	7.9427	7.5361	7.1607	6.8137	6.4924	6.1944	5.9176	5.6603	5.4206
13	12.1337	11.3484	10.6350	9.9856	9.3936	8.8527	8.3577	7.9038	7.4869	7.1034	6.7499	6.4235	6.1218	5.8424	5.5831
14	13.0037	12.1062	11.2961	10.5631	9.8986	9.2950	8.7455	8.2442	7.7862	7.3667	6.9819	6.6282	6.3025	6.0021	5.7245
15	13.8651	12.8493	11.9379	11.1184	10.3797	9.7122	9.1079	8.5595	8.0607	7.6061	7.1909	6.8109	6.4624	6.1422	5.8474
16	14.7179	13.5777	12.5611	11.6523	10.8378	10.1059	9.4466	8.8514	8.3126	7.8237	7.3792	6.9740	6.6039	6.2651	5.9542
17	15.5623	14.2919	13.1661	12.1657	11.2741	10.4773	9.7632	9.1216	8.5436	8.0216	7.5488	7.1196	6.7291	6.3729	6.0472
18	16.3983	14.9920	13.7535	12.6593	11.6896	10.8276	10.0591	9.3719	8.7556	8.2014	7.7016	7.2497	6.8399	6.4674	6.1280
19	17.2260	15.6785	14.3238	13.1339	12.0853	11.1581	10.3356	9.6036	8.9501	8.3649	7.8393	7.3658	6.9380	6.5504	6.1982
20	18.0456	16.3514	14.8775	13.5903	12.4622	11.4699	10.5940	9.8181	9.1285	8.5136	7.9633	7.4694	7.0248	6.6231	6.2593
期数	16%	17%	18%	19%	20%	21%	22%	23%	24%	25%	26%	27%	28%	29%	30%
11	5.0286	4.8364	4.6560	4.4865	4.3271	4.1769	4.0354	3.9018	3.7757	3.6564	3.5435	3.4365	3.3351	3.2388	3.1473
12	5.1971	4.9884	4.7932	4.6105	4.4392	4.2784	4.1274	3.9852	3.8514	3.7251	3.6059	3.4933	3.3868	3.2859	3.1903
13	5.3423	5.1183	4.9095	4.7147	4.5327	4.3624	4.2028	4.0530	3.9124	3.7801	3.6555	3.5381	3.4272	3.3224	3.2233
14	5.4675	5.2293	5.0081	4.8023	4.6106	4.4317	4.2646	4.1082	3.9616	3.8241	3.6949	3.5733	3.4587	3.3507	3.2487
15	5.5755	5.3242	5.0916	4.8759	4.6755	4.4890	4.3152	4.1530	4.0013	3.8593	3.7261	3.6010	3.4834	3.3726	3.2682
16	5.6685	5.4053	5.1624	4.9377	4.7296	4.5364	4.3567	4.1894	4.0333	3.8874	3.7509	3.6228	3.5026	3.3896	3.2832
17	5.7487	5.4746	5.2223	4.9897	4.7746	4.5755	4.3908	4.2190	4.0591	3.9099	3.7705	3.6400	3.5177	3.4028	3.2948
18	5.8178	5.5339	5.2732	5.0333	4.8122	4.6079	4.4187	4.2431	4.0799	3.9279	3.7861	3.6536	3.5294	3.4130	3.3037
19	5.8775	5.5845	5.3162	5.0700	4.8435	4.6346	4.4415	4.2627	4.0967	3.9424	3.7985	3.6642	3.5386	3.4210	3.3105
20	5.9288	5.6278	5.3527	5.1009	4.8696	4.6567	4.4603	4.2786	4.1103	3.9539	3.8083	3.6726	3.5458	3.4271	3.3158

续表

期数	1%	2%	3%	4%	5%	6%	7%	8%	9%	10%	11%	12%	13%	14%	15%
21	18.8570	17.0112	15.4150	14.0292	12.8212	11.7641	10.8355	10.0168	9.2922	8.6487	8.0751	7.5620	7.1016	6.6870	6.3125
22	19.6604	17.6580	15.9369	14.4511	13.1630	12.0416	11.0612	10.2007	9.4424	8.7715	8.1757	7.6446	7.1695	6.7429	6.3587
23	20.4558	18.2922	16.4436	14.8568	13.4886	12.3034	11.2722	10.3711	9.5802	8.8832	8.2664	7.7184	7.2297	6.7921	6.3988
24	21.2434	18.9139	16.9355	15.2470	13.7986	12.5504	11.4693	10.5288	9.7066	8.9847	8.3481	7.7843	7.2829	6.8351	6.4338
25	22.0232	19.5235	17.4131	15.6221	14.0939	12.7834	11.6536	10.6748	9.8226	9.0770	8.4217	7.8431	7.3300	6.8729	6.4641
26	22.7952	20.1210	17.8768	15.9828	14.3752	13.0032	11.8258	10.8100	9.9290	9.1609	8.4881	7.8957	7.3717	6.9061	6.4906
27	23.5596	20.7069	18.3270	16.3296	14.6430	13.2105	11.9867	10.9352	10.0266	9.2372	8.5478	7.9426	7.4086	6.9352	6.5135
28	24.3164	21.2813	18.7641	16.6631	14.8981	13.4062	12.1371	11.0511	10.1161	9.3066	8.6016	7.9844	7.4412	6.9607	6.5335
29	25.0658	21.8444	19.1885	16.9837	15.1411	13.5907	12.2777	11.1584	10.1983	9.3696	8.6501	8.0218	7.4701	6.9830	6.5509
30	25.8077	22.3965	19.6004	17.2920	15.3725	13.7648	12.4090	11.2578	10.2737	9.4269	8.6938	8.0552	7.4957	7.0027	6.5660
期数	16%	17%	18%	19%	20%	21%	22%	23%	24%	25%	26%	27%	28%	29%	30%
21	5.9731	5.6648	5.3837	5.1268	4.8913	4.6750	4.4756	4.2916	4.1212	3.9631	3.8161	3.6792	3.5514	3.4319	3.3198
22	6.0113	5.6964	5.4099	5.1486	4.9094	4.6900	4.4882	4.3021	4.1300	3.9705	3.8223	3.6844	3.5558	3.4356	3.3230
23	6.0442	5.7234	5.4321	5.1668	4.9245	4.7025	4.4985	4.3106	4.1371	3.9764	3.8273	3.6885	3.5592	3.4384	3.3254
24	6.0726	5.7465	5.4509	5.1822	4.9371	4.7128	4.5070	4.3176	4.1428	3.9811	3.8312	3.6918	3.5619	3.4406	3.3272
25	6.0971	5.7662	5.4669	5.1951	4.9476	4.7213	4.5139	4.3232	4.1474	3.9849	3.8342	3.6943	3.5640	3.4423	3.3286
26	6.1182	5.7831	5.4804	5.2060	4.9563	4.7284	4.5196	4.3278	4.1511	3.9879	3.8367	3.6963	3.5656	3.4437	3.3297
27	6.1364	5.7975	5.4919	5.2151	4.9636	4.7342	4.5243	4.3316	4.1542	3.9903	3.8387	3.6979	3.5669	3.4447	3.3305
28	6.1520	5.8099	5.5016	5.2228	4.9697	4.7390	4.5281	4.3346	4.1566	3.9923	3.8402	3.6991	3.5679	3.4455	3.3312
29	6.1656	5.8204	5.5098	5.2292	4.9747	4.7430	4.5312	4.3371	4.1585	3.9938	3.8414	3.7001	3.5687	3.4461	3.3317
30	6.1772	5.8294	5.5168	5.2347	4.9789	4.7463	4.5338	4.3391	4.1601	3.9950	3.8424	3.7009	3.5693	3.4466	3.3321

全国高等会计职业教育系列规划教材

会计基础（第二版）
会计基础技能训练（第二版）
会计基础综合实训（第二版）
出纳实务（第二版）
财务会计实务（第二版）
财务会计技能训练（第二版）
财务管理实务（第二版）
财务管理技能训练（第二版）
成本会计实务（第二版）
成本会计技能训练（第二版）
纳税实务（第二版）
纳税技能训练（第二版）
审计实务（第二版）
审计技能训练（第二版）
会计综合实训（第二版）
会计信息化实务（第二版）
Excel在会计中的应用（第二版）
财经法规与会计职业道德（第二版）
行业会计实务（第二版）
经济法

欢迎广大教师和读者就系列教材的内容、结构、设计以及使用情况等，提出您宝贵的意见、建议和要求，我们将为您提供优质的售后服务。

武汉大学出版社（全国优秀出版社）